Heimannsberg / Schmidt (Hrsg.)
Das kollektive Schweigen

Barbara Heimannsberg
Christoph J. Schmidt (Hrsg.)

Das kollektive Schweigen

Nazivergangenheit und gebrochene Identität
in der Psychotherapie

Roland Asanger Verlag Heidelberg 1988

Die Herausgeber:
Barbara Heimannsberg, Jahrgang 1947, studierte Soziologie, Psychologie und Ethnologie; seit 1982 Psychotherapeutin in Frankfurt.
Christoph J. Schmidt, Jahrgang 1947, studierte ev. Theologie, Philosophie und Pädagogik; langjährige Tätigkeit als freier Verlagslektor; seit 1982 Psychotherapeut in Frankfurt.

CIP-Titelaufnahme der Deutschen Bibliothek

Das kollektive Schweigen : Nazivergangenheit u. gebrochene Identität in d. Psychotherapie / Barbara Heimannsberg ; Christoph J. Schmidt (Hrsg.). - Heidelberg : Asanger, 1988
(Thema)
ISBN 3-89334-145-5
NE: Heimannsberg, Barbara [Hrsg.]

© 1988 Roland Asanger Verlag Heidelberg
Umschlaggestaltung: Doris Bambach / Ingrid Decher
Satz: Martina Mittermeier, 8056 Neufahrn
Printed in Germany
ISBN 3-89334-145-5

Inhalt

Barbara Heimannsberg, Christoph J. Schmidt

Einführung
Zur Symptomatik der Nazi-Erbschaft

"Was der Vater schwieg, das kommt im Sohne zum
Reden, und oft fand ich den Sohn als des Vaters
entblößtes Geheimnis."
(Friedrich Nietzsche, 1883)

Ein maßgebliches Anliegen in der Psychotherapie ist die Beschäftigung
mit der eigenen Geschichte, mit dem individuellen und dem kollektiven
Gewordensein, das die Generationen übergreift: Wer bin ich, woher komme ich, was sind meine Prägungen? In dieser Bemühung hat die Psychotherapie es heute mit dem Zivilisationsbruch unserer nationalsozialistischen Vergangenheit zu tun. In der Auseinandersetzung mit der eigenen
Geschichte und der unserer Eltern und Großeltern wird der Riß in unserer Identität spürbar, auch wenn wir Nachgeborene sind. Wie können wir
ein Haus als das unsrige betrachten und uns behaglich darin einrichten,
wenn wir von den "Leichen im Keller" wissen? Was sind die Möglichkeiten
einer persönlichen Integration bzw. Integrität, ohne so vieles Unheimliche,
Bedrohliche abzuspalten und aus unserer Wahrnehmung auszuklammern?
    Eine heutzutage verbreitete Symptomatik ist das Schweigen in den
Familien – es gibt zwischen den Generationen keine unbefangene Erzähltradition, die Fragen der Kinder an die Eltern: "Was habt ihr damals
gemacht?" finden keine Antwort, und die Kinder haben früh gelernt,
solcherlei prekäre Fragen gar nicht erst zu stellen. Das Schreckliche, die
Schuld oder das Leiden, ist schwer zu ertragen, kaum zu benennen. Aber
das Schweigen ist lähmend, und das Verschwiegene, Verdrängte kehrt
wieder in unterschiedlicher Gestalt. In der Psychotherapie begegnen uns
oft Menschen mit einer eigentümlichen emotionalen Starre und Leere;
über Gründe und Auslöser ihrer plötzlichen Angstzustände können sie
nichts sagen, und mit der Frage nach der Geschichte ihrer Eltern treffen
wir auf ein breites Unwissen. Diffuse Ängste und Schuldgefühle mögen
halb verwischte Spuren der Nazivergangenheit in der Psyche der Nachgeborenen sein.
    Wir treffen hier auf das Paradox, daß die Vergangenheit des "Dritten
Reiches" als unendlich weit entfernt erscheint, weil die konkreten Erinnerungen daran nicht zugelassen werden, andererseits aber als Verdrängtes
unterschwellig sehr präsent ist, als Angst vor dem Unheimlichen und als
heimliche Faszination. Die wortreiche Leidenschaft, mit der die Nazi-
Ideologie als verbrecherisch und die Naziverbrechen als unfaßbar aus dem

Alltag des Dritten Reiches und den "normalen" Lebensgeschichten herausgelöst werden, steht dabei in keinem psychologischen Widerspruch zu der heimlichen Faszination und den trotzig auftrumpfenden Idealisierungen, die immer wieder aufscheinen. Das Bedrohliche, Schuldhafte, Anrüchige und Monströse existiert neben und verschränkt mit dem harmlos Biederen. Es fällt schwer, diese Verknüpfung auszuhalten und die Verstrickung wahrzunehmen.

Wenn es um konkrete persönliche Verstrickungen geht, kommt es häufig zur Kooperation des Schweigens, sei es in Familiengesprächen, in Gerichtsverhandlungen, in historischen Betrachtungen und auch in der Psychotherapie. In der Psychotherapie besteht die Tendenz, ethische Kategorien auszublenden, – aufgrund der verständlichen Scheu, zu moralisieren oder zu indoktrinieren. Reale Schuld findet in der therapeutischen Praxis wenig Beachtung, im Gegensatz zu Schuldzuweisungen und neurotischen Schuldgefühlen. Aber Schuld ist eine Tatsache in den Beziehungen zwischen Menschen und nicht nur ein psychisches Introjekt; und die Unterscheidung zwischen Normalität und Verbrechen ist eine ethische, keine empirische.

Es ist schon richtig: Die Schuldverstrickung und die psychischen Folgen des Dritten Reiches (die Konflikte, Traumatisierungen und Identitätskrisen) hätten nach 1945 die zentralen Themen in den Psychotherapien sein müssen. Die zu vermutende Identitätsproblematik betrifft vor allem die damals noch nicht Volljährigen: die BDM-Mädel, die HJ-Pimpfe, die NAPOLA-Schüler. Sie haben den Geist des Nationalsozialismus während der Zeit ihrer Identitätsbildung in sich aufgesogen und ihren jugendlichen Enthusiasmus den Werthaltungen jener Zeit verschrieben. Eine ganze Generation scheint in wesentlichen Prägungen an die Nazizeit gebunden; viele Nazi-Werte wurden beibehalten und unbewußt an die nächste Generation weitergegeben – wie auch die Traumatisierungen.

Die Fiktion der "Stunde Null" des Mai 1945 blendet das Davor aus und verwischt dessen Spuren, die gesellschaftlichen wie die psychischen. Zudem nivelliert dieser Begriff die jeweils spezielle Erfahrung dieser Zeitmarke als Stunde der "Befreiung" oder als Stunde des "Zusammenbruchs". Es scheint, die Tiefenpsychologie hat sich weitgehend an die Fiktion der "Stunde Null" gehalten, obwohl die nicht geleistete "Trauerarbeit" sozialanalytisch vor allem von Alexander und Margarete Mitscherlich seit langem diagnostiziert ist. Dem entspricht das geringe Interesse der einschlägigen Fachdisziplinen, die Durchdringung des Alltags *nach* 1945 von Nazi-Ideologie zu erforschen.

Sicher wird keines der Psychotherapieverfahren bewußt die Nazivergangenheit ausblenden oder den historischen Kontext vernachlässigen; aber womöglich übersehen sie, wie intensiv die Alltagswirklichkeit von Gefühlswelt und der Ideologie des Nationalsozialismus durchsetzt ist. Der Nationalsozialismus ist nicht nur Kontext und Hintergrund, sondern selbst psychische Realität und Teil interpersonaler Beziehungen. Die Erfahrungswelt des Dritten Reiches mit ihren damaligen Selbstverständlichkeiten hinterläßt Wirkungen, die sich durchaus gegenläufig zu bewußten ideologischen Positionen entfalten können, – zumal die Begeisterung der Massen ihren Weg auch damals schon über unterschwellige Empfänglichkeit für bestimmte Rituale und Bilder nahm und ihren Ursprung keineswegs nur in politisch durchdachten Entscheidungen hatte. Es gibt keinen Grund anzunehmen, daß diese Empfänglichkeit nicht fortbesteht, führt sie doch ihr Eigenleben abseits der offiziellen Standards politischer Bildung.

Neben der aufgeklärten kritischen Beredsamkeit zum Thema Nationalsozialismus existiert eine Nazi-Gefühlswelt, deren naiver, schwärmerischer Ausdruck angesichts der Massenmorde und Todeslager zurecht tabu ist; aber wo bleiben diese Anmutungen, wenn sie nicht in Sprache gehoben und bewußt werden? Wir erahnen sie gelegentlich hinter Phänomenen relativer Gefühlsarmut und einer gestelzten, unlebendigen Sprache, wenn vom Dritten Reich die Rede ist. Nicht nur die Analyse von spontanen Sprachproduktionen ist wichtig, sondern auch die eingehende Betrachtung des allgemeinen Sprachgebrauchs mit seinen unbewußten Denk- und Deutungsräumen. Es ist lohnend, die Begriffe von damals zu erkunden, und therapeutisch notwendig, deren Bedeutungsinhalte und die Gefühle, die sie evozieren, bewußt zu machen sowie den jeweils eigenen Ausdruck und Begriff zu ermutigen, der heute authentisch ist.

Imaginative Therapieverfahren, szenische Rekonstruktionen und die gelenkte Fokussierung auf Affekte sind geeignet, unbewußte Strebungen dem Bewußtsein zugänglich zu machen, also auch die Begeisterung für die Nazis und deren Obsessionen wieder erlebbar zu machen. Aber wie kann man ohne ethische Bezugspunkte, an denen gemessen das Annehmbare integriert und das Unannehmbare verworfen wird, das Erlebte bearbeiten? Dazu bedarf es der sprachlichen Differenzierung, die sich jenseits klischeehafter Verteufelung bewegt, aber auch jenseits der Begriffe des Nationalsozialismus von sich selbst. Wir Nachgeborenen kennen den Tenor der Kriegserinnerungen: Technisch, unbeteiligt ist die Sprache, wenn von Erschießungen die Rede ist, nostalgisch-sentimental, wenn von Kameradschaft geschwärmt wird. Dazwischen liegen Welten von Konfusion, Entlastungsversuchen und Mystifizierung.

Unsicherheit und Gereiztheit kennzeichnen häufig die Atmosphäre, wenn über die Nazivergangenheit öffentlich gesprochen wird. So ist das tastende Formulieren diesem Gegenstand weit mehr angemessen als der rasche Zugriff, der mit Klischees hantiert. Das Sprechen als solches ist nicht heilend; Sprache kann vergessen machen, verdrängen, kaschieren und verletzen. Aber beruhend auf der Erkenntnis, daß wir mittels der Sprache das Gehäuse unseres Bewußtseins und unserer Identität bauen, wird Therapie als kreativer dialogischer Prozeß, der metasprachliche Kommunikation und nicht-sprachlichen Ausdruck einschließt, Heilkraft entfalten.

Wo stehen wir als Psychotherapeuten in diesem Kontext mit unserer Arbeit? Welche Sprache haben wir angesichts des verbreiteten Schweigens zur Verfügung? Vielleicht müßten wir in diagnostische Prozesse die Fragen nach den Auswirkungen der Nazi-Zeit verstärkt einbeziehen. In welchem Maße sind denn die seelischen Engramme aus der Nazi-Zeit erkennbar und als solche bewußt, auch bei den Nachgeborenen? Und wenn sie es nicht sind, was verstellt oder erschwert uns und unseren Patienten den Blick dafür?

In diesem Band sind von praktizierenden Psychotherapeuten Materialien zusammengetragen, die diesen Komplex aus ganz unterschiedlichen Perspektiven beleuchten. Es sind praktische Beiträge aus dem Bereich der Psychotherapie sowie einige autobiographische Texte zu den Spuren der Nazi-Zeit, den seelischen Verletzungen in ihrem Gefolge und zu mißglückten oder gelungenen Bewältigungsversuchen. Wir haben als Herausgeber in erster Linie die Kinder und Enkel von überzeugten Nazis und von aktiv Beteiligten des Dritten Reiches im Auge gehabt, denn hier ist die Tabuisierung besonders virulent und die Aufarbeitung besonders schwierig. Dies zeigte sich uns auch in der Schwierigkeit, Mitarbeiter für den Band zu gewinnen. Viele der angesprochenen Psychotherapeuten (wir hatten etwa 60 Personen angeschrieben oder angesprochen), von denen wir zumeist wußten, daß sie zu diesem Thema etwas sagen könnten, waren nicht in der Lage oder bereit, sich zu äußern und sich mit einem Beitrag zu beteiligen. Andere erhielten von ihren Patienten nicht die Erlaubnis, ihre Geschichten zu publizieren. (Es versteht sich, daß in den hier publizierten Falldarstellungen von Patienten persönliche Daten anonymisiert worden sind.) Und mancher der hier vorliegenden Texte ist das Ergebnis einer ungeahnt mühsamen Auseinandersetzung, da die Autoren dabei mit eigenen Tabuisierungen und Verletzungen konfrontiert wurden.

Unser Interesse als Herausgeber dieses Buches ist die Auseinandersetzung mit den jeweils eigenen Anteilen an Tabuisierung und der entsprechenden Sprachlosigkeit – sowie mit einer vielleicht unentdeckten heimlichen Faszination. In unserer Auseinandersetzung mit den eingesandten Texten und bei der redaktionellen Bearbeitung hatten wir gelegentlich Probleme mit bestimmten Begriffen und Formulierungen (gerade auch bei authentischen Erlebnisschilderungen), die uns z. T. als eine Wiederkehr der Nazi-Ideologie erschienen. Dies ist Ausdruck unserer eigenen Befangenheit und führt zu einem weiteren Paradox: einerseits die Forderung nach Authentizität, andererseits nach Abkehr von der Nazisprache. Um den Fortbestand der unbewußten Erbschaft von Schuld oder Verletzungen zu überwinden, suchen wir die Bewußtmachung durch Sprache, d. h. durch eine eigene Sprache, auch wenn es keine glatten Antworten gibt. Es geht uns nicht um Anklagen und Schuldzuweisungen, aber auch nicht um Verharmlosung von tatsächlicher Schuld. In der Psychotherapie müssen wir diese in einem dialogischen Prozeß erhellen, um die Verantwortung für unsere Geschichte auf uns zu nehmen, auch wenn wir nicht selbst schuldig geworden sind.

Sammy Speier

Der ges(ch)ichtslose Psychoanalytiker – die ges(ch)ichtslose Psychoanalyse[1]

> Was letztlich darüber entscheiden wird, ob unsere
> Freiheit ein fruchtbares Ziel für unsere Anstrengun-
> gen ist und bleiben wird, mag darin liegen, ob wir
> die Wahrheit über uns selbst besser ertragen lernen:
> Mehr und rücksichtslosere Wahrheit als zuvor ..."
>
> *Alexander Mitscherlich, Ansprache zur Eröffnung des
> Sigmund-Freud-Institutes*

Unter deutschen Psychoanalytikern wird seit einigen Jahren intensiv über Möglichkeit und Notwendigkeit des politischen Engagements (Parin 1984) und über den Umgang mit Realität in Psychoanalysen (Cremerius 1984) diskutiert. Ich möchte im folgenden diese Diskussion in Zusammenhang bringen mit der verdrängten Geschichte der NS-Diktatur und Folgerungen für die therapeutische Arbeit von Psychoanalytikern heute ziehen.

Wer heute in der Bundesrepublik psychoanalytisch arbeitet, steht im Schatten der Wirklichkeit des "Dritten Reiches". Die Generation, die die systematische Vernichtung von Millionen von Juden, Sinti, Roma und von anderen Gruppen betrieben hat, welche aus der "Volksgemeinschaft" ausgegrenzt wurden, ist die Eltern- und Großelterngeneration der heutigen Patienten; und wenn sie nicht Mittäter waren, so waren sie doch Zuschauer, Sich-Raushalter und so Mitträger dieser Epoche. Unsere Patienten sind also von diesen Menschen erzogen oder zu wenig erzogen worden. Die frühe Kindheit, die entscheidenden Lebensjahre unserer Patienten, sind psychoanalytisch nur dann richtig zu verstehen, wenn dieser Zusammenhang bewußt ist und nicht, wie es häufig geschieht, der Versuch unternommen wird, davon abzusehen.

Für die "kleine" Gesellschaft der Psychoanalytiker, in der sich die "große" Gesellschaft spiegelt, gilt Ähnliches: Die Lehrer der heute ausgebildeten Psychoanalytiker gehören der Generation an, deren Lebensgeschichte durch die NS-Diktatur und die von ihr ausgehende Massenvernichtung geprägt worden ist. Die Psychoanalytiker im Nachkriegsdeutsch-

---

[1] Erschienen in: Psyche 41, 1987, S. 481-491; überarbeiteter und erweiterter Nachdruck mit freundlicher Genehmigung des Verfassers.

13

land waren nicht, wie man gern phantasiert, Männer der "ersten Stunde", sondern sie waren auch Männer der letzten Stunde, und das bedeutet viel für die neue Generation von Psychoanalytikern. Daß wir eine uneingestandene und unbewältigte Massenmordgeschichte hinter uns haben, ist ein Sachverhalt, den wir am liebsten verdrängen und verleugnen.

Seit "Auschwitz" ist ein wichtiges traditionelles Konzept der klassischen Psychoanalyse, wonach die Realität von der Phantasie überboten wird, nicht mehr gültig; seither gilt, daß die Wirklichkeit häufig schlimmer ist als die wüstesten unbewußten Phantasien. Wer das verleugnet, arbeitet dem Wiederholungszwang zu; Nicht-Diskussion beschwört die Wiederkehr des Gleichen herauf. Dazu schrieb E. Simenauer (1982, S. 9):

"Die Wiederkehr von Krieg und Verfolgung in Psychoanalysen ist nur ein Teil der Wiederkehr der Beschäftigung mit Krieg und Verfolgung auf der politisch-gesellschaftlichen Ebene [...] Beide besitzen die Charakteristika der Wiederkehr des Verdrängten [...], der zugrundeliegende Wiederholungszwang offenbart sich in der Polarität von Erinnern und Wiederholen im Leben und im psychoanalytischen Prozeß." Und: "Die gegenwärtige soziale Wirklichkeit mit ihren ubiquitären, latenten Aspekten der Gewalt läßt den Generationskonflikt nicht mehr ausschließlich vom Gesichtspunkt der Theorie des Ödipuskomplexes begreifen und behandeln. Der besondere Charakter der Aggression verlangt eine Interpretation auch der gegenwärtigen Realität."

Das Programm der klassischen Psychoanalyse war es, den auf der Couch liegenden Patienten mit seinem Unbewußten zu konfrontieren, d. h. ihm vom Ich und Überich verpönte Phantasien bewußt zu machen. Die Konfrontation mit den beängstigenden, mitunter ungeheuerlichen Triebwünschen sollte es dem Patienten ermöglichen, sie zu bearbeiten und zu integrieren, um sie nicht agieren zu müssen. Er entdeckte auf diesem therapeutischen Wege die Ambivalenz gegenüber den Eltern, sexuelle Neugier und sexuelle Phantasien und Mordimpulse. Neurotische Züge des Verhaltens wurden durch das Bewußtmachen verdrängter Erlebnisse reduziert.

Keilson hat beschrieben, wie bei der Analyse eines Kindes, das in einem Konzentrationslager "leben" mußte, die Sprache zur Schilderung der dortigen Ereignisse und Erlebnisse nicht zureichte: "Ich versuchte zu verdeutlichen, wie schwierig es ist, Geschehnisse, die sich in einer Welt abspielen, wohin die Sprache nicht reicht, wo sie 'versagt', in eine psychologisch-psychoanalytische Terminologie zu übertragen" (1984, S. 925).

Berichte von Zeugen, von Historikern und Therapeuten zeigen gleichermaßen, wie sehr die Konzentrationslager-Wirklichkeit die Fähigkeit, sie in Worte zu fassen, überholt hat. Einerseits ist es unmöglich, sich ganz in die Erlebnisse der KZ-Insassen einzufühlen; andererseits war es auch den Leidtragenden nie möglich, das Erlebte vollständig in Worte zu fassen. Dennoch: meinen wir es ernst mit unserem Wunsch nach und dem Kampf um Zukunft, so müssen wir uns immer wieder mit dieser Wirklichkeit konfrontieren – und eine Sprache dafür finden. Denn die Sprache ist *das* Medium psychoanalytischer Therapie. "Wenn unverhüllte Gewaltphantasien und extreme Entwertung dem Analytiker entgegentreten, kann es passieren, daß ihm die allgemein anerkannte und erwartete psychoanalytische Welt zusammenzubrechen droht" (Simenauer 1982, S. 9). Die Angst vor einer solchen Verwirrung und Verunsicherung führt viele Psychoanalytiker noch heute dazu, zu leugnen, daß die Möglichkeiten der "klassischen" Psychoanalyse begrenzt sind angesichts der ungeheuren Triebkräfte, die in der Nazi-Zeit ungehindert ausgelebt wurden, und den daraus folgenden extremen Traumatisierungen. Es gibt eine Tendenz, die Existenz von traumatischen Kindheitserlebnissen, die später nicht mehr ohne weiteres verbalisierbar sind, und solcher traumatischer Erlebnisse, die averbal vermittelt wurden, zu leugnen. In beiden Fällen ist eine Rekonstruktion mit Hilfe der klassischen Psychoanalyse allein nicht möglich (vgl. Grubrich-Simitis 1984). Unter Psychoanalytikern ist über die Bedeutung der Erlebnisse von KZ-Überlebenden für die psychische Erkrankung ihrer Kinder viel diskutiert worden; allein die Rede von der "psychischen Erkrankung" zeigt, daß das traditionelle diagnostische Vokabular der Psychoanalyse hier unzureichend ist. Es ist schwer, oft unmöglich, für Patienten, die mit Vernichtungsangst aufgewachsen sind (vgl. Wangh 1985, S. 51), eine "klassische" Diagnose zu finden. Und ich möchte betonen, daß ich hier auch die Vernichtungsangst der Kinder der Täter, Zuschauer, Sich-Raushalter vor den eigenen Eltern, Verwandten etc. meine.

Von niederländischen Kollegen habe ich gehört, daß es in Holland spezielle Einrichtungen (mit dem Namen "Erkennung") gibt, in denen solche Patienten behandelt werden, die Kinder von Nazi-Kollaborateuren (NSB-Mitgliedern) sind. Obwohl diese Patienten nicht selbst Kollaborateure waren, sind sie in die holländische Gesellschaft nicht wie andere integriert und leiden darunter. Sie können in diesen Institutionen unerkannt einkehren, um zu versuchen, mit ihrer Quasi-Stigmatisierung besser fertig zu werden. Wieviele solcher Einrichtungen müßte es in der Bundesrepublik geben!

Die psychoanalytischen Praxen in der Bundesrepublik sind voll von Patienten der zweiten Generation der Verfolger, Mittäter, Zuschauer und Sich-Raushalter; dieser Sachverhalt wird aber kollektiv verleugnet. Abgesehen von einigen wenigen Versuchen, dieses Phänomen zu beschreiben (Mitscherlich-Nielsen, Rosenkötter, Simenauer), scheint das "Zweite-Generations-Syndrom" der Täter, Mittäter, Verfolger und Zuschauer inexistent zu sein; es ist im Nebel der Stunde-Null- und der Normalitätsphantasien verschwunden. Der Versuch, in der Bundesrepublik "klassische" Psychoanalysen zu machen, ohne des geschichtlichen Raumes gewahr zu werden, in dem Patienten und Therapeuten sich bewegen, ist Symptom der "Unfähigkeit zu trauern" (man sollte besser von der *Verwei-*

15

gerung zu trauern sprechen). Dies führt bei den Psychoanalytikern im Prozeß der Ausbildung auch zu einer Identitätsdiffusion und zu den viel beklagten leeren, politikfreien Psychoanalysen. Die unerträgliche Realität löst einen Fluchtimpuls aus: Man möchte in der Erinnerung die schrecklichen Jahre von 1933 bis 1945 überspringen und in die "heile Welt" der Jahre vor 1933 zurückkehren. Das Unermeßliche, Unvorstellbare, nicht Phantasierbare und zum Teil nicht in Sprache zu fassende ist sicherlich das, was uns Menschen (bzw. uns Analytiker) zutiefst beunruhigt und uns versuchen läßt, immer wieder in eine vermeintliche "heile Welt" zu flüchten. Doch die Verdrängung ist hier wie anderwärts zum Scheitern verurteilt; dennoch enthält sie eine ungeheure Sprengkraft, und die Verleugnung von "Auschwitz" (vgl. Wangh 1985) kann eine neue Katastrophe für die Menschheit vorbereiten.

Im folgenden möchte ich einige Manifestationen der Vergangenheitsverleugnung beschreiben und zeigen, inwiefern die "klassische" Psychoanalyse einer Ergänzung bedarf, seit unsere Phantasien durch die gesellschaftliche Wirklichkeit überboten wurden.

In der psychoanalytischen Ausbildung suchen und finden Menschen, die sich der Psychoanalyse widmen wollen, Identifikationsmöglichkeiten, Vorbilder. Aber haben wir wirklich Vorbilder? Finden wir in unserer Ausbildung Möglichkeiten, uns positiv zu identifizieren, und wenn ja, mit welchen Vorbildern? Seit Jahren erlebe ich Ratlosigkeit, wenn es darum geht, analytische Arbeit zu beurteilen, darüber zu entscheiden, ob Menschen in der Lage sind, Analytiker zu werden, also neurotische Menschen zu behandeln. Meines Erachtens sind Ratlosigkeit und Desorientiertheit Ausdruck der Angst, sich den schwierigen Fragen zu stellen: Was machen wir da, welche Kriterien, welche Maßstäbe haben wir für unsere Arbeit? Ich habe den Eindruck, die Scheu kommt auch daher, daß man fürchtet, den Anteil der eigenen Desorientiertheit, eine Leere, das Gefühl des "Schleiers" in der DPV[2] sich einzugestehen. "Als ich zur DPV kam, war das, was mich bei DPV-Tagungen besonders beeindruckte, etwas Atmosphärisches. Ich spürte einen konstanten Hauch von etwas Totem und Starrem, das wie ein feiner und undurchdringlicher Schleier auf allen Äußerungen zu liegen schien" (Vogt 1986, S. 435). Es ist auch die Angst, sich einzugestehen, daß durch "Auschwitz" auch in uns Unruhe, Verunsicherung und starke Selbstzweifel entstanden sind, und daß vielleicht durch die Nazizeit etwas zerstört worden ist, das bislang nicht wieder aufgebaut werden konnte, namentlich die Zukunft.

In Deutschland ist die Erzähltradition, die Überlieferung von Erfahrungen von einer Generation zur anderen nachhaltig zerstört worden; die Fassadenkonstruktionen, die diesen Traditionsbruch verdecken sollen,

---

[2] DPV: Deutsche Psychoanalytische Vereinigung

machen die Sache nicht besser. Als auf der Bamberger Tagung von 1980, auf der das Verhältnis von Psychoanalyse und Nationalsozialismus zum ersten Mal thematisiert wurde, einige Ausbildungskandidaten ältere Kollegen fragten: "Wo warst du von 1933 bis 1945; was hast du damals gemacht, was hast du nicht gemacht, was hast du gewußt, was hast du nicht gewußt?", wurde ich sehr verunsichert: Wie kommt jemand dazu, solche Fragen *real* zu stellen? Analyse ist doch Übertragung, und eigentlich steckt dahinter die Frage nach den Eltern und deren Vergangenheit; aber das gehört allein auf die Couch und nicht in den Alltag, nicht in eine psychoanalytische Arbeitsgruppe. Erst später verstand ich, in welchem Maße ich von Kindesbeinen an gelernt habe, nach der Wirklichkeit nicht zu fragen, und wie sehr ich von Analytiker-Kindesbeinen an mich an eine scheinbar selbstverständliche und vertraute "Abstinenzregel" gehalten habe, die mir gebot, weder nach der Wirklichkeit meines Analytikers noch nach der der Psychoanalyse zu fragen. Allmählich wurde mir deutlich, daß die Wirklichkeit oft weit unerträglicher ist als meine Phantasien und daß ich gelernt habe, dieser unerträglichen Wirklichkeit auszuweichen – auch durch eine Flucht zur Couch, zur Übertragung, zur freien Assoziation. Ich verstand nun den Sinn der dogmatisierten Abstinenzregel, die besagt: "Frag' nicht! Meine Person, meine Lebenspraxis und meine Vergangenheit haben mit deiner Analyse nichts zu tun", spricht der Analytiker; "hier ist alles nur Übertragung, damit mußt du dich beschäftigen und zufrieden geben." Die übliche Entgegnung auf die Frage eines Patienten nach der Lebensrealität seines Analytikers ist: "Was fällt Ihnen dazu ein?" Diese Antwort besagt eigentlich: "Was fällt Ihnen ein, mich etwas Persönliches zu fragen?" Allmählich wurde mir bewußt, daß hinter meiner Angst und der der Kollegen und Patienten, den Psychoanalytiker, die Psychoanalyse zu befragen, nicht die Angst steht, die Tür zum Elternschlafzimmer zu öffnen, deren "Urszene" ansichtig zu werden, sondern eher die Angst davor, die Tür zu den Gaskammern zu öffnen.

Als ich Paula Heimann und ihre unorthodoxe psychoanalytische Praxis kennenlernte, dachte ich zuerst: Das ist gar keine richtige Analytikerin, die Wände ihrer Wohnung sind voll von Bildern, sie teilt dadurch etwas von sich mit, das stört die Übertragung. Dann betrachtete ich noch einmal die Fotoaufnahmen von Freuds Praxis. Mir wurde die eigentümliche Leblosigkeit, Fassadenhaftigkeit bundesrepublikanischer Psychoanalysen deutlich; es werden Fassaden aufgebaut, aber dahinter steckt Leere, Desorientiertheit und Verwirrung. Es besteht noch lange keine von innen gewachsene psychoanalytische Bewußtheit und Identität. Hier gibt es viel Schein und wenig Sein. Der Bruch mit der Vergangenheit, den die Psychoanalytiker vollzogen haben, führt dazu, daß ihre Patienten sich verloren haben, leer, ohne ein emotionales Echo seitens des Analytikers zu erleben, und dies allein auf sich selbst, auf die eigene Neurose zurückführen; und daß der Analytiker seinerseits unsicher ist und nicht genügend

Bewußtheit und Zivilcourage besitzt, sich dieses Manko einzugestehen, sondern vielmehr alles tut, es nicht bewußt werden zu lassen.

"Es häufen sich die Beobachtungen, daß maligne Formen und Inhalte der Übertragung, die sogenannte 'negative therapeutische Reaktion', die verstärkte Regression in der Analyse u.a.m. als Reaktion auf fehlerhafte Haltungen und unberechtigten Mangel an menschlicher Resonanz im Analytiker zu verstehen seien" (Stone 1981, S. 647).

Eine Patientin lernte vor einiger Zeit "draußen" einen meiner guten Bekannten kennen, kam in die Analysestunde und begann, mir von ihrer Begegnung zu erzählen; sie sei "verwirrt". Ich fragte mich: Wieso ist sie durch eine reale Erfahrung verwirrt? Die Realität dient doch der Orientierung. Ich verstand, daß ich mich der Patientin – im Bann der Abstinenzregel – bisher emotional weitgehend entzogen hatte; sie sollte von meiner Wirklichkeit nichts erfahren, sie sollte mir keine unangenehmen Fragen stellen, und sie konnte mich infolgedessen nicht begreifen. Averbal hatte ich als Therapeut ein Tabu-Klima geschaffen, in dem Fragen wie "Wer bist du, wo kommst du her, wie sieht deine Vergangenheit, wie sieht deine Gegenwart aus?" nicht gestellt werden konnten. In den folgenden Stunden beklagte die Patientin weiterhin die Leere und das fehlende Echo auf ihre Gefühle in ihrer Familie. Sie erinnerte sich daran, daß ihr Vater kriegsverletzt war und der Großvater ein sogenannter "Halbjude"; mehr war zu Hause nicht zu erfahren, und nach mehr hatte sie auch nicht gefragt. Ich sagte: "Und ich bin hier so wenig faßbar und begreifbar wie Ihre Eltern es für Sie waren; Sie empfinden bei mir hier eine ebenso große Leere wie damals daheim, weil ich Ihnen nichts von mir erzähle." Ich hatte mir bis zu diesem Zeitpunkt meine Empfindungen von gähnender Leere und von Müdigkeit in der Gegenübertragung als einen narzißtischen Rückzug der Patientin erklärt und die entsprechende Deutung gegeben, was weder mir noch der Patientin weiterhalf.

Bei dieser Patientin fiel mir (wie auch noch bei anderen) auf, daß sie überwiegend nur "unwirkliche" Beziehungen einging, und ich fragte mich, wie sie denn im Rahmen einer therapeutischen Beziehung, in der alles "nur" Übertragung ist, die also selbst "unwirklich" ist, lernen könne, sich in andere einzufühlen und beziehungsfähiger zu werden. Ich begann zu verstehen, warum wir Analytiker Patienten, deren Probleme man nicht recht versteht, die "von allem etwas haben" und sich zu sehr für das Leben des Analytikers interessieren, so gern als "Borderline-Patienten" etikettieren. Und ich begann ferner zu verstehen, warum so häufig von der "Null-Bock-Generation" ("no past – no future") die Rede ist, und weshalb Analysen heute so sehr lange dauern. Die Verleugnung der Hitler-Zeit und deren Folgen führen Analytiker und Patienten dazu, beständig um den heißen Brei herumzureden.

Nach "Auschwitz" gibt es keine Erzähltradition mehr und kaum noch Eltern und Großeltern, die die Kinder auf den Schoß nehmen und von ihrem Leben in alten Tagen berichten. Kinder brauchen Märchen; aber sie brauchen ebenso nötig Eltern, die ihnen von ihrem Leben erzählen, damit sie einen Bezug zur Vergangenheit herstellen können. Zum Erzählrepertoire der Eltern und Großeltern gehören aber nun nicht mehr "einfache" Kriegs- und Abenteuergeschichten, sondern bedenkliche, beschämende, ja, gefährliche und gräßliche Geschichten, die verrückt machen können. Von den für sie entscheidenden Erlebnissen erzählen zu viele Väter und Großväter, Mütter und Großmütter den Kindern lieber nichts. Was da ausgeblendet wird, erscheint bei den Kindern, die heute unsere Patienten sind, als Leere, Identitätsdiffusion, Verwirrung. Mit dieser Beunruhigung (einer verständlichen Beunruhigung, denn dies alles ist ja Realität) kommen sie in unsere Praxen und begegnen hier verschwiegenen Therapeuten, die bestrebt sind, sie "klassisch" zu behandeln, um nicht selbst mit den Gespenstern der Nazi-Zeit konfrontiert zu werden.

"Hier spielt auch die sogenannte Einfühlungsverweigerung eine verhängnisvolle Rolle. Hinter dieser verbirgt sich die nicht erinnerte Angst vor der Überflutung der sich bildenden noch schwachen Ich-Kerne durch den archaischen Primärvorgang, mit der Gefahr der Psychose" (Simenauer 1982, S. 910).

Es ist einfacher, mit Psychoanalysepatienten über Schlafzimmer zu sprechen als über Gaskammern. Doch die Formel "das ist ödipal" bringt nicht die verleugnete Realität von "Auschwitz" zum Verschwinden.

Im Schatten der Verleugnung stehen die Lehranalysen ebenso wie die therapeutischen. Eine Ausbildungskandidatin sagte 1985 in Hamburg (mündliche Mitteilung von Frau B. Vogt-Heyder): "Was wollt *ihr* von mir mit 'Auschwitz'? Das hat doch in meiner Analyse überhaupt keine Rolle gespielt." Daß die Gesellschaft "vaterlos" geworden ist, beruht nicht einfach auf einer realen Abwesenheit der Väter, sondern darauf, daß diese Väter von sich selbst kein prägnantes Bild entwerfen, unwirklich bleiben, für das Erleben absent sind. Man stellt vor der unerträglichen Realität die Mauer der Abstinenzregel auf und glaubt sich geschützt. Doch Psychoanalytiker müssen heute die Frage aufwerfen: Wo waren unsere Analytikerväter und -mütter, die uns die Psychoanalyse überliefert haben, während der Nazi-Zeit, was haben sie gewußt oder nicht gewußt, was haben sie getan oder nicht getan? Was haben sie gesehen? Eine Psychoanalyse mit Angehörigen der ersten oder zweiten Generation nach "Auschwitz" muß, wenn der Patient seine verlorengegangene Orientierung wiedererlangen soll, auch das thematisieren, was seine Eltern *wirklich* getan bzw. nicht getan haben, was aber die meisten Eltern nur selten oder gar nicht erzählen.

Aus eigener Analytiker-Erfahrung weiß ich, daß die Erzählungen von Patienten über ihre Eltern, die SS- oder Gestapo-Leute waren, in der Gegenübertragung bei mir Verwirrung ausgelöst haben; ich wurde dabei mit der eigenen tiefliegenden Aggressivität und Destruktivität konfrontiert. Die Vorstellung, man könne sich dieses sparen und es umgehen, dient dem Ausweichen und Verleugnen der unerträglichen Wirklichkeit mit der Folge, daß der Patient sich nicht verstanden fühlt und daß sich beim Analytiker Unmenschlichkeit einschleicht, die er ausagiert, weil dieser Anteil in seiner Lehranalyse höchstwahrscheinlich nicht bearbeitet worden ist. Und hier liegt das Agieren stets näher als das Analysieren. Herbert Rosenfeld sagte sinngemäß bei der Diskussion im Anschluß an seinen Vortrag auf der DPV-Tagung (1984), in der Bundesrepublik finde die psychoanalytische Bearbeitung früher Anteile von Patienten vielleicht auch deshalb nicht statt, weil das Heraufbeschwören der desorganisierten Zeit des Nationalsozialismus zu einer Begegnung mit eigenen schizoiden und Borderline-Anteilen führen würde, was man verständlicherweise um jeden Preis verhindern wolle. "Wenn die psychotisch omnipotente Struktur eine ganze Nation überwältigt, ist der Gesundungstrieb, die Verrücktheit voll anzuerkennen, sehr schwierig" (Rosenfeld 1984, S. 80).

Einer meiner Patienten kam wegen seiner Angst vor Desorganisation zu mir in Behandlung. Er fürchtete sich vor allem vor der unstrukturierten Universität und war deshalb schon mit Psychopharmaka behandelt worden. Seine im künstlerischen Milieu lebenden Eltern blieben für ihn ungreifbar. Allmählich verstanden wir, daß vor allem seine Mutter nur eine Scheinidentität besaß, darum für ihn kein Vorbild abgeben konnte (vgl. Mitscherlich-Nielsen, Das Ende der Vorbilder). Ich sagte ihm: "Ihre Mutter erscheint emotional einfach nicht, ich habe den Eindruck, daß da etwas vor Ihnen verborgen wird, etwas, worüber man nicht spricht. Wahrscheinlich etwas, das im Zusammenhang mit der Nazi-Zeit steht." Der Patient begann nun, die Lebensrealität seiner Eltern zu erforschen, und stieß mit etwa 23 Jahren zum ersten Mal darauf, daß sein Großvater der SS angehört hatte. Anfänglich war er wütend, daß ich ihn auf diese Spur gesetzt hatte, fand erstaunlicherweise aber wieder eine Orientierung und verlor allmählich seine Angst vor Desorganisation; auch benötigte er keine Psychopharmaka mehr. Erst die Beschäftigung mit der konkreten Realität führte zu einer teilweisen Gesundung des Patienten. Denn Inhalte, die nicht erzählt worden sind, die nur averbal übermittelt wurden, können nicht einfach erinnert werden, haben jedoch sehr wohl einen Einfluß auf das psychische Bewußtsein sowie auf das Unterbewußtsein des Patienten. Erst die Besinnung auf den historischen Kontext ermöglichte es mir und dem Patienten, uns darüber klar zu werden, in welchen Traditionen wir stehen, und diese in psychoanalytischem wahrheitssuchendem Sinne aufzuarbeiten.

Ich möchte das Problem der Verleugnung am Beispiel der Idiosynkrasien erörtern: Ist ein Allergiker, dessen Organismus auf die Umweltverschmutzung reagiert, nicht gesünder als ein Mensch, dessen Organismus sich gegen die neuen Reize desensibilisiert? Wer sich "Auschwitz" präsent hält, steht unter dem Risiko der Desorganisation. Wer genießen will, muß Auschwitz verleugnen. Nach "Auschwitz" und "Hiroshima" ist die

Verleugnung, eigentlich ein primitiver Abwehrmechanismus, zu einem "normalen" Abwehrmechanismus avanciert. Doch wer "Auschwitz" und "Hiroshima" gänzlich verleugnet, wird mitschuldig am Untergang der Menschheit.

Johannes Cremerius hat die Frage aufgeworfen: "Was macht ein Analytiker, wenn sein Patient erregt in die Analysestunde kommt und berichtet, daß draußen vor der Tür Türken verprügelt werden?" Ein Therapeut, der in einem solchen Fall nicht real tätig wird, versagt; er müßte das Vertrauen seines Patienten verlieren. Beschäftigt er sich nun allein mit Mama und Papa, die möglicherweise den Patienten früher geschlagen haben, so verleugnet er die Realität und sich selbst in seiner sozialen Verantwortung. Nicht derjenige, der sich bei seinem politischen Handeln auf psychoanalytische Erfahrungen stützt, lebt Größenphantasien aus, sondern derjenige, der die Welt von der Couch aus in Ordnung bringen will. Wer in unserer Zeit allein hinter der Couch verharrt, reiht sich ein in das Heer derjenigen, die durch ihre Untätigkeit die Greueltaten dieses Jahrhunderts ermöglichen.

Die Reaktion vieler DPV-Mitglieder auf den Versuch einiger weniger, die Frage zu klären, wie Psychoanalytiker sich in Deutschland unter der Diktatur der Jahre 1933 bis 1945 verhalten haben, war ungeheuerlich. Alle Maßstäbe wurden durcheinandergewirbelt; die Fassade, die die DPV sich in Jahrzehnten aufgebaut hatte, bröckelte ab. Der Versuch, die behaglichen Legenden zu durchstoßen und darüber zu informieren, wie Psychoanalytiker sich zum Nazi-Staat gestellt haben, wurde als ein Angriff auf die Identität heutiger Psychoanalytiker erlebt, die Aufklärer wurden zu Nestbeschmutzern erklärt. Wut und Haß schlugen ihnen entgegen. Es war so, wie man im Jiddischen sagt: "Auf des Ganoven Kopf brennt der Hut." Viele Psychoanalytiker in der DPV leben in der Vorstellung, sie hätten 1950 den – jüdischen – Segen der IPA[3] erhalten. Damals soll die schmerzlose Geburt einer deutschen psychoanalytischen Vereinigung nach "Auschwitz" stattgefunden haben. Doch soviel ich weiß, gibt es schmerzlose Geburten nur unter Narkose; und zu viele DPV-Mitglieder machen noch heute den Eindruck, als wären sie narkotisiert.

Ich bin überzeugt, daß wir Psychoanalytiker heute – in Abweichung vom klassischen Modell – uns in Psychoanalysen mit Realitäten beschäftigen müssen, mit verleugneten Geschichten und unerträglichen Wahrheiten. Die aus der psychischen Abwesenheit von Eltern und Großeltern entstandenen Beziehungsschwierigkeiten, unter denen fast alle unsere Patienten leiden, können nicht bei psychischer Abwesenheit des Psychoanalytikers geheilt werden.

---

[3] IPA: International Psychoanalytic Association

"In der Beziehung zwischen dem aktiven Analytiker und seinem Patienten füllt sich dagegen der Raum sehr schnell mit Informationen über ihn. (In der Regel wird auch sein Sprechzimmer nicht neutral und unpersönlich sein, sondern er wird es nach seinen Vorlieben so gestalten, daß er sich darin wohlfühlt.) Aus ihnen bildet sich der Patient eine Vorstellung von der Denk- und Gefühlswelt seines Analytikers, von seinen Wünschen und Ängsten, seiner privaten Lebensphilosophie, seinen Stärken und Schwächen etc. Was auf diese Weise im Patienten ausgelöst wird, führt notwendig (vorausgesetzt, der Analytiker schafft eine Atmosphäre des Vertrauens, in der der Patient es auszusprechen wagt) zu einer lebhaften Beschäftigung mit dem Analytiker als realer Person. Die Phantasien, Triebe, Wünsche, Ängste, die er jetzt erlebt, können nicht mehr ausschließlich als Projektion gedeutet und durch die alte Versagungshaltung 'Was fällt Ihnen dazu ein' auf eine fiktive Übertragungsebene verschoben werden. [...] Im übrigen würde eine derartige Versagung vom Patienten nicht verstanden. Er würde sie als Ausweichen, Sich-Verstellen, Verlogenheit erleben. Ferenczi (1933) sah darin die Wiederholung der Unaufrichtigkeit der Erwachsenen dem Kind gegenüber und klagte die Analytiker der beruflichen Hypokrisie an" (Cremerius 1974, S. 792-793).

Der junge Analytiker muß sich für seine Identitätsfindung als Analytiker auch mit der Wirklichkeit seiner Vorgänger beschäftigen. Noch leben viele von ihnen, noch könnte ein Dialog, ein Erzählen zustande kommen, noch könnten wir aus den "Fehlern" dieser unserer Vorgänger lernen.

Konkret heißt das: Wenn Patienten ohne Vorbilder aufgewachsen sind, muß ein Analytiker unter Umständen selbst in diese Vorbildrolle hineinschlüpfen können, um so die Lücke zu schließen. Bleibt er konsequent abstinent, so läßt er den Patienten ins Leere laufen. Defizite können nicht allein durch Deutungen ausgefüllt werden; ständig nur die Übertragung zu deuten, emotional aber keine Beziehung zum Patienten einzugehen heißt für den Patienten die Wiederholung seiner traumatischen Kindheitserfahrung.

In der Gesamtgesellschaft wie in der "kleinen" Gesellschaft der DPV gibt es noch immer eine Verschwörung des Schweigens. Und wenn die Psychoanalyse nicht zu einem magischen Ritual werden soll, muß sie es ermöglichen, dieses Schweigen zu brechen. Psychoanalytiker, die an der allgemeinen Verleugnung teilhaben, versuchen sich gegenüber ihren Patienten als Menschen zum Verschwinden zu bringen. Was hinter der Fassade liegt – Aggression, Grausamkeit, Feigheit, Komplicenschaft, Mord – soll lieber nicht zum Vorschein kommen. Erdheim (1983) spricht vom "unbewußten Lügen", das sich allmählich in unsere Arbeit einschleicht. Als Gegenmittel gegen die archaischen Triebkräfte, die immerfort durchzubrechen drohen, wurde ein sehr strenges Überich aufgebaut, zweifellos auch ein Berufs-Überich oder ein DPV-Überich, das den Analytiker in Ausbildung ständig peinigt. Denn er merkt, daß das, was er in seinen Analysen erlebt und tut, nicht selten weit von der klassischen Analyse, wie sie ihm von einem Lehrenden vermittelt wird, abweicht, und so hechelt er hinter einem nicht mehr zu erreichenden Ideal-Analytiker-

Dasein her. Er findet nur selten ehrliche Gesprächspartner, Kollegen, die die eigenen Unzulänglichkeiten und Versagensgefühle zugeben können.

Die Perfektion des westdeutschen psychoanalytischen Ausbildungssystems, die Aufrichtung eines überaus strengen Berufs-Überichs – das alles sind Fassaden, die gegen "Auschwitz" aufgerichtet wurden. Und daher rührt der "Schleier" über der DPV. Wer verleugnet, der muß wiederholen. Wer sich heute aus der Politik heraushält und so zum "Mitläufer" wird, der braucht sich mit seinen Eltern, die auch Mitläufer waren, nicht auseinanderzusetzen, braucht seine "Liebe" zu ihnen nicht in Frage zu stellen, ist mit ihnen unbewußt eher identifiziert, braucht sich der eigenen Brüche nicht bewußt zu werden.

Der Wunsch, die Vorstellung, man habe es in der Regel mit ödipal strukturierten Patienten zu tun, schafft noch lange nicht solche Patienten. Die vielen Patienten, die nicht symbolisierungsfähig sind, kein Urvertrauen besitzen, sollten uns Analytiker dazu bewegen, die Frage zu stellen, ob eine Methode, die vor "Auschwitz" noch "gegriffen" hat, auch heute noch ohne Relativierung anwendbar ist. So kommen wir z. B. an der Tatsache nicht vorbei, daß im Zeitalter des Video- und Fernsehkonsums der Raum fürs Phantasieren und Abstrahieren immer enger geworden ist. Dies hat zweifelsohne eine Auswirkung auf das Verhältnis von Realität und Phantasie und muß diskutiert werden.

In einem Land, in dem es kein Bewußtsein gibt, geben soll (vgl. die Historikerdebatte) für die schlimmsten Greueltaten der Menschheitsgeschichte, muß auch von uns Psychoanalytikern das Verhältnis von Bewußtem und Unbewußtem neu diskutiert werden. Denn ohne Vergangenheit gibt es keine Zukunft.

Literatur

Cremerius, J. (1979): Gibt es zwei psychosomatische Techniken? Psyche, 33, 577-599

– (1983): Sandor Ferenczis Bedeutung für Theorie und Therapie der Psychoanalyse. Psyche, 37, 988-1015.

– (1984): Die psychoanalytische Abstinenzregel. Psyche, 38, 769-800.

Erdheim, M. (1983): Über das Lügen und die Unaufrichtigkeit des Psychoanalytikers. In: H.-M. Lohmann (1983).

Grubrich-Simitis, I. (1979): Extremtraumatisierung als kumulatives Trauma. Psyche, 33, 991-1023.

- (1984): Nachkommen der Holocaust-Generation in der Psychoanalyse. Psyche, 38, 1-28.

Keilson, H. (1984): Wohin die Sprache nicht reicht. Psyche, 38, 915-926.

Lohmann, H. M. (Hg.) (1983): Das Unbehagen in der Psychoanalyse. Frankfurt (Qumran).

Mitscherlich, A. (1963): Auf dem Weg zur vaterlosen Gesellschaft. München (Piper) 1973.

- und Mitscherlich, M. (1967): Die Unfähigkeit zu trauern. München (Piper).

Mitscherlich-Nielsen, M. (1979): Die Notwendigkeit zu trauern. Psyche, 33, 981-990.

- (1978): Das Ende der Vorbilder. München (Piper).

- (1981): Die Vergangenheit in der Gegenwart. Psyche, 35, 611-615.

Parin, P. (1978): Der Widerspruch im Subjekt. Frankfurt (Syndikat/EVA).

- (1984): Anpassung oder Widerstand. Psyche, 38, 627-635.

- und Parin-Matthèy, G. (1982): Das obligat unglückliche Verhältnis der Psychoanalytiker zur Macht. In: H.-M. Lohmann 1983.

Psychoanalyse unter Hitler – Dokumentation einer Kontroverse. Herausgegeben von der Redaktion der Zeitschrift Psyche, Frankfurt a. M., April 1984.

Rosenfeld, H. (1984): Narzißmus und Aggression. In: Protokolle zur Arbeitstagung der DPV vom 21.-24.11.1984, Hofheim/Wiesbaden 1985, 65-84.

Rosenkötter, L. (1979): Vergangenheitsbewältigung in Psychoanalysen. Psyche, 33, 1024-1038.

- (1981): Idealbildung in der Generationenfolge. Psyche, 35, 593-599.

Simenauer, E. (1982): Die zweite Generation – Danach. Die Wiederkehr der Verfolgermentalität in Psychoanalysen. In: Die Wiederkehr von Krieg und Verfolgung in Psychoanalysen. Sammlung der Beiträge zur Arbeitstagung der Mitteleuropäischen Psychoanalytischen Vereinigungen in Bamberg vom 30.3.-3.4.1980. Ulm/Berlin 1980.

Stone, L. (1981): Contemporary problems of psychoanalytic technique. J. Am. Psa. Ass., 29, 643-658.

Vogt, R. (1986): Psychoanalyse unter Hitler – Psychoanalyse heute. Psyche, 40, 435-440.

Wangh, M. (1985): Die Herrschaft des Thanatos. In: Zur Psychoanalyse der nuklearen Drohung. Göttingen (Verlag f. med. Psychol. bei Vandenhoeck & Ruprecht) 1985.

Irene Anhalt

Abschied von meinem Vater

Das Gespräch, den Dialog, nanntest Du die wichtigste Begegnung zwischen Menschen, und von Dir haben wir, Deine Kinder, die Lust am Gebrauch der Wörter gelernt. Du hast uns ermuntert, Diskussionen mit Dir zu führen, auch Widersprüchliches sollten wir aussprechen; Du scheutest keine Themen, jedes Ereignis, das wir einbrachten, diente zu einem regen Austausch mit Dir. Am meisten liebtest Du Gespräche über deutsche Geschichte, auch philosophische Fragen waren Dir willkommen. Doch als wir allmählich älter wurden und unsere Weltanschauung von der Deinen immer weiter abwich, begannst Du, unser Suchen mit historischen Belegen zu entkräften, und der anfangs lebhafte Dialog zwischen uns endete immer häufiger in einer Deiner allgemeinen und weit ausholenden Betrachtungen.

Was war es, daß wir trotz der zunehmenden Leere und dem Aneinandervorbeireden an dem Ritual des Sprechens festhielten, und warum konnten wir das Eingefrorene zwischen uns nicht aufbrechen? Noch immer gingst Du bereitwillig auf alle Fragen ein, die ich an Dich und Deine politische Vergangenheit hatte, Du stelltest Dich meinen Angriffen und Vorwürfen und hast mir doch nichts gesagt, nichts gegeben, was ich heute, Monate nach Deinem Tod, als eine befriedigende Antwort nehmen könnte.

Hast Du uns zugeschüttet mit Worten, damit wir Dein inneres Schweigen nicht hören sollten? Und war es nicht so, daß Dir unsere ausgewogenen Fragesätze dazu verhalfen, eine scheinbare Ordnung über die Abgründe Deiner Erinnerungen zu legen? Und jetzt, da Du alles mitgenommen hast, was mir eine ehrliche Antwort sein könnte, weiß ich, ich habe Dich nie wirklich gefragt.

Ich kenne Stationen Deines Lebens, ich habe mir einen Überblick verschafft über Deine Arbeit, ich weiß gut Bescheid über Dich – also, was wollte ich denn eigentlich noch hören, würdest Du mir noch antworten können.

Es ist richtig, Du hast nie einen Hehl daraus gemacht, daß Du Hitler bejaht hast, Du gehörtest nicht zu den Unwissenden und Verführten, Du bist kein Mitläufer gewesen. Als Du 1929 in die SS eintratest, tatest Du das freiwillig und bewußt, mit der Dir eigenen Konsequenz.

Vor einigen Jahren hast Du mir bei einem unserer Spaziergänge durch Berlin den Ort gezeigt, an dem Du zum ersten Mal eine Rede von

25

Goebbels gehört hattest. Wir standen nebeneinander auf der Straße und schauten auf die Tür eines Lokals, durch die eine Gruppe vergnügter junger Leute direkt auf uns zukam und lachend fragte, ob wir auch einmal "heiße Musik" hören wollten. Wir lachten zurück für einen kleinen Moment.

Von Dir wollte ich hören, was ein halbes Jahrhundert zuvor so gewichtig war, daß Du Deine früheren Berufspläne bereitwillig aufgabst. Nicht mehr eine wissenschaftliche Tätigkeit sollte Dein Ziel sein, sondern die Mitarbeit am Aufbau eines nationalsozialistischen Staates.

Du hast Dein Ziel erreicht, schon vier Jahre später bei der Machtergreifung durch die Nazis gehörtest auch Du zu den Gewinnern, zu denen, deren persönlicher Erfolg erst durch Eure Gewaltherrschaft möglich wurde. Dein Aufstieg ging schnell, mich schwindelt bei dem Tempo. In Deinem Nachlaß fand ich Dokumente Deiner Beförderungen vom SS-Sturmbannführer bis hin zum stellvertretenden Leiter des SD, des Sicherheitsdienstes der SS. Noch immer kann ich das Wort, das Dich und Dein Tun deutlicher bezeichnet, nicht ohne Zögern aussprechen: Gestapo.

Als ich die Dokumente in den Händen hielt, war mir, als hätte ich bis dahin die Macht dieses Wortes noch nicht in seiner grauenvollen Tragweite gekannt. Die Erklärungen aus Deinem Munde Jahre zuvor, als wir Dich immer eindringlicher über Deine Vergangenheit ausfragten, hatten für mich nicht das Gewicht wie diese vergilbten Blätter; auch meine intensive Auseinandersetzung mit dem Faschismus, selbst Eugen Kogons Buch "Der SS-Staat" hatten mich nicht so erschüttert wie diese Urkunden, die Deinen Namen so eng in Verbindung brachten mit Mord und Terror.

Wie hätte ich mich verhalten, wenn ich diese Papiere gekannt hätte, als Du noch lebtest? Hätte es unser beider Ringen um eine Verständigung zwischen uns unmöglich gemacht, hätte ich dann endgültig den Stab über Dich gebrochen und mich von Dir abgewandt? Ich weiß es nicht. Und hätte ich es zum Anlaß genommen, Dich noch entschiedener zu verurteilen, als ich es Jahre zuvor schon getan hatte? Sinnlose Fragen, auf die es keine Antworten gibt, denn wir sind uns als Vater und Tochter begegnet und nicht als SS-Mann und Anklägerin.

In einer unserer heftigsten Auseinandersetzungen Anfang der 70er Jahre nannte ich Dich einen Mörder und schleuderte Dir entgegen: "Ich wünschte, Du wärest tot!" Ich erschrak selbst über meine Worte. Würden wir je wieder miteinander reden können, nachdem wir beide das Ungeheuerliche gehört hatten? Erschöpft und verzweifelt begann ich zu weinen. Es war lange still zwischen uns, bevor Du sehr leise antwortetest: "Mein Tod wäre keine Lösung, weder für Dich noch für mich." Du hattest recht, Dein Tod hätte mir nicht geholfen, Antworten auf die immer wiederkehrenden Fragen zu finden: wie konntest Du Dich so tief in Schuld verstrikken?

Und trotzdem blieb ich nach diesem Streitgespräch, das Du mit der Geste der Versöhnung beendet hattest, allein und in ohnmächtigem Zorn zurück. Du, die machtvollste Instanz meiner Kindheit und Jugend, wärest bereit gewesen, Dein Leben zu geben, wenn man es von Dir gefordert hätte, so wie Du das Leben anderer wegen einer Wahnsinnsidee, einer Rassenideologie, wegen eines politischen Konzeptes für nichtig erklärt hattest. Für Dich war der Tod lange Jahre zu etwas Alltäglichem geworden, für mich bleibt er bis heute unfaßbar und sinnlos, wenn er gewaltsam eintritt und nicht am Ende eines sinnerfüllten Lebens. Mein verzweifelter Wunsch nach Deinem Tod war doch nichts anderes als meine Sehnsucht nach einem Leben mit Dir – frei von Schuld!

Heute erscheint es mir, als ob wir in all unseren Gesprächen, ob im Zorn oder im gegenseitigen Suchen, das unüberwindlich Trennende zwischen uns nicht sehen wollten: unsere grundlegend unterschiedliche Einstellung zum Dasein und zum Leben. Für Dich bedeutete das Leben, beginnend noch in der Kaiserzeit, in erster Linie eine Herausforderung, der man sich stellen mußte, ohne dabei die Gesetze der Pflichterfüllung und der Contenance, der Haltung, zu verletzen. Nach diesen Prinzipien hast Du gelebt, Dein Einsatz war hoch, Erfolge und Niederlagen gehörten dazu, doch nichts, nicht einmal der vollständige Zusammenbruch Eurer faschistischen Welt, konnte Dich in Deinen Grundfesten erschüttern.

Wie anders dagegen mein Leben: Als ich geboren wurde, führte Deutschland seit einem Jahr Krieg. Damals habt Ihr noch Eure Siege und Eroberungen gefeiert, und in meine geschützte Kinderwelt drang nichts von der Zerstörung und der Gewalt, mit der Du Dich täglich umgabst.

Du wurdest Stadtdirektor von Berlin, Macht und Wohlstand flossen Dir zu, Bilder aus dieser Zeit zeigen Dich als einen erfolgsgewohnten Mann im Kreise seiner glücklichen Familie. Ich trage noch heute die Geborgenheit der ersten Jahre in mir, unbeschwerte Jahre ohne das dunkle Geheimnis um Dich und ohne die spätere furchtbare Gewißheit. Vati – das war ein Zauberwort, das jeden Abend mit Deinem Nachhausekommen in Erfüllung ging. Wir waren selig, Dein Dasein verhieß Geschichtenerzählen und wunderbare Mitbringsel zu einer Zeit, als die Lebensmittel bereits rationiert wurden und Kinderspielzeug wegen der ansteigenden Waffenproduktion eine Kostbarkeit geworden war.

Doch je länger der Krieg andauerte, desto häufiger zogen Schatten über meine Welt: die Nachricht vom Tod Deines Cousins, Muttis Bruder galt als vermißt, Dein Bruder, Offizier im Generalstab, wurde schwer verwundet, die Verstümmelung eines geliebten Onkels – nicht immer konntet Ihr Euren Kummer vor uns verbergen. Das Grauen, der Tod hatten Einzug genommen in mein Leben, und ich bekam eine Ahnung davon, daß außerhalb der Liebe und der Sicherheit, mit der Ihr mich umgabt, etwas Gewaltsames da war, gegen das Ihr mich nicht schützen konntet, denn Ihr selbst wurdet unsicher.

Als die Stadt beinahe jede Nacht schweren Bombenangriffen ausgesetzt war, brachtest Du uns auf einem Landgut unter, zwei Autostunden von Berlin entfernt. Dort sollten wir ungestört von Fliegeralarm und beginnender Not bis zum Ende des Krieges leben. Das Ende konnte für Dich nur Sieg bedeuten, sonst hättest Du im Frühsommer 1944 nicht einen Ort als unsere Zufluchtsstätte gewählt, der so weit östlich lag, im heutigen Polen, nicht mehr allzu weit entfernt von Euren Feinden. Hattest Du das stete Herannahen der Roten Armee nicht wahrnehmen wollen, oder warst Du noch immer verblendet von der Idee Eurer militärischen Überlegenheit, so daß Du das tatsächliche Kriegsgeschehen in Europa nicht erkennen konntest?

Für uns Kinder brachte der Abschied von Berlin die erste längere Trennung von Dir. Bei jedem sich nähernden Autogeräusch unterbrachen wir unser Spiel in den Stallungen, immer bereit, Dir entgegenzulaufen. Du kamst noch einige Male, manchmal allein, manchmal in Gesellschaft von Männern in Uniformen, doch nie ohne wunderbare Geschenke – irgendwann im Winter kamst Du zum letzten Mal, und Du brachtest eine Puppe mit langen Zöpfen mit. Ich weinte, als Du wieder abfuhrst, Mutti versuchte mich zu trösten, doch ihre zärtlichen Worte erreichten mich nicht, und ich blieb mit meinem Schmerz zurück. Ich habe elf Jahre lang auf Dich gewartet, immer in Erinnerung an unseren schmerzlichen Abschied und gleichzeitig mit der sehnsüchtigen Hoffnung, Du mögest wiederkommen.

Du bist wiedergekommen, Ende 1955, doch in den elf Jahren unserer Trennung lag die Zeit meiner Kindheit, meines Heranwachsens zu einem jungen Mädchen und mein allmähliches Ahnen, daß es um Dich ein schreckliches Geheimnis gab, das Dich so lange von uns fernhielt.

Meine Phantasien über Dich, den noch immer geliebten Vater, glichen einem verbotenen Spiel, nur ich allein kannte seine Regeln. Hätte ich andere daran teilnehmen lassen, so wärest Du nie wiedergekommen. Was wußte ich in diesen Jahren von Dir? Mutti hatte uns erzählt, Du wärest, wie viele andere Väter auch, wahrscheinlich gefallen, und dann, als wir 1948 das erste Lebenszeichen von Dir erhielten, wurdest Du für uns zu einem Kriegsgefangenen, der irgendwann einmal nach Hause zurückkommen würde. Heimkehrer war das Wort für die abgemagerten Männer mit den ernsten, grauen Gesichtern, ich hatte sie oft gesehen. Ich wartete auf Dich und betete jeden Abend für Deine Heimkehr.

Doch allmählich löste sich meine Sehnsucht nach Dir von dem realen Wunsch, Du mögest bei uns sein, ich lernte ohne Dich zu leben, meine Erinnerungen an Dich gehörten in frühe Kindertage, die längst vergangen waren. Dennoch ließ ich nicht davon ab, auf Dich zu warten, ich war durchdrungen von dem Gedanken, nur Deine Rückkehr könnte das Dunkle und Bedrohliche in mir zum Schweigen bringen. Dein Kommen würde den Krieg, der in mir tobte, beenden, niemand außer Dir hätte die Kraft, mir den Frieden zurückzubringen.

In meinen Träumen durchlebte ich immer wieder das Ende des Krieges und die ersten Monate danach, schreiend wachte ich nachts auf, rannte hinüber zu Mutti, um in ihren Armen meine Angst zu vergessen. Die Flucht vor den Sowjets 1945, Tiefflieger über uns, Bombeneinschläge neben uns, Granatsplitter, Muttis zerfetzter Rücken, mein durchschossener Fuß, die langen Wochen allein im Lazarett, zusammen mit verwundeten Soldaten, getrennt von Mutti und den Brüdern. Die Zeit im polnischen Waisenhaus, bis endlich mein banges Hoffen, Mutti möge mich finden, belohnt wurde, monatelang hatte sie mich gesucht.

Obwohl mich Mutti in meiner nächtlichen Verzweiflung nie allein ließ, fühlte ich mich bald schuldig für meine Unfähigkeit, das Vergangene zu bewältigen. Mir war, als ob nur ich allein noch immer unter den Schrekken des Krieges litt, die Brüder spielten schon wieder vergnügt auf der Straße; um mich herum schien das Leben wieder seine frühere Ordnung angenommen zu haben, warum nur konnte ich nicht vergessen?

Inzwischen lebten wir in einer hessischen Kleinstadt, an der der Krieg ohne sichtbare Spuren vorbeigegangen war, nur die Flüchtlinge, die eng zusammengedrängt in den Baracken am Stadtrand wohnten, die nie ohne Rucksack oder Tasche zu sehen waren, erinnerten daran, daß an anderen Orten Schlimmes geschehen sein mußte.

Ich begann zu ahnen, daß es noch etwas anderes gegeben haben mußte, und das war noch viel unaussprechlicher als der Krieg. Es war, als ob jenseits des Krieges noch etwas anderes geschehen war, etwas Böses, an dem nicht gerührt werden durfte, sonst würde es Unheil bringen, ein Fluch, wie in manchen Märchen, die mir Mutti abends vorlas. Die Brüder beschworen mich, niemals mehr den Namen Hitler zu nennen, es war dieser Name, der mir ein Schlüssel zu dem Geheimnis zu sein schien, das die Erwachsenen für sich behielten.

Manchmal besuchten uns Männer, die von weit her kamen, um Mutti eine Nachricht zu bringen. Ich durfte bei ihren Gesprächen nicht dabei sein, aber ich spürte, es ging dabei um Dich. Einmal rief Mutti uns dazu, gleichzeitig lachend und weinend sagte sie: "Vati lebt!" Auch der Mann weinte; dann erzählte er, daß er Dich 1946 in einem Moskauer Gefängnis getroffen hatte, Du warst zum Tode verurteilt und dann, in einem späteren Prozeß, zu 25 Jahren Zwangsarbeit in Sibirien begnadigt worden.

Ich konnte nicht begreifen, was der Mann uns sagen wollte. Warum solltest Du nicht leben dürfen, nur Soldaten, die im Krieg gefallen waren, sind tot. Aber Du lebtest doch, und der Krieg war vorbei! Was hattest Du getan, daß Du nach Sibirien mußtest, und er nicht? Immerzu sah ich Soldaten ankommen, der Vater meiner Freundin Renate war wieder da, nur Du nicht. Was bedeutete eine Begnadigung zu 25 Jahren Zwangsarbeit? Meine Hoffnung, Du würdest zu meinem nächsten Geburtstag, meinem achten, bei uns sein, brach zusammen.

Allmählich begriff ich, Du gehörtest nicht zu den Männern, für deren Heimkehr wir sonnabends in der Schule beteten, Du gehörtest zu denen, über die die Erwachsenen nur mit leiser Stimme sprachen. Aber warum zog dabei so ein böses Grinsen über ihre Gesichter, und warum immer wieder das Wort "Nazi"? Etwas Düsteres, bis dahin Unbekanntes mischte sich in meine Sehnsucht nach Dir, für das ich mich schämte und wofür ich mich schuldig fühlte.

Immer häufiger setzte ich mich auf die feuchten Steine, die vom Hof in den Keller führten, und ritzte mir Hakenkreuze in die trockene Haut meiner Schienbeine. Das linke Bein, das Durchschossene, das ich noch immer etwas nachzog beim Gehen, ritzte ich besonders tief ein. Ich setzte die Kreuze so dicht nebeneinander, daß es aussah, als würden sie sich bei den Händen fassen, dabei flüsterte ich die verbotenen Namen Hitler, Stalin, Goebbels, Göring. Erst wenn beide Beine blutverschmiert waren, hörte ich auf.

Die Brüder hatten von Stalins Schauprozessen gehört und redeten mir ein, Männer, die besonders in Ungnade gefallen waren, müßten viele Jahre auf Steinböden knien, die mit Erbsen bestreut waren. Mußtest auch Du diese Strafe ertragen? Ich wartete, bis ich endlich einmal allein war, ich wollte die Strafe mit Dir teilen. Doch schon nach wenigen Minuten gab ich erschöpft auf, die Erbsen hatten sich schmerzhaft in meine Knie gedrückt. Ich klammerte mich an den Gedanken, Du würdest Deine Bewacher überlisten und die Erbsen heimlich zur Seite schieben können. Ich wollte einen Brief an Stalin schreiben und ihn um Gnade für Dich bitten. Mutti nahm mich in den Arm, wie immer, wenn sie sah, wie sehr ich mich um Dich quälte.

Es geschah auch in dieser Zeit, daß die Brüder meine Puppe, die letzte Erinnerung an Dich, nackt auszogen, ihr den Kopf abschnitten und der Puppe unter den Arm klemmten. Ich war wie gelähmt vor Entsetzen und unfähig, meinen Blick von Jutta, so hatte ich meine Puppe genannt, abzuwenden. Erst am Abend konnte mich Mutti von dem schrecklichen Anblick erlösen. Was war es, das die Brüder dazu trieb, das einzige, was ich aus der Zeit der unbeschwerten Kindertage gerettet hatte, gewaltsam zu vernichten? Gab es für uns Kinder keinen anderen Ausweg, mit der inneren Zerstörung fertig zu werden, als sie untereinander fortzuführen? Ich war dabei, mich selbst zu zerstören, und die Brüder vereinigten sich und zogen ihre Stärke daraus, mich zu demütigen.

Als ich einmal sah, daß D. eine harmlose Blindschleiche zu Tode steinigte und sein grausames Spiel mit lautem Lachen begleitete, spürte ich, daß der Krieg noch nicht wirklich zu Ende sein konnte. Äußerlich haben wir ihm auf der Flucht entrinnen können, aber wir trugen ihn weiter, in unserem Inneren.

Die wachsende Angst vor den Brüdern wurde zu einer neuen, schlimmen Bedrohung für mich; ich hing in zärtlicher Liebe an ihnen, und jetzt mußte ich erleben, daß auch von ihnen eine Gefahr für mich ausging, der ich nicht ausweichen konnte. Ihr liebstes Spiel war "Krieg", sie spielten ihn durch Jahrtausende, sie waren Römer, die andere Völker versklavten, sie waren Raubritter oder die Eroberer Amerikas, die die Indianer ausrotteten, sie spielten Szenen aus dem Zweiten Weltkrieg und brachten die Russen um. Und in allen Kriegen brauchten sie ein Opfer, einen Schuldigen, einen, den man zum Tode verurteilen konnte, und diese Rolle zwangen sie mir auf. Am Ende eines jeden Spieles begnadigten sie mich, aber die immer neue Androhung meines Opfertodes bewirkte in mir, daß auch ich zutiefst von meiner Schuld überzeugt war. Ich, die Jüngste, das Mädchen, machtlos gegen ihre vierfache männliche Überzahl, lebte nur durch ihre Gnade.

Noch enger klammerte ich mich an Mutti und ersehnte sie jeden Abend mit der gleichen Leidenschaft, mit der ich früher auf Dich gewartet hatte. Ohne sie fühlte ich mich schutzlos meinen eigenen, mich ängstigenden Phantasien ausgeliefert, hilflos einer Welt gegenüber, in der ich mich nicht mehr zurechtfand. Doch ihre Fürsorge konnte nur für kurze Momente meine Angst zerstreuen, an meine innere Qual reichte ihre Liebe nicht heran. Zu sehr spürte ich, daß auch sie etwas in sich trug, vor dem sie fliehen wollte, hinter ihrem traurigen Lächeln verbarg sich etwas, das mich beklommen zurückließ. Um nicht an ihren Schmerz zu rühren, zog ich mich noch tiefer in meine Einsamkeit zurück.

Wie hätte sie mir auch helfen können? Sie war Mutti, eine Frau; ich spürte, daß das Bedrohliche, aber auch die Erlösung von diesem Bedrohlichen von Männern ausging, von Vätern, wie Du einer warst. Soldaten, Krieger, Helden, Befreier, selbst die Toten, sie alle waren Männer – Mutti und ich, wir konnten uns nur liebhaben; beenden, was in uns wühlte, konnten wir nicht.

Immer wieder suchte ich Deine Nähe, phantasierte mich in ein Gefängnis, in ein sibirisches Arbeitslager. In unserer Stadt gab es ein Haus, dessen Fenster vergittert waren und in das Straftäter eingesperrt wurden, bevor man sie in die nächste Großstadt brachte. Oft stellte ich mich unter die Fenster, einmal drückte ein Mann sein Gesicht gegen die Stäbe. Ich kam wieder mit einem Apfel und warf ihn unter Rufen zu den Fenstern hoch. Er prallte an den Stäben ab und zermatschte auf der Straße.

Ich begann bei Nachbarn von Dir zu erzählen, daß Du ein Verbrecher wärest, der jetzt seine Strafe verbüßen müßte. Die Brüder erfuhren davon, und es wurde mir verboten, über Dich zu sprechen. Ich war eine Verräterin geworden, eine, der man nichts mehr anvertrauen durfte, auch Mutti war enttäuscht von mir. Nun kam zu dem Gefühl meiner Schuld auch noch die tiefe Scham, meine Leistungen in der Schule ließen nach, und immer häufiger wurde ich krank.

Allmählich verließ mich auch die Hoffnung, es würde etwas geschehen, das Dich bald zurückbrächte, sie hatte sich verbraucht mit der Zeit. Ich richtete mich darauf ein, Dich nicht eher wiederzusehen, als bis die Unendlichkeit von 25 Jahren abgelaufen wäre.

Und doch riß das Band, mit dem wir uns gegenseitig hielten, nicht ab. Wir wußten um Dich. Drei- bis viermal im Jahr durftest Du eine Karte schreiben, 25 Wörter waren Dir erlaubt. Regelmäßig schickten wir Dir Photos und Pakete, viele gingen auf dem langen Weg verloren, einige kamen bei Dir an. Zu meinem elften Geburtstag erhielt ich eine dieser kostbaren Karten, nur an mich war sie gerichtet. In 25 Worten sprachst Du von Deiner Liebe zu mir, Deinem Stolz auf mich und nanntest mir Bücher, die ich lesen sollte. Mit nur drei Zeilen übersprangst Du mehr als zehntausend Kilometer Entfernung, führtest mich in die Welt der Bücher ein und machtest mir wieder, so wie in Kindertagen, Mut. Mut für noch einmal beinahe vier Jahre, bis Du tatsächlich nach Hause kamst.

In der Schule hatte ich Heraklits Satz, der Krieg sei der Vater aller Dinge, gelernt. Krieg und Vater, das gehörte untrennbar zusammen. Jetzt übernahm ich das Schicksalhafte dieses Satzes auch für mein Leben – warum nur hatte ich mich jahrelang dagegen aufgelehnt? Wenn der Krieg "der Vater aller Dinge" war, dann konnte es kein Leben geben ohne Krieg, – warum nur hatte ich das nicht begreifen wollen? War am Ende der Krieg nicht sogar richtig gewesen? Meine Lehrer sprachen nie vom Unrecht der Kriege, immer nur von ihrer Existenz. Ich begann mich abzufinden mit der ewigen Wiederkehr von Kriegen.

Seit über einem Jahrzehnt war der Krieg zu Ende, die Schuldigen von damals waren bestraft worden, die zerbombten Städte waren wieder aufgebaut, die Flüchtlinge wohnten nicht mehr in Baracken, sondern in Neubausiedlungen, selbst die Kriegskrüppel, die ich als kleines Mädchen so angstvoll angesehen hatte, waren nicht mehr da. Es war, als ob ihnen die fehlenden Arme und Beine nachgewachsen wären. Auch die Zeit meiner nächtlichen Alpträume war vergangen, es gab nichts mehr, was mich in Schrecken hielt. Hitler galt als ein Wahnsinniger, Stalin war lange tot, die anderen Namen waren scheinbar in Vergessenheit geraten. Über die Andeutungen und Ahnungen, über Begriffen wie Nazi, Gestapo und SS, die mich jahrelang gepeinigt hatten, schien eine Schicht zu liegen, die das, was sich darunter befand, verschleiert und verborgen hielt.

Als Adenauer 1955 mit Chruschtschow die Freilassung auch der letzten Kriegsgefangenen vereinbarte, traf mich die Nachricht von Deiner baldigen Rückkehr ganz anders, als ich es mir jahrelang ausgemalt hatte; Angst, Aufregung, die bange Frage, wie Du wohl sein würdest, all das spürte ich deutlicher als meine Freude.

Ich hatte endlich Ruhe gefunden in den letzten Jahren, zwei der Brüder waren aus dem Haus gegangen, bald folgte ihnen D. Nur noch G. und ich waren da. Endlich war Platz für mich in der Zweieinhalbzimmerwohnung, endlich fand Mutti Zeit für mich, G. und ich hatten die bösen Spiele unserer Kindheit vergessen, wir lachten zusammen. Schule, Freundinnen, abendliche Spaziergänge mit Mutti, erste heimliche Treffen mit Jungen, würde ich all das aufgeben müssen für Dich? Ich wurde unsicher, – wollte ich Dich wirklich noch haben? Brauchte ich Dich eigentlich noch?

Meine Beziehung zu Dir bestand darin, auf Dich zu warten; wenn Du jetzt kämest, müßte ich meine Sehnsucht aufgeben und Dir einen Platz geben in meinem Leben, nicht nur in meiner Phantasiewelt. Die Erinnerung an die grauen, verhärmten Männer, die Heimkehrer der ersten Nachkriegsjahre, wurde wieder wach, – würdest Du auch so aussehen, vielleicht noch schlimmer? Ich bemühte mich, meine Skepsis gegen Dich zu unterdrücken, ich wollte mich auf Dich freuen.

In den Filmwochenschauen fand ich meine schlimmsten Befürchtungen bestätigt, endlose Güterwagen rollten in Friedland, dem ersten Durchgangslager, ein. Eisentüren wurden aufgeschoben, der Blick fiel auf Männer, die zu lachen versuchten, aber die Anstrengung der sieben Tage langen Reise verzerrte ihr Lachen zu Grimassen. Sie kletterten aus den Zügen, Filzstiefel, wattierte graue Jacken, russische Mützen mit Ohrenklappen, Rucksäcke, an denen noch das Stroh hing, auf dem die Männer tagelang gelegen hatten, alles war anders als das Bild, das mir meine Sehnsucht von Dir gelassen hatte.

Viele Wochen hintereinander trafen Transporte mit heimkehrenden ehemaligen Soldaten ein, dann wurde es wieder still in Friedland. Dann kamen erneut einige Züge an, aber Du warst nie dabei. Allmählich wurde ich müde, die langen Namenslisten, die täglich im Radio vorgelesen wurden, anzuhören. Dein Name wurde nicht genannt. Erst ganz zum Schluß kamst Du, am Ende des Jahres, zusammen mit den ehemaligen Generälen, die über vierzehn Jahre zuvor die deutschen Truppen zum Überfall auf die Sowjetunion geführt hatten.

"Weine doch nicht, ich bin ja wieder da!" Mit diesen Worten nahmst Du mich in die Arme und versuchtest, elf Jahre Trennung zu überbrücken, so, als kämst Du gerade von einer Dienstreise zurück. Anfangs war ich begeistert von Deinem Bemühen, eine Falte in die Zeit zu schlagen, alles Trennende und Fremde zwischen uns wolltest Du in wenigen Wochen besiegen.

Einen Tag nach Deiner Ankunft kauften wir Dir einen Anzug, Schuhe und Hemden, Du gingst zum Friseur, machtest einen Termin beim Zahnarzt, warfst Deine Filzstiefel weg und warst bereit, ein neues Leben zu beginnen, mit Mutti, die in der Zwischenzeit eine selbständige Frau geworden war, die uns allein ernährt und großgezogen hatte, und mit uns, Deinen bald erwachsenen Kindern.

Deine Rückkehr wurde in unserem Städtchen wie ein Fest gefeiert, man wollte Dich sehen, Dir zuwinken. In einem Zeitungsartikel wurde unsere Familiengeschichte mit der Odyssee verglichen; mir war das peinlich, Mutti hatte uns zu Schlichtheit und Bescheidenheit erzogen. Doch in einem traf der Vergleich des Reporters zu: Niemand mehr fragte Odysseus bei seiner Rückkehr, warum er 20 Jahre zuvor gegen Troja in den Krieg gezogen war, so wie jetzt Deine Heimkehr nicht mehr in Verbindung gebracht wurde mit dem Krieg, an dem Du Dich beteiligt hattest. Du wurdest empfangen wie ein Held. Auch meine Treue glich der von

Telemach, Homer schreibt nicht, daß der Sohn voller Wut auf den Vater war, klaglos hatte er hingenommen, ohne Vater aufzuwachsen, so wie ich erst als erwachsene Frau erkennen konnte, wie die Sehnsucht nach Dir meine Wut auf Dich zugedeckt hatte. Der Landrat ehrte Dich mit einer Feier, Reden wurden gehalten, ein Orchester spielte. Ich war stolz auf Dich. Die Männer in der Stadt, vor denen ich als kleines Mädchen einen Knicks gemacht hatte, nannten mich, die knapp Fünfzehnjährige, "gnädiges Fräulein", Mutti küßten sie die Hand, Dich schauten sie respektvoll an. Es hatte sich gelohnt, auf Dich zu warten! Der Bürgermeister sagte, er wolle alles tun, um Dir bei der Suche nach einer Dir angemessenen Tätigkeit zu helfen, er hoffe, Du würdest Deine Fähigkeiten der Stadt zur Verfügung stellen. Ich verstand nicht, was er meinte.

Aber das war auch unwichtig, wichtig war etwas ganz anderes. Meine dunkle Ahnung, das schlimme Geheimnis, das Dich umgeben hatte, war verflogen. Du warst nie schuldig geworden, es war nur der furchtbare Krieg, der einen Schatten auch auf Dich geworfen hatte, Du selbst warst gut. Würde man Dir sonst so viel Achtung entgegenbringen? Ich schämte mich, wie hatte ich nur jemals an Dir zweifeln können? Die Wochen vergingen im gegenseitigen Erzählen, wir versuchten, die Lücke der letzten elf Jahre durch Berichte zu schließen, begeistert hörten wir einander zu. Im Erzählen durchlebte ich noch einmal die Tieffliegerangriffe auf der Flucht, meine und Muttis Verwundung, die Zeit im Lazarett, die Monate im Waisenhaus. Die in mir aufsteigende alte Angst unterdrückte ich schnell, ich wollte über das Gewesene ebenso sprechen, wie Du über Deine Zeit im russischen Staatsgefängnis und über die Jahre in Sibirien sprachst. Kein Wort der Verzweiflung und der Hoffnungslosigkeit, sondern wie ein grausam-schönes, gefährliches Abenteuer, eine Herausforderung, die man bestehen mußte, so klangen Deine Berichte. Während ich Dir zuhörte, entstanden in meinem Kopf Bilder aus den antiken Tragödien, durchzogen von Teilen aus den Romanen Alexandre Dumas', in die düstere Welt von Dostojewski gerückt.

Du sprachst von den Monaten in einer fensterlosen Zelle, wie Du mit dem anderen Gefangenen, einem berühmten General, Fragen der strategischen Kriegsführung diskutiertest, um Eure Niedergeschlagenheit zu vertreiben. Wie Ihr Euch Gedichte aufsagtet, um das eintönige Geräusch der Wassertropfen, die von der Decke auf den Steinboden fielen, nicht zu hören. Du sprachst davon, wie Du eines Morgens abgeführt wurdest, Du solltest hingerichtet werden, und wie Du nach zwei Stunden ungewissen Wartens in eine andere Zelle gebracht wurdest.

Auch von den vielen Toten der ersten Jahre sprachst Du, deren Namen Du Dir merken wolltest, um später einmal die Angehörigen dieser Toten aufzusuchen. Deine Stimme war ernst, sie hatte nichts von dem Grölen angetrunkener Männer beim jährlichen Schützenfest, wenn sie ihre Kriegserlebnisse austauschten, aber Dein Ernst schien merkwürdig losgelöst zu sein von dem, worüber Du sprachst. In Deiner Stimme schwang etwas mit, das wie Schicksal, Tragik, Unabwendbarkeit klang. Ohne daß Du die Worte Pflichtgefühl, Tapferkeit, Ehre benutztest, so spürte ich doch: Jeder Deiner Sätze war begleitet von Wertvorstellungen, die unumstößlich waren, nach denen man zu handeln hatte.

Ich war Deine begierige Schülerin, für einige Jahre; ich wollte sein wie Du, stark und pflichtbewußt. Und wieder verachtete ich mich für meine heimlichen Tränen, meine Schwäche, ich wollte das Wehleidige hinter mir lassen und mich dem Leben stellen wie Du.

Nur einmal wurde Dein Gesicht weich, Deine Stimme unsicher, Du wolltest meinen durchschossenen Fuß sehen. Zögernd zog ich Schuh und Strumpf aus, so, als ob ich entblößen würde, was verborgen bleiben sollte. Mit den Jahren waren die Narben immer kleiner geworden, sie sahen aus wie Sterne rechts und links an meinem Fußgelenk, ich hatte sie fast vergessen, nur bei längeren Spaziergängen wurde ich an sie erinnert. Du sahst Dir die Narben an, fuhrst vorsichtig mit dem Finger darüber und sagtest etwas, das ich nicht verstand. Ich spürte, wie erschüttert Du warst. Als ob diese winzigen Narben Dir erst jetzt das Ausmaß sinnlosen Leids, das der Krieg hervorgebracht hatte, vor Augen führte. Du hattest die Bombenangriffe auf Berlin miterlebt, hattest unser Haus und das Haus Deiner Eltern in Flammen stehen sehen, Du hattest verwundete und zerfetzte Soldaten gesehen, Du wußtest, wieviele Millionen Menschen durch den Krieg umgekommen waren. Gegen alles hattest Du Dich immer noch schützen können, aber die Vorstellung, wie Deine Familie verletzt worden war, wie ein damals vierjähriges Mädchen angeschossen wurde, machte Dich hilflos.

Ich war peinlich berührt von Deinem Schmerz und zog schnell meinen Strumpf an. Ich wollte nichts zu tun haben mit Deiner Rührung, ich spürte, sie würde meinen Entschluß, tapfer zu werden, zunichte machen. Deine Fürsorge für meine Wunden kam um Jahre zu spät, jetzt wollte ich sie nicht mehr.

Dieses Erlebnis unmittelbarer Berührung mit dem, was wir vergessen wollten, bestimmte unsere weitere Beziehung zueinander, ohne daß wir uns dessen bewußt wurden. Ich glaube, schon damals begannen wir damit, nicht mehr direkt über uns selbst zu reden. Wir benutzten etwas Drittes, wir liehen uns Bilder aus der Literatur und der Geschichte aus und gaben diesen Figuren unsere Gedanken. Den Gewissenskonflikt des Prinzen von Homburg, die Einsamkeit von Don Carlos oder die Frage nach dem Recht in den Glaubenskriegen nahmen wir als Metapher, als Schutz für unsere eigene Verletzbarkeit. Stundenlang konnten wir reden, diskutieren, uns ereifern, und wir lernten immer besser, uns voreinander nicht mehr zu zeigen, weder dem anderen noch sich selbst.

Allmählich wurde ich neugierig auf Dein Leben vor 1945. Jetzt durfte ich mich dieser dunklen Zeit nähern, jetzt fühlte ich mich sicher, daß zwischen Dir und dem Nationalsozialismus nicht mehr als eine zufällige

Verbindung bestanden haben konnte. Du erzähltest von Deiner Zeit als Stadtdirektor, von Staatsempfängen, von wichtigen Wirtschaftsentscheidungen, von Deinem Vergnügen, als Du durch die preußischen Museen geführt wurdest und Dir die Bilder für Deine Zimmer im Rathaus aussuchtest. Eine wunderbare Welt tat sich vor mir auf, mit Glanz und Macht. Berlin, meine Heimat, eine Stadt, in der vier Millionen Menschen gelebt hatten, und Du hattest sie verwaltet. Ich weiß nicht mehr, was mich mehr beeindruckte, Deine glanzvolle Vergangenheit oder die Selbstverständlichkeit, mit der Du jetzt unser bescheidenes Leben in einer kleinen Neubauwohnung teiltest.

Nur einmal erlebte ich, wie diese beiden Welten in Dir unversöhnlich aneinanderstießen. Wir saßen beim Essen im Wohnzimmer, das nachts in Euer Schlafzimmer umgewandelt wurde, und plötzlich fragtest Du mit Verwunderung, warum wir keine Messerbänkchen beim Essen benutzten. Ich mußte lachen, ich kannte keine Messerbänkchen, aber ich spürte sofort, daß das etwas sehr Absurdes sein mußte. Mutti wurde ärgerlich und wollte Dir antworten, brach ab und ging aus dem Zimmer. Ich hörte sie in der Küche leise weinen. Ich habe noch oft an diese Messerbänkchen denken müssen. Sie schienen für Dich der Rahmen und Rückhalt zu sein, den Du in Deinem Leben dringender brauchtest als alles andere. Nicht Deine langen Jahre in Sibirien in unvorstellbarem Elend, auch nicht der Verlust Deiner hohen politischen Position oder unsere damalige Armut schienen Dich wirklich zu erschüttern. Dem allem konntest Du mit Haltung begegnen, aber die kleine Unordnung bei Tisch, die entsteht, wenn keine Messerbänkchen zur Verfügung stehen, rüttelte an Deinen Wertvorstellungen.

An Deiner Verwunderung, wie Mutti all die Jahre ohne Messerbänkchen auskommen konnte, spürte ich, daß Du in Deiner alten Welt, in der Zeit vor 1945, geblieben warst. Eine Welt, die auf die Frage nach Sinnhaftem mit Formen geantwortet hatte. Heute kommt es mir so vor, als ob das bedingungslose Einhalten der Form möglich gemacht hat, daß Du Dich so tief in Schuld verstricken konntest.

Bald zogen wir nach Hamburg, Du hattest dort eine Arbeit bei einer Behörde gefunden. Mein Interesse an Dir und Deinem Leben ließ nach, ich wandte mich mir selbst zu. Ich war ein junges Mädchen, selbstbewußt und neugierig auf alles, was vor mir lag.

Eines Tages fiel mir bei Freunden ein Buch in die Hand mit Bildern von Auschwitz. Noch bevor ich erfassen konnte, was ich sah, beherrschte mich ein Gedanke: Vati. Ich legte meine Hände auf das geöffnete Buch, als ob ich die Bilder vor mir selbst verstecken wollte, sie sollten nicht wahr sein. Ich war fassungslos, das war es, was ich in all den Jahren geahnt hatte, das dunkle Geheimnis, ein unvorstellbares Verbrechen.

Wie war die Verbindung zwischen Dir und dem Grauenvollen? Sie mußte da sein, warum sonst die vielen Andeutungen über Deine Vergangenheit? Jetzt paßte zusammen, was ich als Kind verstreut auf viele

Momente, manchmal nur in Gesten, so wie in Muttis schmerzlichem Lächeln, gefunden hatte. Jetzt erinnerte ich mich an den zerstörten, mit Unkraut überwucherten Judenfriedhof, auf den mich einmal Kinder, die ich wegen ihrer derben Spiele bewunderte, aber auch fürchtete, geführt hatten. Als einer der Jungen befahl, wir sollten auf die umgestürzten Grabsteine pinkeln, lief ich weg; ich schwor mir, niemals über dieses Erlebnis zu sprechen.

Jetzt erinnerte ich mich an Begriffe wie "Entnazifizierung" und "Paragraph 131": Beides gehörte zu Dir, sie waren der Grund, warum Mutti in all den Jahren keine Rente oder Pension bekommen hatte wie andere Frauen von Kriegsgefangenen. Jetzt erinnerte ich mich an Briefe aus Berlin, deren Empfang sie unterschreiben mußte und die sie vor mir versteckt hielt. Das alles gehörte zu Dir.

Nach Tagen der inneren Qual fragte ich Dich nach Auschwitz. Du reagiertest schroff und abweisend; so hatte ich Dich noch nie erlebt. Du hättest nichts damit zu tun, war Deine Antwort. Als ich Dir und Mutti die Bilder zeigen wollte, schobst Du sie ärgerlich weg, Du wolltest mir verbieten, mich damit zu beschäftigen. Mutti war blaß geworden, sie sagte nichts. Also kanntet Ihr die Bilder, Ihr wußtet, was in den Konzentrationslagern geschehen war, nur vor mir habt Ihr Euer Wissen verheimlicht. Warum? Zum ersten Mal fühlte ich mich von Euch im Stich gelassen, verraten, ich wollte weg von Euch.

Warst Du es, der mich zurückgewinnen wollte, oder war ich damals noch zu jung, um eine innere Entfernung von Euch länger ertragen zu können? Ich weiß es nicht mehr, aber bald sprachen wir wieder miteinander. Ich begann, Dich auszufragen: Was warst Du, bevor Du Stadtdirektor wurdest? Ich hoffte, Du könntest mir meine Angst nehmen. Und wie schon früher nahmst Du mich mit Deinem Erzählen gefangen, und ich machte mir Deine Sicht des Nationalsozialismus zu eigen. Ich sah Deine Parteizugehörigkeit und Deinen Eintritt in die SS als unumgängliche Notwendigkeit an, ohne die Du nicht in den Staatsdienst gekommen wärest.

Deiner Versicherung, Du hättest nichts mit dem Mord an den Juden zu tun, schenkte ich bereitwillig Glauben – die andere Frage, ob Du schon damals davon gewußt hattest, beantwortete ich selbst für Dich: niemals, unmöglich! Du hättest eingegriffen, Du hättest nicht leben können, wenn Du davon gewußt hättest.

Und ich, wie hatte ich mich selbst so blind und taub machen können, daß ich so spät, erst 1958, von diesen Verbrechen erfuhr? Wieso hatte ich die vielen Spuren nicht wahrgenommen, die mich hätten aufklären können? Das alte Gefühl, "ich bin schuldig", das meine Kindheit durchzogen hatte, breitete sich wieder in mir aus. Jetzt hatte ich endlich den Beweis meiner Schuld, ich war gleichgültig gewesen gegenüber dem Leid der Juden.

Daß ich mich in meiner Bereitschaft, Schuld auf mich zu nehmen, davor schützte, Dich in Deiner Schuldhaftigkeit sehen zu müssen, war mir damals noch nicht bewußt. Ich teilte mein Gewissen auf in Mitgefühl für die Juden als den Opfern des Faschismus und in Parteilichkeit für Dich, Du, ein Vertreter des Gesetzes, zum Wohle einer Mehrheit.

Ich vergaß meine bohrenden Fragen nach dem Unrecht und den Verbrechen und ließ mich verführen von Deinen Erlebnissen. Wie damals, als Du von Deiner Zeit im Moskauer Gefängnis sprachst, folgte ich Dir jetzt durch die Jahre von 1933 bis 1942. Ich begleitete Dich auf Deinem Weg durch das Berliner Polizeipräsidium, folgte Dir in das Prinz-Albrecht-Palais, dem Gestapohauptquartier. Hätte ich Dir noch zuhören können, wenn ich damals schon gewußt hätte, daß dort viele tausend Menschen verhört, gefoltert, verurteilt und umgebracht worden sind? Unvorstellbar. Dunkel, geheimnisvoll und aufregend stellte ich mir Dein Leben in diesen Jahren vor. "Sicherheitsdienst": Hatte ich mich durch die Silbe "sicher" blenden lassen, oder war ich wirklich noch so ahnungslos, daß ich die Wahrheit über den Sicherheitsdienst nicht kannte? Jener SD, der zusammen mit der Gestapo unumschränkte Macht ausübte, der die Konzentrationslager kontrollierte, der den gesamten Staat mit einem Überwachungssystem durchzog, aus dem es kaum ein Entrinnen gab.

Deine Berichte über den SD und die Gestapo klangen eher nach einem gefährlichen Detektivspiel, nach einem Agentenfilm als nach der verbrecherischen Organisation, die sie waren. Mit Schaudern hörte ich Deiner Beschreibung zu, wie Du Goebbels heimlich überwachtest, weil Hitler an dessen bedingsloser Treue zur Partei zweifelte, wie sich Göring aus Angst vor Euch mit einem eigenen Sicherheitsapparat umgab.

Ich war gefesselt von Deinen Geschichten; die Namen, die in meiner Kindheit Symbol für alles Böse gewesen waren, wurden durch Dich zu ängstlichen kleinen Gestalten. Als ob ich selbst späte Rache an ihnen nehmen könnte, wenn ich Dir jetzt zuhörte. Du weihtest mich ein in Geheimnisse des politischen Machtapparates, Du machtest mich zu Deiner Mitwisserin. Es war, als ob ich an Deiner Hand hinter die Kulissen eines Theaters trat und dort entdeckte, daß das angsteinflößende Bühnenbild aus der Nähe betrachtet ganz harmlos, beinahe lächerlich aussah.

Warum tatest Du das damals, warum hast Du mich gefüttert mit spannenden Episoden über die Männer, die den Tod von Millionen verschuldet haben? Brauchtest Du mich, die treu ergebene Tochter, auf Deiner Seite, damit ich aufhörte, nach Deiner Schuld zu fragen? Brauchtest Du selbst diese Berichte, um Dich vor der Frage Deiner Mitverantwortung zu schützen? Half Dir die Erinnerung an das Alltägliche, Kuriose, das auch zu diesen Männern gehörte, damit Du begreifen konntest, in wessen Dienst Du Dich bedingungslos gestellt hattest? Ich weiß es nicht. Damals war ich stolz darauf, Deine Zuhörerin und Vertraute zu sein, und ich ließ mir bereitwillig auflasten, was Du nicht allein tragen wolltest.

Einem Zufall, einem versehentlich mitgehörten Telefongespräch, verdanke ich, daß ich mich aus meiner damaligen Zerrissenheit zwischen meiner Loyalität zu Dir und der Ahnung um die Verbrechen lösen konnte. Wieder war es ein Geheimnis, aber das bezog sich nicht auf die Vergangenheit, es war ganz aktuell: Ich erfuhr, daß Du seit Jahren für den Bundesnachrichtendienst arbeitetest, für den Geheimdienst der Bundesrepublik.

Ich war fassungslos. Während ich noch an Deiner alten Schuld trug, bautest Du bereits ein neues Geheimsystem auf, das, ähnlich dem alten, Menschen überwachte, verfolgte und bestrafte, auch wenn heute die Opfer nicht mehr gefoltert und umgebracht werden. Du wolltest meine Vorwürfe entkräften und sagtest, daß Deine Arbeit zur Abwehr der sowjetischen Spionage notwendig sei. Aber diesmal konntest Du mich nicht auf Deine Seite ziehen. Noch während Deiner Erklärungsversuche wurde mir bewußt, wie Du Deine Geheimdienstfähigkeit, gleichzeitig Vertrauen herzustellen und dennoch den Blick auf Gesamtzusammenhänge zu verdekken, jahrelang auch auf mich angewandt hattest. Indem Du mich ganz nah an Dich heranzogst und mich beteiligt hast an geheimen Details, verlor ich meine Urteilsfähigkeit. Du hast die zwölf Jahre Nazi-Herrschaft für mich aufgelöst in Einzelereignisse, die mir, nachdem Du den Mord an den Juden aus dem Gesamtgeschehen einfach herausnahmst, eher wie ein Abenteuer als ein systematisch angelegtes Verbrechen vorkamen. In Deinen Geschichten fehlten die Leidenden, es fehlten die Opfer und damit auch die Täter. So, wie Du Dein eigenes Leiden im Moskauer Gefängnis nie erwähnt hattest, gab es auch in Deinen Berichten über Deine Arbeit bei der Gestapo und dem SD kein Leiden und keine Opfer unter den Kommunisten, Sozialisten und all denen, die ihr erbarmungslos verfolgt habt. Du hast niemals den Nationalsozialismus vor uns verteidigt, aber Du hast Dich auch nie von ihm distanziert. Du hast nie offen Deine Position gezeigt, obwohl Du gleich nach Deiner Entlassung 1955 Deine politische Position bezogen haben mußt. Wie könntest Du sonst für den Bundesnachrichtendienst arbeiten? Man konnte Dir nicht ansehen, was Du tatest und wer Du warst; Du hattest keine Ähnlichkeit mit den stiefeltragenden, peitscheknallenden SS-Männern der amerikanischen Filme, Du warst liebenswürdig, gebildet, sympathisch. Doch mit einem Male begriff ich, welche Gefahr von Dir ausging. So, wie Du lange Zeit meine kindliche Treue mißbraucht hast, daß ich bereit war, Deine politische Sicht anzunehmen, betriebst Du jetzt wieder Mißbrauch mit der Macht, etwas anderes konnte die Arbeit eines Geheimdienstes nicht sein.

Plötzlich erinnerte ich mich daran, wie ich als kleines Mädchen auf Erbsen gekniet hatte, um die Strafe mit Dir zu teilen, und zum ersten Mal spürte ich eine ohnmächtige Wut auf Dich. Doch gleichzeitig war ich auch wütend auf mich selbst, daß ich Dich so lange bedingungslos geliebt hatte. Ich hoffte, ich würde Dich niemals wiedersehen.

Wir verdanken Andrea, daß es damals nicht zu einem endgültigen Bruch zwischen uns kam. Ihre Liebe zu Dir, dem Großvater, erinnerte mich an die ersten glücklichen Jahre mit Dir, durch sie konnte ich Dich wieder in Deiner Vielfalt erleben, gegen die mich mein Zorn und meine Enttäuschung über Dich blind gemacht hatte. Manchmal schaute ich Euch zu, wie Du ihr auf dem Globus die Länder und Meere zeigtest, ich hörte ihr Lachen, wenn Du ihr kleine, komische Geschichten erzähltest, ihr glücksstrahlendes Kindergesicht und Dein alt gewordenes Gesicht, das durch die Liebe zu dem Enkelkind sanft wurde.

Aber ich blieb vorsichtig mit Dir, wir nahmen wieder unsere alte Gewohnheit auf, über Bücher miteinander zu sprechen, manchmal brachen wir mitten in einem Gedanken ab, wir spürten das Fremde zwischen uns. Ich brauchte den Abstand zu Dir, immer noch hatte ich Angst, ich würde mich durch zu große Nähe zu Dir wieder einfangen lassen in Deine machtvollen Geheimnisse.

Die gemeinsame Trauer über Muttis plötzlichen Tod führte uns wieder näher zusammen. Um einen der Granatsplitter, die seit über 25 Jahren, seit ihrer Verwundung auf der Flucht, in ihrem Rücken ganz dicht an der Wirbelsäule steckten, hatte sich ein Tumor gebildet und ihr Rückenmark zerstört. Wir waren fassungslos, sie fehlte uns. Mit ihrer Sanftmut, ihrem schmerzlichen Lächeln und mit ihrem Schweigen hatte sie in all den Jahren den sicheren Boden geschaffen, auf dem wir uns begegnen konnten.

Du wirktest unendlich verlassen, mich rührte Deine Hilflosigkeit. Wir Geschwister hatten uns, G. und ich lebten in Berlin nahe beieinander, ich hatte Andrea, Du warst allein. Du kamst häufig zu uns, und Deine Besuche in Berlin, in Deiner Stadt, zwangen mich zu einer gründlichen und schonungslosen Auseinandersetzung mit dem Faschismus und mit Dir.

Ich fand bestätigt, was ich lange geahnt und nie ganz habe wahrhaben wollen. Als ich mir endlich eingestand, welche Position Du beim SD hattest, brach meine Illusion, Du könntest von den Vernichtungslagern nichts gewußt haben, endgültig zusammen. Auch meine letzte Hoffnung, Du hättest Dich als Stadtdirektor nur mit der Verwaltung und der Repräsentanz der Stadt beschäftigt, mußte ich aufgeben. Du hattest diese Stelle nicht als ein Verwaltungsbeamter eingenommen, sondern als SS-Mann mit hohem Rang.

So grausam die Gewißheit war, daß Du, mein Vater, von den Verbrechen der Gestapo wußtest und in einige selbst verwickelt warst, litt ich trotzdem nicht mehr so wie damals in meiner Kindheit, als ich mich zwischen Hoffnung, Vermutung und Furcht zerriß. Auch die schlimmste Wahrheit war leichter für mich zu ertragen als das verzweifelte Forschen nach Deiner Unschuld, später dann nach Deiner Schuld. Ich war eine erwachsene, selbständige Frau geworden und konnte mich entscheiden, ob ich trotz des Wissens um all das noch Kontakt zu Dir haben wollte. Immer wieder gab es Augenblicke tiefer Verzweiflung, manchmal ausgelöst durch ein Datum wie das des 20. Juli 1944, den Ihr zum Anlaß nahmt, mehr als 5000 Menschen ermorden zu lassen. Aber auch dann, wenn ich sehr unglücklich war, fühlte ich mich nicht mehr schuldig wie in der Zeit, als ich durch die enge Bindung an Dich keine eigenständige Position beziehen konnte. Meine Selbstachtung wuchs in dem Maße, wie ich Dich immer deutlicher sah, mit Zügen, die für mich als unvereinbar galten. Ich mußte nicht mehr die Augen zumachen aus Angst, ich könnte etwas Neues, Entsetzliches entdecken, aber ich mußte auch nicht mehr wühlen in Deiner Schuldhaftigkeit, die ich zu meiner eigenen gemacht hatte. Ich konnte lassen von Dir und mich ganz allmählich lösen von dem, was mich niedergedrückt hatte. Erst als ich frei wurde, entdeckte ich meine Verantwortung für mich, auch wenn ich sie noch nicht in politisches Handeln nach außen umsetzen konnte.

Je mehr ich Dich in Ruhe ließ und meine Traurigkeit für mich behielt, desto häufiger suchtest Du Gespräche über Deine Vergangenheit. Unsere Spaziergänge durch die Stadt nahmst Du zum Anlaß, Du bliebst stehen vor Gebäuden, die Erinnerungen in Dir weckten, Du gingst ganz zurück zu den Anfängen. Einmal habe ich Dich sehr irritiert erlebt: Wir wollten Andrea in ihrer ersten Studentenwohnung besuchen und kamen vorbei an den Gardeschützenkasernen, in denen Hitler 1934 nach dem "Röhm-Putsch" die SA-Führer ermorden ließ. Du warst damals beteiligt an den Verhaftungen.

Zum ersten Mal schienst Du zu begreifen, wie Du Dich als junger Mann einem System verschrieben hattest, dem Millionen Menschen zum Opfer gefallen sind. Was Du damals als Gehorsam und Pflichterfüllung aufgefaßt hattest, durch einen Treueschwur gefestigt, war der Beginn eines Prozesses, in dem Du Deine Eigenverantwortung nach und nach abgabst. Als man Dir dann immer mehr Verantwortung übertrug, warst Du nicht mehr bereit, Fragen an Dich zu stellen.

Ich war unangenehm davon berührt, daß es gerade dieses Ereignis war, das Dich erschütterte, und nicht etwas, das ich in meinem Wertsystem als wichtiger ansah als den Mord an den SA-Führern. Noch immer wollte ich meine Hoffnung nicht aufgeben, Du würdest bereuen. Aber ich wagte auch nicht mehr, Dich zu fragen, ich hatte Angst.

Als Du wußtest, daß Dir die todbringende Krankheit nicht mehr viel Zeit ließ, zogst Du mich noch einmal in die Abgründe Deiner Erinnerungen und vertrautest mir an, was Du über 40 Jahre in Dir verschlossen gehalten hattest. Gleichzeitig nahmst Du mir das Versprechen ab, niemals darüber zu reden. Im Augenblick fühle ich mich noch gebunden an dieses Versprechen.

Wir sahen uns noch einmal, wenige Tage vor Deinem Tod. Ich setzte mich an Dein Bett, Du schienst zu schlafen. Ich war entsetzt über Dein Aussehen, G. hatte mich vorbereitet, aber doch nicht so! Erinnerungen an schreckliche Bilder, an Menschen, zu Skeletten abgemagert, wurden wach.

Irgendwann machtest Du die Augen auf, versuchtest zu lächeln, als Du mich erkanntest. Nach einer Weile sprachst Du ganz leise über Gottfried

Kellers "Grünen Heinrich", wie er voll freudiger Erwartung die alte Welt verläßt, um Neues zu entdecken. Die Anstrengung wurde zu groß für Dich, ich sprach weiter für Dich, bis Du wieder einschliefst. Diesmal war ich dankbar für unser Symbolsystem, durch das wir unsere Gefühle gleichzeitig ausdrücken und verbergen konnten.

Später setzte ich mich noch einmal zu Dir, Du warst unruhig. Mit unendlicher Mühe, als müßtest Du die Worte schon aus einer anderen Welt holen, sagtest Du: "Es war nicht richtig, daß die Spanier den Inkas das Land wegnahmen und sie umbrachten." Mein Hals war eng von Tränen, als ich Dir antwortete: "Ja, Vati, ich danke Dir."

Am nächsten Tag fielst Du in eine Bewußtlosigkeit, aus der Du nicht mehr aufgewacht bist. In diesem todesähnlichen Schlaf bliebst Du noch elf Tage, bis Du Dir endlich Ruhe gönnen konntest und Dich abgabst an den Tod. Ich wollte nicht mehr in Deiner Nähe sein, ich suchte Entfernung, G. blieb bei Dir. In diesen elf Tagen durchlebte ich noch einmal die elf Jahre, die ich auf Dich gewartet hatte, meine Sehnsucht nach Dir, dann die Freude und bald die Verzweiflung, die immer bleiben wird, wie auch meine Liebe zu Dir.

Irmgard Hölscher, Barbara Determann, Birgit Lunau, Maria Spätling, Karin Stiehr, Katharina Sykora, Ellen de Visser

Heimliche Kontinuitäten

Ein Erfahrungsbericht über die eigenen Grenzen im Umgang mit der Frage nach dem (Frauen-)Alltag im Nationalsozialismus

Die im folgenden beschriebene Gruppenarbeit stand zunächst im Rahmen einer Initiative, die sich 1984 mit dem Ziel konstituierte, in Frankfurt ein Museum für Frauengeschichte aufzubauen. Über eine lockere Veranstaltungsreihe, bei der Frauen von ihrer Zeit im BDM, im Exil, in der Arbeiterbewegung erzählten, entstand der Gedanke, das allgemeine Museumskonzept exemplarisch anhand des Themas "Frauenalltag im Nationalsozialismus" zu erarbeiten und dabei beispielhaft Arbeitsmethoden wie die "Oral History"[1] zu erproben.

Es ging uns dabei um die Frage nach den Spuren, die der Nationalsozialismus im Innern der Subjekte hinterlassen hat, d. h. wie Lebensentwürfe und Lebensplanung, Wunsch- und Selbstbilder der Frauengeneration aussehen, von denen wir geprägt sind. Ausgangspunkt der Arbeit war also das Wissen um die Beteiligung unserer Eltern bzw. Großeltern und damit um die eigene Bindung an den Nationalsozialismus.

In diesem Zusammenhang wäre es naheliegend gewesen, die eigenen Mütter/Großmütter über ihren damaligen Alltag zu befragen. Da aber die meisten Gruppenteilnehmerinnen die Erfahrung gemacht hatten, daß solche Gespräche häufig von Schuldzuweisungen und Vorwürfen auf der einen und Rechtfertigungen oder Schweigen auf der anderen Seite geprägt sind, beschlossen wir, Frauen aus dem jeweiligen Bekanntenkreis zu bitten, der Gruppe von ihrem Alltag im Nationalsozialismus zu erzählen. Zunächst fünf, später vier Frauen der Jahrgänge 1910 bis 1925, die sich untereinander nicht kannten, erklärten sich dazu bereit und berichteten der Gruppe an drei Nachmittagen im Abstand von ca. sechs Wochen aus ihrem Leben.

---

[1] "Oral History" ist ein Bereich der Alltagsgeschichte, der mündliche Berichte und Erinnerungen über strukturierte Interviews, die in der Regel mitgeschnitten und verschriftlicht werden, als Quellen zugänglich macht.

Die verschriftlichten Interviews wurden dann – teils in der gesamten Gruppe, teils in Kleingruppen – ausgewertet bzw. interpretiert. Dabei wollten wir ausgehen von den Irritationen, die die Erzählungen bei uns auslösten. Grundlage der Interpretation sollte also nicht die Frage sein: "Warum verhält sich diese Frau so?", sondern: "Was irritiert *uns* an diesem Verhalten?"

Trotz aller gegenteiligen Versicherungen untereinander war die Interpretation aber zunehmend geprägt von Aggressionen, Unterstellungen und einer immer stärkeren Psychologisierung, die durchaus diffamierende Züge annahm. Die Berichte der Frauen wurden mehr und mehr zu "Material", an dem wir uns abarbeiten konnten, ohne die zu Anfang geforderte, in der Fragestellung implizierte Blickrichtung auf uns selbst beizubehalten. Wir verstrickten uns zunehmend in die Lebensgeschichten der Interviewten, werteten und urteilten. Obwohl wir öfter versuchten, einen anderen Zugang zu den Interviews zu finden, verfielen wir immer wieder in dieselben Interpretationsmuster.

Erst eine lange und schmerzhafte Reflexion unseres Vorgehens bei der Arbeit an den Gesprächsprotokollen machte allmählich sichtbar, was auf unserer Seite einen fruchtbaren Umgang mit den Zeitzeuginnen der NS-Zeit verhindert hatte. In oft sehr schwierigen Diskussionen, die manchmal zu einem Auseinanderbrechen der Gruppe zu führen drohten[2], näherten wir uns der Problematik unserer Bearbeitungsmechanismen im Umgang mit nationalsozialistischer Geschichte, die sich als eine ebenso komplexe und systematische Abwehr herausstellte, wie wir sie bei den interviewten Frauen vorzufinden meinten.

Wie hier kurz skizziert wurde, läßt sich unsere Arbeit im nachhinein in zwei Phasen einteilen, deren Themen sich in der realen Bearbeitung jedoch ständig durchdrangen. Am Anfang stand die Phase der Interviews selbst und der konkreten Arbeit an den Interviewtexten. In dieser Zeit zogen wir u. a. Aufsätze zur Oral History[3] und tiefenhermeneutische

---

[2] Die Gruppe reduzierte sich im Laufe der Zeit von ca. 20 bis 25 auf heute sieben Teilnehmerinnen.

[3] Zum Thema Oral History, besonders bezogen auf Frauengeschichte, vgl. folgende Aufsätze:
Dammer, Susanne, u. a., Geschichten des Alltags: Mündliche Überlieferung. In: Frauen als bezahlte und unbezahlte Arbeitskräfte. Beiträge zur 2. Berliner Sommeruniversität von Frauen, Oktober 1977.
Fernkorn, Lisa, u. a., Frauenalltag im Nationalsozialismus, Formen der Erinnerung und Wege der Rückvermittlung. In: Die ungeschriebene Geschichte. Historische Frauenforschung, Dokumentation der 5. Historikerinnentagung, Wien 1984.
Dies., "Mit Ihnen kann ich darüber sprechen, mit meiner Tochter konnte ich das nie!" Erfahrungen und Probleme mit dem narrativen Ansatz in der Frauengeschichtsforschung. In: Beiträge zur feministischen Forschung und Praxis, Nr. 11/1984.
Nadig, Maya, Ethnopsychoanalyse und Feminismus – Grenzen und Möglichkeiten. In: Feministische Studien, 4. Jg., Nr. 2, Nov. 1985.

Ansätze für die Textinterpretation[4] hinzu, an denen wir unser Vorgehen zumindest partiell orientieren wollten. Ein wachsendes Unbehagen an unserer Vorgehensweise leitete die zweite Phase ein, die geprägt war von einer Revision unseres Gruppenprozesses und der Frage nach methodischen Inkonsequenzen und deren Gründen. Die etwa zur gleichen Zeit einsetzende Diskussion des Historikerstreites und die Debatten um die Besetzung des Börneplatzes, des ehemaligen jüdischen Ghettos in Frankfurt[5], haben uns intensiv beschäftigt; sie haben als äußerer Anstoß zu einer beginnenden Klärung unserer eigenen Position mit beigetragen[6]. Auf diese Aspekte unserer Arbeit können wir im Rahmen dieses Aufsatzes allerdings nicht näher eingehen.

Im folgenden versuchen wir, den komplexen Prozeß zu beschreiben, in dem uns die eigenen Mechanismen der Ausblendung und Abwehr allmählich bewußt wurden. Das Setting für die Interviews wich bewußt von den in der Oral History üblichen Einzelgesprächen ab, bei denen ein Interviewer einer interviewten Person gegenüber sitzt und z. T. festgelegte Fragenkataloge verwendet werden. Da es uns zunächst nicht so sehr darum ging, Fakten über einen bestimmten Bereich des Alltagslebens zu erheben oder spezifische Biographien zu untersuchen, schien es uns sinnvoller, mehrere Frauen zusammenzubringen und nach Möglichkeit miteinander ins Gespräch kommen zu lassen. Wir hofften, daß sich so die Erinnerungen der befragten Frauen gegenseitig kommentieren und in Bewegung bringen würden, was dann auch tatsächlich der Fall war. Unser eigener Anteil an den Gesprächen beschränkte sich auf Anfangs- und Informationsfragen, abgesehen von nonverbalen Reaktionen und spon-

Ostner, Ilona, Zur Vergleichbarkeit von Aussagen in lebensgeschichtlichen Interviews. In: Beiträge zur feministischen Theorie und Praxis, Nr. 7, 1982.

[4] *Lorenzer, Alfred,* Verführung zur Selbstpreisgabe – psychoanalytisch-tiefenhermeneutische Analyse eines Gedichtes von Rudolf Alexander Schröder. Unveröffentlichtes Manuskript, Frankfurt 1982.
Ders., Tiefenhermeneutische Kulturanalyse. In: Kulturanalysen, hrsg. v. *A. Lorenzer,* Fischer, Frankfurt 1986.
Nadig, Maya, Die verlorene Kultur der Frau, Fischer, Frankfurt 1987.

[5] Zum Börneplatz-Konflikt vgl.:
Brumlik, Micha, Erinnern und Erklären. Unsystematische Überlegungen eines Beteiligten zum Börneplatz-Konflikt. In: Babylon. Beiträge zur jüdischen Gegenwart, Heft 3, April 1988.
Diner, Dan, Schichten der Erinnerung. Zum Börneplatz-Konflikt. In: Babylon. Beiträge zur jüdischen Gegenwart, Heft 3, April 1988.

[6] Zum Historikerstreit vgl.:
Historikerstreit. Die Dokumentation der Kontroverse, Piper, München, Zürich 1987.
Diner, Dan, (Hrsg.), Ist der Nationalsozialismus Geschichte? Zu Historisierung und Historikerstreit, Fischer, Frankfurt 1987.
Ders., Zwischen Aporie und Apologie. Über Grenzen der Historisierbarkeit der Massenvernichtung. In: Babylon. Beiträge zur jüdischen Gegenwart, Heft 2, Juli 1987.

tanem, ablehnendem oder zustimmendem "Gemurmel". Da wir als Zuhörerinnen (ca. 20 bis 25) stark in der Überzahl waren, bemühten wir uns von Anfang an um eine möglichst informelle Atmosphäre und einen angenehmen Raum; trotz des Tonbandmitschnitts verliefen die Gespräche überwiegend offen und locker.

Ein Problem lag in der Zusammensetzung der interviewten Frauen. Von den fünf befragten Frauen war eine im linken Widerstand aktiv gewesen und mußte 1937 emigrieren. Diese Frau kannte als einzige die Gruppe bereits von früheren Veranstaltungen her. Natürlich mußte die Konfrontation mit einer Widerstandskämpferin und Emigrantin die anderen Frauen, die diese Zeit in mehr oder weniger großer Übereinstimmung mit dem System erlebt hatten, unter einen gewissen Rechtfertigungsdruck setzen (der sich allerdings im Laufe der Interviews relativierte). Obwohl uns das Problem von Anfang an bewußt war, stand die Einladung dieser Frau zu den Interviews doch außer Zweifel. Dahinter stand das uneingestandene Bedürfnis, in der Gesprächssituation, aus der wir uns selbst weitestmöglich heraushalten wollten, jemanden zu haben, der sozusagen "unseren" Standpunkt vertrat. In dieser selbstgewählten Konstellation deuten sich, rückblickend betrachtet, einige der im folgenden entwickelten eigenen Schwierigkeiten im Umgang mit dem Nationalsozialismus bereits an.

Trotz aller sonstigen Abweichungen von den Regeln der Oral History hatten wir eines ihrer Prinzipien ohne große Diskussion als selbstverständlich akzeptiert: Die eingeladenen Frauen sollten möglichst frei und ohne Angst vor unserem Urteil ihre Erinnerungen erzählen können. Diskussionen und Auseinandersetzungen wollten wir möglichst vermeiden, um den Erzählfluß nicht zu stören und Anklagen und Rechtfertigungen nicht aufkommen zu lassen. Wir beschränkten uns auf Anfangsfragen, die die Richtung unseres Interesses markieren sollten, und sahen uns als Zuhörerinnen, die das Gehörte ohne Urteil, Vorwürfe und vor allem ohne Schuldzuweisungen aufnehmen. Der Konsens darüber fiel deswegen leicht, weil wir zunächst geneigt waren, die Frauen auch als Opfer zu betrachten: Opfer z. B. des faschistischen Frauenbildes, der Mutterkreuzideologie, des gezielten Ausschlusses von Frauen aus dem öffentlichen Leben.

Doch die unreflektierte Ausgrenzung von Schuldzuweisungen hat sich im nachhinein bei diesem Thema auf mehreren Ebenen als zutiefst problematisch erwiesen. Denn über der – an sich legitimen – Erwartung, dadurch eine Atmosphäre schaffen zu können, in der auch über die brisanten Bereiche der NS-Zeit geredet werden kann, hatten wir versäumt zu prüfen, wie weit wir selbst eigentlich fähig sind, solche Berichte überhaupt zuzulassen.

Auf dem Hintergrund dieser mangelnden Selbstreflexion praktizierten wir eine falsch verstandene Zurückhaltung, die – ohne daß wir uns dessen bewußt waren – dazu führte, daß wir selbst in der Gesprächsführung wichtige Themen abblockten. So war die Konsequenz unseres Verzichts auf Schuldzuweisungen letztlich, daß Auschwitz (als Synonym für den industriellen Massenmord des Nationalsozialismus) kein Thema werden durfte. Das ging soweit, daß wir im ersten Interview, wo fast alle Frauen von sich aus über ihr Verhältnis zu Juden sprachen und damit eine gedankliche Verbindung zur Massenvernichtung herstellten, dieses Thema jeweils konsequent abgeschnitten und so von Anfang an, ohne es jedoch zu bemerken, den Bereich der Vernichtung aus dem erzählten Alltag ausgegrenzt haben.

Im weiteren Verlauf der Interviews führte dies zu einer (wiederum unbemerkten) Reduzierung des Alltagsbegriffs auf das Private und damit seine Trennung vom Politischen. Häufig änderte sich gerade dann die Richtung unserer Fragen, wenn Privates mit politischen Ereignissen zusammenfiel. Als z. B. eine der befragten Frauen erzählte, wie sie in der Woche des deutschen Einmarsches in Polen in einem Ort unmittelbar an der polnischen Grenze ihr zweites Kind bekam, häuften sich plötzlich abstrakte Fragen nach der "allgemeinen" Situation ("Was hat man (!) sich denn bei diesen Truppenbewegungen gedacht?"); versuchte die Erzählerin, darauf einzugehen ("Tja, man (!) hat sich schon gedacht ..."), wurde wieder nach dem Privaten gefragt: "Sie sagen jetzt die ganze Zeit 'man', mich würde jetzt mal interessieren, wie es Ihnen persönlich ging ..." usw.

In den Gruppensitzungen unmittelbar nach den Interviews schlug diese selbstauferlegte Beschränkung dann in massive Aggressionen um: Alles, was in den Interviews selbst zurückgehalten wurde, machte sich jetzt lautstark Luft. Dabei mischten sich Aggressionen, die ihre Wurzeln in den Ähnlichkeiten einzelner der interviewten Frauen mit den eigenen Müttern oder Verwandten und strukturell mit uns selbst hatten, mit genau den Schuldzuweisungen und Vorwürfen, die wir zu Anfang so sorgfältig ausgeschlossen hatten. Diese Reaktion schien zunächst nicht nur unter dem Stichwort "Dampf ablassen" berechtigt, sie bot an sich auch einen ausgezeichneten Ausgangspunkt für die Interpretationsmethode, die wir ausprobieren wollten: den Versuch eines tiefenhermeneutisch ausgerichteten Umgangs mit den Interviews, in dem Emotionen und Irritationen, die bei den einzelnen Gruppenteilnehmerinnen während der Gespräche aufgetaucht waren, in einer Wechselbeziehung mit Art und Inhalt des Erzählten analysiert werden sollten. Die Gruppenarbeit sollte hier als Regulativ dienen, um die verschiedenen Projektionen und Bilder von den wirklichen Personen immer wieder zu trennen. Unser Ziel war, einen Verstehensprozeß in Gang zu setzen, dessen Ausgangs- und Endpunkt nicht die interviewten Frauen, sondern wir selbst gewesen wären. Dies schien uns von Anfang an die einzig mögliche Umgangsweise mit den Interviews, die die persönliche Integrität und Würde der befragten Frauen respektieren und das "wissenschaftliche", hierarchische Gefälle zwischen "Forschern" auf der einen und den befragten Personen als "Forschungsgegenstand" auf der anderen Seite vermeiden könnte.

Entgegen dieser erklärten Absicht wurden die verschriftlichten Interviews jedoch sehr bald zu einem "Text", dessen Entstehungsgeschichte, also die konkrete Situation bei den Interviews und die konkreten Personen der Erzählerinnen, zunehmend verblaßte. Durch unsere im Verhältnis zu den Erzählungen der Zeitzeuginnen spärlichen und relativ kurzen Fragen, die zudem noch einen "neutralen", quasi objektiven Charakter hatten, kamen wir in diesem Text trotz unserer zahlenmäßigen Überlegenheit scheinbar nicht mehr vor. Die ausschließliche Konzentration auf das schriftliche "Material" machte es leicht, unseren Anteil an Richtung und Inhalt des Erzählten zu vernachlässigen.

Wir rekonstruierten die Lebenswege der befragten Frauen, anstatt, wie ursprünglich gewollt, unsere Irritationen, die durch die Interviews ausgelöst wurden, zu bearbeiten. Obwohl diese Verschiebung des ursprünglichen Erkenntnisinteresses, das von uns ausgegangen war, hin zu der ausschließlichen Betrachtung der interviewten Frauen eine zunehmende Scheu innerhalb unserer Gruppe zur Folge hatte, Biographisches aus unserem Leben und der eigenen Herkunftsfamilie einzubringen, tauchte in dieser Phase der Arbeit immer wieder das Wort von den "Ersatzmüttern" auf. Es war uns von Anfang an relativ klar gewesen, daß wir durch die Konstruktion, fremde Frauen über ihr Alltagsleben im Nationalsozialismus zu befragen, den Versuch einer Auseinandersetzung machten, die wir mit unseren Müttern nicht hatten führen können. Wir hatten folglich auch damit gerechnet, daß bei der Arbeit an den Interviews die je individuelle Mutter-Tochter-Problematik der Teilnehmerinnen aktualisiert werden könnte. Die Gruppe sollte auch hier das Regulativ sein, um ein Ausufern dieser Problematik zu verhindern. Tatsächlich aber verstärkte sie die fast voyeuristische Faszination bei der Interpretation der Interviews. Je "tiefer" wir in das ja z. T. mit großer Offenheit erzählte private Leben der Interviewten eindrangen, desto größer wurden unsere Macht- und Überlegenheitsgefühle. Die immer stärker werdende Psychologisierung der befragten Frauen machte jedoch andererseits ein offenes Gespräch in der Gruppe über Ähnlichkeiten mit den eigenen Müttern bzw. dem eigenen Leben zunehmend unmöglich, aus der Angst heraus, daß mit solchen Mitteilungen ebenso psychologisierend umgegangen würde.

Trotzdem gab es zu Anfang immer wieder Versuche, die Lebenswege der Frauen durch Assoziationen und identifizierendes Nachvollziehen einzelner Situationen zu verstehen. Solche Versuche stießen aber immer dann auf massive Abwehr in der Gruppe, wenn einzelne Gruppenteilnehmerinnen positive Erinnerungen an nationalsozialistische Organisationen als nachvollziehbar beschrieben, etwa bei folgender Aussage: "Zum Beispiel fand ich's schön im Arbeitsdienst ... da wurde der Tag mit einem Lied begonnen, und mit einem Spruch ... wo alle zusammen waren, dieser gemeinsame Tagesbeginn und der ganze Tagesablauf ... das fand ich schön ... Und dann kriegte man auch Fahrscheine durch ganz Deutschland, das fand ich herrlich. Also, einen Fahrschein zu kriegen von Kiel nach Karlsruhe in Baden, das fand ich wundervoll!"

Die Abwehr gegen diese Aspekte der Erinnerung führte bis hin zu einer Art Identifikationsverbot. Gruppenteilnehmerinnen, die in solchen Aussagen aufscheinende Gefühle und Erfahrungen nachvollziehen konnten, wurden damit selbst in die Nähe zu "Nazis" gerückt. Tauchten in den Erzählungen nationalsozialistische Sprachmuster auf, wurden diese ausschließlich als "mangelnde Verarbeitung" gewertet, anstatt sie auch als Zeichen für die Authentizität der Erinnerung zu sehen.

So fand allmählich ein Wechsel in der Sicht auf die Zeitzeuginnen statt: Hatten wir sie zu Anfang eher als Opfer der nationalsozialistischen Herrschaft betrachtet, wurden sie nun zunehmend zu "Täterinnen", allerdings ohne diese Täterschaft aus den Erzählungen konkret herzuleiten und ohne zu benennen, was sie denn eigentlich "getan" hatten und an was genau sie "schuldig" waren.

Unser Umgang mit dem Text entwickelte sich dabei zunehmend zu einer Interpretationsarbeit, bei der wir uns nie damit begnügten, uns von Alltagsvorgängen ein Bild zu machen, sie aufzudecken, zu benennen und einzuordnen, sondern wir wollten das Erzählte immer als Hinweis auf "etwas anderes" lesen. Es gab somit eine latente Erwartungshaltung, immer mehr erfahren zu wollen, als die Zeitzeuginnen "vordergründig" erzählt hatten. Wir gingen also stillschweigend davon aus, daß uns etwas verschwiegen worden sei. Dieses "Etwas" erwies sich als der Bereich der Massenvernichtung des Nationalsozialismus, den wir ja selbst in den Interviews aus dem erzählten Alltag ausgegrenzt hatten. Wir suchten letztlich nach den Wurzeln und Abbildungen von Auschwitz im Alltag der befragten Frauen, ohne daß wir selbst während der Interviews davon hätten sprechen können.

Unsere Frage nach Art und Wirkung von Informationen über Konzentrations- und Vernichtungslager am Ende des Krieges liest sich z. B. in den Interviewabschriften so:

"Wie sind Sie alle dazu gekommen – ja – irgendwann eine bestimmte Aufklärung über diesen Faschismus mitzubekommen. – Irgendwann wird man – zu einem bestimmten Zeitpunkt muß das passiert sein, daß man erfahren hat – Dinge, die man vorher nicht wußte – und wie ist man damit umgegangen?"

Diese trotz aller Deutlichkeit unerkannte Sprachlosigkeit unterstellten wir den interviewten Frauen als bewußtes oder unbewußtes Verschweigen, ohne daß wir zu diesem Zeitpunkt hatten sehen können, wie unsere eigene Unfähigkeit, die Massenvernichtung als das Spezifische des Nationalsozialismus im Gespräch mit Zeitzeuginnen zu benennen, deren Sprachlosigkeit zumindest mitbedingt hat. Das Bestehen auf der ausschließlichen Arbeit an den Interview-"Texten" und die Weigerung, uns über die Treffen hinaus weiter mit den befragten Frauen auseinanderzusetzen, obwohl diese uns das indirekt sogar angeboten hatten, diente also dazu, die Konfrontation mit unseren eigenen Schwierigkeiten im Umgang mit dem Thema Nationalsozialismus zu vermeiden.

Eine ähnliche Funktion hatte in der Interpretationsphase unsere zunehmende Konzentration auf die Lebensgeschichte der Jüngsten der Interviewten (Jahrgang 1924). Sie hatte während der Interviews selbst und in deren unmittelbarer Nachbereitung wohl die meisten Aggressionen auf sich gezogen, da sie sich ausschließlich als jugendliches "Opfer" des Nationalsozialismus dargestellt hatte; eine Haltung, die bei uns auf massive und ungläubige Ablehnung gestoßen war. Ihre sehr strukturierte, chronologische Erzählweise hatte in der aktuellen Interviewsituation spontanes Mißtrauen zur Folge gehabt. Die *schriftliche* Fassung wurde aber dadurch, anders als die bruchstückhafteren, aber auch sehr viel unmittelbareren Berichte der anderen Frauen, zu einem eigenständigen Text. Viele Szenen ähnelten hier kleinen Novellen: durchgeformt, mit vorangestelltem Hinweis auf ihre Bedeutung und dramatischer Steigerung bis zum Höhepunkt. Dadurch wurde dieser Text quasi zu einem Stück Literatur und schien eine analytische Interpretation geradezu herauszufordern.

Gleichzeitig bot uns der Inhalt Identifikationsmöglichkeiten, die alle bedrohlichen Bereiche außen vor ließen. So stellte sich die Erzählerin überwiegend als "Tochter" dar. Beschreibungen von Konflikten mit den Eltern standen im Vordergrund und ließen sich von uns über weite Strecken nachvollziehen. Damit fiel der Aspekt der "Ersatzmütter", der bei den Berichten der anderen Frauen immer wieder zu Schwierigkeiten in der Interpretation führte, bei dieser Biographie weg – wir "Töchter" blieben unter uns.

Sie erzählte ausführlich von ihrer Herkunftsfamilie und stellte ihre damalige Gefühlswelt in den Mittelpunkt. Damit kam sie unserem Interesse entgegen, das sich ja durch den Ausschluß der Massenvernichtung und des Politischen überhaupt aus dem erzählten Alltag zunehmend auf das Private gerichtet hatte. Der ausschließliche Bezug auf die NS-*Ideologie*, gespiegelt im Erleben einer sehr schwärmerischen, "idealistischen" Jugendlichen, machte unsere Interpretationsarbeit unproblematisch. Denn die Praxis dieser Ideologie, also die systematische und zumindest teilweise öffentliche Entmenschlichung großer Teile der Bevölkerung bis hin zur Vernichtung, tauchte in ihrer Darstellung des Alltags, anders als bei den anderen befragten Frauen, nicht auf. Die Konfrontation mit dem Massenmord wird als ausschließlich nachträgliches, schockartiges Erleben vermittelt:

"Und dann kam diese Sache mit den Bildern aus den KZs. Die Amerikaner haben ja die Bilder gemacht, als sie die KZs befreit haben ... Und diese Bilder hat Eisenhower auf großen Plakaten überall in den deutschen besetzten Städten aufhängen lassen ... Und ich steh davor und guck mir das an, und ich hab' überhaupt nichts gedacht. Ich hab' nur das Gefühl gehabt, mir wurde glühend heiß, und ich mußte mich festhalten an einem Laternenpfahl. Ich weiß nicht mehr, wie ich nach Hause gekommen bin, und ich hab' mich eingeschlossen, und das war ganz furchtbar ... Und es war halt so, wenn man einsehen muß, daß man seine ganze Jugend und seine besten Kräfte an eine verlorene Sache gesetzt hat, das geht ja noch, aber an so eine Sache, das war furchtbar."

In dieser Beschreibung erhielten wir die angemessene Antwort auf unsere Frage, die ja durch die Formulierung "Dinge, die man vorher nicht wußte" ausdrücklich eine erst nachträgliche Information über die Vernichtung impliziert und diese damit aus dem Alltag herausgenommen hatte. Die Beschreibung der Erzählerin ähnelt unserer eigenen Erfahrung bei der ersten Konfrontation mit Foto- oder Filmdokumenten aus den Vernichtungslagern: Auch bei uns waren Bilder das Medium der Information, gab es vergleichbare Gefühle von Schock, Entsetzen und Sprachlosigkeit. Diese Gemeinsamkeit in der Beschreibung des Erlebens ließ uns die im zweiten Teil des Zitats aufscheinende eigentliche Differenz, nämlich die Teilhabe der Erzählerin an der Realität des Nationalsozialismus, deren Teil diese Bilder waren, lange Zeit nicht wahrnehmen. Der Blick auf diese Differenz hätte es erforderlich gemacht, die Vernichtung und ihre Verankerung im nationalsozialistischen Alltag zu thematisieren. Dazu hätte es allerdings einer Bewußtheit von unseren eigenen Schwierigkeiten bedurft, den erzählten Alltag und den "Alltag der Vernichtung" zusammenzubringen; zu diesen Schwierigkeiten hatten wir aber zu diesem Zeitpunkt noch keinen Zugang gefunden. Die Unfähigkeit der Erzählerin, das Wissen um die Vernichtung in das Bild ihres damaligen Alltags zu integrieren, entsprach also exakt unserem eigenen, unerkannten Bedürfnis nach einer Trennung dieser Bereiche.

Diese Gemeinsamkeit machte es uns möglich, die Einsicht in unsere eigenen Tabubereiche lange Zeit zu umgehen. Das hatte den scheinbaren Vorteil, daß bei der Arbeit an der schriftlichen Fassung dieser Biographie die Aggressionen und Unterstellungen, an denen die Analyse der anderen Lebensbeschreibungen immer wieder gescheitert war, überflüssig wurden und die Arbeitsfähigkeit der Gruppe zunächst erhalten blieb. Wir nahmen uns damit aber letztlich die Chance, durch die Konfrontation mit diesen Aggressionen Zugang zu den ihnen zugrunde liegenden eigenen Schwierigkeiten im Umgang mit dem Nationalsozialismus zu finden.

Die Interpretationsarbeit, die ja geprägt war von der Suche nach den vermeintlich von den Erzählerinnen verschwiegenen, in Wirklichkeit aber von uns selbst ebenfalls tabuisierten Wurzeln und Abbildungen der Vernichtung im nationalsozialistischen Alltag, mußte durch das einvernehmliche Ausklammern dieses Bereichs durch die Erzählerin wie durch uns zwangsläufig in eine andere Richtung führen. Denn die Irritationen, an denen wir uns ja in der Arbeit an den Texten orientieren wollten, konnten sich hier nur noch auf der Ebene der dargestellten Person ergeben. Die ausführliche Schilderung auch intimer Gefühle und die zahlreichen

Details aus der Herkunftsfamilie boten uns genügend "Material", um den Prozeß weiblicher Identitätsfindung in Kindheit und Pubertät zu verfolgen und analytisch zu untersuchen. So entstand allmählich ein Primat der psychologischen bzw. psychoanalytischen Erklärung, unter dem auch die in die Erzählung einbezogenen Elemente der NS-Ideologie nur noch innerpsychisch erklärt und ausschließlich in ihrer individuellen Ausprägung betrachtet wurden.

Leitmotive der Erzählung waren die immer wieder auftauchenden Begriffe "Opfer" und "Schuld". Wo sich die anderen Zeitzeuginnen als mehr oder weniger aktiv handelnde, erwachsene und für ihr Leben in dieser Zeit relativ selbstverantwortliche junge Frauen präsentiert hatten, stellte die Erzählerin sich aufgrund ihres damaligen Alters und der Einflüsse ihres zunächst rechtskonservativen, später nationalsozialistischen Elternhauses als verführtes Opfer des Nationalsozialismus dar, wobei sie aber gleichzeitig explizit Schuld auf sich nahm. In dieser Art der Darstellung und der daraus entstehenden Spannung zwischen dem Nicht-verantwortlich-gemacht-werden-Können einerseits und dem Bekenntnis zu Schuld bzw. dem Leiden daran andererseits spiegelt sich unsere eigene Situation im Verhältnis zum Nationalsozialmus.

Im Verlauf der Arbeit deckten wir einen Verdrängungsmechanismus auf, mit dem sich die Erzählerin durch offensives Übernehmen von Schuld gleichzeitig davon entlastet, indem sie sich als "Opfer" von anderen wieder freisprechen läßt. Im Umgang mit diesem Mechanismus bei der Interpretation kam es zu einem signifikanten Bruch: Soweit es in der Erzählung um die Zeit bis 1945 ging, begnügten wir uns mit seiner Ableitung aus ihrer persönlichen Entwicklungsgeschichte und dem daraus erwachsenen Verständnis, ohne eine Verbindung zwischen dieser Abwehrstrategie und den spezifischen gesellschaftlichen Bedingungen des NS-Alltags herzustellen. Bei der Interpretation der Teile der Erzählung, die sich mit der unmittelbaren Nachkriegszeit beschäftigten, verschwand dieses Verständnis, und wir machten ihr diesen Mechanismus als "Verdrängung der nationalsozialistischen Vergangenheit" zum Vorwurf. Damit hatten wir zwei getrennte Bereiche etabliert: den tatsächlichen NS-Alltag im Bericht der Erzählerin und die "Verarbeitung des Nationalsozialismus".

In der Beschäftigung mit dem erzählten Alltag bis 1945 blieben wir in der Identifikation mit der Erzählerin. Sie war gekennzeichnet durch die Spiegelung unseres eigenen Verhältnisses zum Nationalsozialismus in ihrer Darstellung und durch die einvernehmliche Tabuisierung der Vernichtung. Aus dieser Identifikation heraus war die Möglichkeit einer tatsächlichen schuldhaften Verstrickung der Erzählerin in den Nationalsozialismus gar nicht denkbar. Entsprechend unserem psychoanalytischen Erklärungsansatz betrachteten wir die von ihr immer wieder thematisierte Problematik der Schuld als ein ausschließlich im Privaten begründetes "Schuldgefühl", dessen Ursachen und Entwicklung wir in der Lebensgeschichte verfolgen konnten, ohne die Sprachlosigkeit in bezug auf die tatsächlich Schuld konstituierenden Bereiche des Nationalsozialismus bei der Erzählerin wie bei uns antasten zu müssen.

Mit dem Ende des nationalsozialistischen Alltags fiel die Notwendigkeit der Identifikation mit der Erzählerin und dadurch auch die des verständnisvollen Nachvollziehens der individuellen Lebensgeschichte weg. Wir reagierten auf den Bruch, den das Kriegsende in der Erzählung darstellte, mit einem Wechsel der Perspektive: Wo wir bis 1945 das Erzählte ausschließlich aus der Innensicht heraus nachvollzogen hatten, nahmen wir nach 1945 den Außenstandpunkt kritischer Beobachterinnen ein und trennten damit die Verarbeitung des Nationalsozialismus von der nationalsozialistischen Lebensgeschichte der Erzählerin, also von der Realität des zu Verarbeitenden.

Diese Trennung verlängerte im Ergebnis die Tabuisierung von Auschwitz, weil sie die Vernichtung nicht als das benannte, was es zu "verarbeiten" galt, sondern die Vergangenheitsbewältigung als eigenständigen und isoliert zu bewertenden Bereich etablierte. Mit unserem Vorwurf der "Verdrängung der Vergangenheit" war der Begriff der Schuld nicht mehr an das reale Geschehen der Vernichtung und die wie auch immer geartete Beteiligung[7] der Erzählerin daran gebunden; Schuld bestand vielmehr im nachträglichen "falschen" oder "nicht angemessenen" Umgang mit dem Geschehenen.

In dieser Betrachtungsweise zeigt sich, daß bei uns dieselbe Verdrängung wirksam ist, deren wir die Erzählerin für schuldig befanden.

---

[7] "Beteiligung" ist hier zu verstehen im Sinne *Hannah Arendts*, die von einer von den Machthabern initiierten "totalen Komplizität des deutschen Volkes" an der Massenvernichtung ausgeht. Vgl. *Arendt, Hannah*, Organisierte Schuld, in: *H. Arendt*, Die verborgene Tradition. Acht Essays. Suhrkamp, Frankfurt 1976, S. 33.

Almuth Massing

Auswirkungen anhaltender nationalsozialistischer Weltanschauungen in Familienschicksalen

Göttingen heute, eine beschauliche Stadt mit einer 250jährigen Universitätstradition, ehrwürdigen Kirchen, historischen Plätzen, die in ihrer urbanen Geschäftigkeit nicht mehr ahnen lassen, was sich während des Nationalsozialismus hier abspielte. Nehmen wir z. B. den Albaniplatz, der die gleichnamige romanische Kirche umgibt: Zu ihm, dem damaligen Adolf-Hitler-Platz, zog am 10. Mai 1935 ein riesiger Fackelzug quer durch die Innenstadt, um in einem Begeisterungsakt eine grandios-infernalische Bücherverbrennung zu inszenieren: "Zu Übermannshöhe ist ein Scheiterhaufen von Unrat und Ungeist aufgetürmt, der den läuternden Flammen übergeben werden soll" (Füssel 1983, S. 98). Göttingen feiert den Sieg der nationalen Revolution und rühmt sich, eine der ersten nationalsozialistischen Inseln zu sein.

Bauwerke, Straßen und Plätze lassen nach dem Krieg kaum Spuren erkennen noch erwecken sie Erinnerungen an ihr faschistisches Szenarium. Der Adolf-Hitler-Platz heißt wieder Albaniplatz. Sein grauer Asphalt schafft begehbare Fläche. Geschichte ist eingeebnet. Doch in den Seelen der Menschen ist sie nicht ausgelöscht. Dieser gewaltsame Umgang mit Vergangenheit hinterließ Folgen.

Heben wir diese kurze Vergegenwärtigung von Göttinger nationalsozialistischer Geschichte auf eine *symbolische* Ebene. Wir Therapeuten haben es im Heute unserer Familien mit den innerlich nicht eingeebneten nationalsozialistischen Identitätsanteilen zu tun, die somit wirksam blieben. *Darum* ist das Wiederentdecken und Freilegen dieser Grundlagen so eminent wichtig für ein umfassendes Verstehen von Leid und Verhärtungen in betroffenen Familien. Erst hierdurch werden Wege zur Veränderung möglich.

Im Anschluß an eine familientherapeutische Sitzung fragte ich Herrn K., Chemiker heute, früher Schüler einer Nationalpolitischen Erziehungsanstalt (NAPOLA), ob er das Horst Wessel Lied noch auswendig könne, ich wolle das eventuell für einen Vortrag verwenden. Er sprudelte spontan los:

"Die Fahne hoch, die Reihen fest geschlossen.
SA marschiert in ruhig festem Schritt.
Kameraden, die Rot-Front und Reaktion erschossen,
marschiern im Geist in unseren Reihen mit."

Dann: "Wollen Sie auch noch die Melodie hören?" Verblüfft hörte ich ihn nun das Lied singen, seine anwesende, von ihm seit fünf Jahren geschiedene Frau setzte trällernd in die Melodie mit ein. Danach meinte er zu mir: "Sie wollten das wirklich für einen Vortrag und wollten nicht überprüfen, ob ich's noch kann?" Worauf ich wiederum meine Absicht betonte. Er wies mich dann darauf hin, daß ihn das schlechte Deutsch in dem Lied immer schon gestört habe.

Perplex und heiter in der Situation, merkte ich erst wenig später die Ungeheuerlichkeit, die sich vor meinen Augen inszeniert hatte, eine Ungeheuerlichkeit, die in der Alltäglichkeit liegt: Das faschistische Lied par excellence lediglich eine Frage von Stil und Grammatik? von Abfragen und Wissen? Keine Kritik am *Inhalt* des Liedes, keine Neugierde nach dem *Inhalt* meines Vortrages: Reinszenierung nationalsozialistischer Normalität auf der einen Seite – Naivität und Konfrontation auf meiner Seite. Gewünscht hätte ich, so wurde mir im Nachhinein klar, wenigstens wohl peinliches Zögern, gehofft vielleicht so etwas wie mitgelieferte Vergangenheitsbewältigung. Zum Abschluß bekomme ich von Herrn K. noch eine Belehrung über den offiziellen Charakter dieses Liedes als Nationalhymne in Verbindung mit der ersten Strophe des Deutschlandliedes: "Sie kennen das doch auch: Deutschland, Deutschland über alles ...".

Außergewöhnliches oder Alltägliches?

Ich möchte im folgenden von *Alltagsgeschichten* berichten, die dem Familientherapeuten in seiner Arbeit begegnen und bei denen das Erkennen fortbestehender *nationalsozialistischer* Weltbilder für ein umfassendes Verstehen und Durcharbeiten von neurotischen Leiden zentral wichtig wurde. Auf die Bedeutung der Zeitgeschichte für die Familientherapie haben wir bereits an anderer Stelle hingewiesen (Massing, Beushausen 1986). Noch vor 15 Jahren war in der familientherapeutischen Arbeit hinsichtlich der nationalsozialistischen Vergangenheit der Familienmitglieder eine Atmosphäre des Verschweigens anzutreffen. Eher traten spektakuläre Fälle in den Vordergrund. Ich erinnere mich an einen hohen ehemaligen Kulturträger, der uns auf den Erbstrom seiner arischen Familie verwies und die schizophrene Erkrankung seines Enkels auf die stattgefundene "Inzucht" seiner Tochter mit einem Blutsverwandten zurückführte.

Ich halte (wie Focke, Reimer 1984, oder wie Peukert, Reulecke 1981) die Fokussierung auf die *Alltäglichkeit* deshalb für fruchtbar, weil unter einer solchen Perspektive die verschiedenen Bereiche der Lebensweisen und sozialen Wirklichkeiten unter dem Blickwinkel eben der Erfahrungen der Menschen und ihrer sie prägenden Zeitgeschichte betrachtet werden können. Im therapeutischen Prozeß muß dann nach den *Verschränkungen* von innerfamiliären und individuellen Determinanten im Zusammenspiel mit Auswirkungen des allgemein sozialen und politischen Systems gesucht werden. Natürlich darf sich, wie auch Peukert und Reulecke (1981) problematisieren, unter dem Oberbegriff "Alltagsgeschichte" weder ein wissenschaftlicher Erkenntnisrelativismus breit machen, der sich im Bemühen um systematische Begriffsbildung erschöpft und eine *klare, kritische Werthaltung* gegenüber den nationalsozialistischen Gewalttaten vermissen läßt, noch darf ein Kult der schlichten Anschauung und des respektvollen Verstummens vor den Erfahrungen und Erzählungen der Großelterngeneration entstehen. Der Rückblick darf auch nicht stehenbleiben in dieser Epoche, sondern muß kritisches Bewußtsein schärfen dafür, "welche Entwicklungs- und Selbstzerstörungskräfte in modernen industriellen Gesellschaften generell angelegt sind" (Peukert, Reulecke 1981, S. 17).

Die Aufmerksamkeit möchte ich auf Familien lenken, die als Vertreter und Beteiligte auf die *Weltanschauung* des Nationalsozialismus reagiert haben und noch reagieren. Diese hatte sich in den deutschen Gesetzgebungen seit 1933 mit konsequenter Unerbittlichkeit niedergeschlagen. Sie bediente sich dabei über viele Jahre bestimmter *Ideologien*, die mit biologischen, medizinischen, anthropologischen und nicht zuletzt psychotherapeutischen Erkenntnissen arbeitete – Erkenntnisse, die Diskussionsthemen in ganz Europa seit dem letzten Jahrhundert darstellten, nämlich:
- dem Sozialdarwinismus
- dem Rassismus
- und der Rassenhygiene.

Diese Weltanschauung war tief in vielen Familien verwurzelt. Zur Illustration eine Heiratsannonce jener Jahre: "52 Jahre alter, rein arischer Arzt, Teilnehmer an der Schlacht bei Tannenberg, der auf dem Lande zu siedeln beabsichtigt, wünscht sich männlichen Nachwuchs durch standesamtliche Heirat mit einer gesunden Arierin, jungfräulich, jung, bescheiden, sparsam, Hausfrau, gewohnt an schwere Arbeit, breithüftig, flache Absätze, keine Ohrringe" (aus: Focke, Reimer 1984, S. 121).

Heutzutage löst eine solche Heiratsannonce Heiterkeit aus – doch damals war sie durchschnittliche Normalität, das Vokabular Standard. Damals löste sie also kaum Verwunderung oder Kritik aus!

Zur Praxis der therapeutischen Arbeit

Ich möchte im folgenden anhand von drei kasuistischen Beispielen[1] versuchen, die Verquickung – auf den Kontext dieser Arbeit bezogen –

---

[1] Diese Fallbeispiele stellen abgewandelte Konstellationen dar, die aus vielen Erfahrungen zusammengesetzt sind und auf den Aspekt des vorliegenden Themas verkürzt wurden.

von nationalsozialistischen und familiären Bedingungen aufzuzeigen, die quasi als Verdichtung in neurotischen Symptomen von Familienangehörigen erstarrt kumulieren. Nur kursorisch sei angemerkt, daß das familientherapeutische Konzept davon ausgeht, daß Störungen und Konflikte immer auf mehr oder weniger bewußten Konflikten zwischen Eltern und Großeltern bzw. den Partnern und ihren Eltern hinweisen – nicht im Sinne linearer Kausalitätsketten, sondern im Sinne sich zirkulär beeinflussender Bedingtheiten.

Wir laden in Göttingen nach unserem Konzept der "Mehrgenerationen-Familientherapie" (Sperling et al. 1982) konkret auch die *Großeltern* mit ein. Dies bedeutet neben der innerfamiliären Kontinuität auch die bewußte Einführung einer überschaubaren, real erlebten geschichtlichen Dimension, denn bei einem so überschaubaren Zeitraum von etwa 80 Jahren können sowohl die Entwicklungstendenzen der einzelnen Familienmitglieder in der Familiengeschichte verdeutlicht werden, als auch die unabdingbaren zeitgeschichtlichen Zusammenhänge durch die Personen selbst, die sie erlebt haben, eingebracht werden. Die therapeutische Arbeit sollte Erinnern und Durcharbeiten mit all seinen schwierigen Trauerprozessen sein, und Ziel ist die Neugestaltung der Gegenwart.

1. In einem ersten Beispiel geht es um den Zusammenhang von gegenwärtigen Vererbungstheorien und den sozialdarwinistischen Prinzipien im Dritten Reich. 2. Ein zweites Beispiel soll sich mit persistierenden rassistischen Ideologien beschäftigen, die im Elitebewußtsein einer Familie zutage tritt. 3. Anhand eines dritten Beispiels, welches sich mit rassehygienischen, speziell den Erbgesundheitsgesetzen auseinandersetzt, soll die Rolle von uns Therapeuten in diesem Zusammenhang ins Blickfeld gerückt werden.

1. Woher stammen unsere Vererbungstheorien?

Index-Patient ist der 22jährige Sohn Robert, ein Student mit massiven Arbeitsstörungen und aggressiven Durchbrüchen, der mit seinem Haß, seiner Enttäuschung, seiner Wut und Rache an seiner Familie so okkupiert war, daß kein Platz für eine selbständige Lebensplanung möglich war, zumal er auch nicht von seinen Wiedergutmachungsforderungen: "Die Eltern müssen sich zuerst verändern" ablassen konnte. "Von Geburt an bin ich der Böse, ich kann machen, was ich will – na gut, dann sollen sie es aber auch spüren!" Tatsächlich wurde in den Familiensitzungen deutlich, daß die Eltern fest davon überzeugt waren, daß Robert überwiegend "böse Charaktereigenschaften" geerbt hätte. Beide Eltern litten darunter. Der Vater überspielte und provozierte das "Schicksal" mit Zynismus, während die Mutter den Sohn zu wütender Verzweiflung brachte, wenn sie vertrat, daß man das Böse im Sohn durch viel Liebe versuchen könnte zu mildern. Es fiel auf, daß in dieser Familie mehr als in anderen Familien von "Vererbung", "Erbgut", "Erbfolgen" die Rede war. Dies hat eine unmittelbare Entsprechung in der Forstwirtschaft der Eltern. Sie verfügten hieraus über Beobachtungen und biologisches Wissen um Erbgesetze. Darauf gründete sich ihre praktische Handhabung hinsichtlich "Saatgut" oder "Pflanzen-, Baum- und Tierzucht". Durch Analogieschluß stand für die Eltern die Anwendung dieser Erbgesetze auf ihre Familiensituation in bezug auf ihren Sohn fest – so der Vater: "Vergleicht man die Stammbäume unserer Hunde, kann man *auch* immer feststellen, daß bösartige Hunde von bösartigen abstammen, während der gutmütige Hund auch schon von friedlichen abstammt. Man kann zwar einen freundlichen Hund durch intensives Malträtieren vielleicht böse machen, aber einen bösartigen Hund wird man *nie* zu einem freundlichen Hund erziehen können."

Obwohl wir Therapeuten sowohl unser eigenes Entsetzen spürten als auch Robert beobachteten, wie er sich immer mehr im wahrsten Sinne des Wortes zusammenkrümmte, "wie ein geschlagener Hund", ermunterten wir jedes Familienmitglied, ihre Vererbungstheorien breiter zu erläutern. Es war tatsächlich so, daß die Eltern die Beobachtungen, die sie in der Forstwirtschaft gewonnen hatten, zu 100% auf Menschen übertrugen, "nach den Mendelschen Gesetzen", wie der Vater feststellte. Bei Robert hatte man sich auf einen rezessiven Erbgang aus der väterlichen Linie geeinigt.

Wir Therapeuten insistierten auf der Frage: "Woher stammen die jeweiligen Vererbungstheorien, wo und wie sind sie gelernt und gelehrt worden?" In unserer Familie wurde nun in alten Schul- und Lehrbüchern nachgeforscht, und schließlich brachte der Vater den Beweis für die Richtigkeit seiner Vererbungstheorie, indem er ein Lexikon mitbrachte, welches *nach wie vor* im Gebrauch der Familie war. Da heißt es in Meyers Lexikon von 1939 (S. 1246): "Die Mendelschen Gesetze gelten grundsätzlich und allgemein auch für den Menschen, denn alles Lebendige unterliegt gleichen Gesetzen. Die Annahme, daß alle gesunden und kranken, körperlichen und geistigen Eigenschaften sich beim Menschen genau nach denselben Gesetzen übertragen, ist bisher in einer großen Anzahl von Fällen bewiesen worden. Hiernach ist die frühere Vorstellung von der anlagemäßigen Gleichheit der Menschen und die Abhängigkeit seiner Reifung von Umwelteinflüssen falsch. Hierzu ist die Grundlage für das rassenhygienische Handeln des nationalsozialistischen Staates gegeben." (Wir wollen hier nicht verheimlichen, daß sich u. E. die gleiche Theorie unter dem Kapitel "Der Mensch und die moderne Genetik" von F. Vogel in Meyers Lexikon von 1974 wiederfindet!)

Erst unsere Akzentuierung und breite Bestätigung, daß diese Lehrmeinung die *Normalität zur Schulzeit der Eltern und deren Eltern darstellte*, konnte einen Dialog zu der Frage: "Woher stammt das Böse?" in Gang setzen und hierdurch auf die innerfamiliären Biographien verweisen. Den Eltern wurde nun die persistierende archaische Angst vor den eigenen

Eltern und deren eisernem Gebot: "Erwachsene haben immer recht, auch wenn sie Unrecht haben", bewußt. Zum anderen bestand eine untergründige Strafangst, die unmittelbar als Folge nationalsozialistischer Einflußnahme anzusehen war. So hatte der Vater, noch als Hitlerjunge, seinen Vater dazu "erzogen", den seit 1934 obligatorischen Hitlergruß zu befolgen! Den Widerstand des Vaters übertrumpfte der Sohn damit, daß er nicht dem Vater, sondern nur dem Führer gegenüber zum Gehorsam verpflichtet sei. Jetzt, nach dem Krieg, ohne die Ideologisierung von Stärke, befürchtete er mit Recht die Rache des Vaters, der sich gedemütigt fühlte in seiner erzieherischen Autorität. Der Großvater brachte dies auch deutlich in den familientherapeutischen Sitzungen zum Ausdruck.

Zusammenfassend ließ sich feststellen, daß wir uns in der gegenwärtigen Familie sowohl mit innerfamiliären Besonderheiten, vor allem aber mit dem Weiterwirken nationalsozialistischer Rassenhygiene zu beschäftigen hatten. Denn nach dem führenden Rassenhygieniker der damaligen Zeit, Lenz, heißt es: "Das entscheidende Bestreben praktischer Rassenhygiene muß dahin gehen, daß die Begabten und Tüchtigen sich stärker vermehren als die Untüchtigen und Minderwertigen" (Meyers Lexikon 1939, S. 1246).

In einem weiteren Beispiel möchte ich auf ein fortbestehendes rassistisches und elitäres nationalsozialistisches Bewußtsein eingehen.

2. Deutschland, Deutschland über alles, oder: Glauben, Gehorchen, Kämpfen

Kommen wir nun auf die in der Einleitung erwähnte Familie zurück. Index-Patientin ist die 19jährige Tochter Brigitte, die mit ihrer Mutter nach etlichen Suizidversuchen zu uns kommt. Eine zunehmende Dekompensation der Tochter hat sich seit der Scheidung der Eltern vor fünf Jahren entwickelt. Vordergründig handelt es sich um eine typische "brokenhome"-Situation. Die Mutter klammerte sich übermäßig an die Tochter. Dieser bleibt wegen ihrer Schuldgefühle bei ihren Ablösungswünschen nur der Ausweg in den Suizid: "Dann sind endlich klare Grenzen gezogen ...", doch nach etlichen Stunden: "Selbst mit meinen Suizidversuchen konnte ich die nicht beeindrucken, da kommen keine Gefühle, was soll ich denn noch machen, um gegen diesen Brei anzurennen?"

Diesen "Brei" spürte ich sehr deutlich; er machte mich ohnmächtig in dieser Familie und erforderte die Klarheit meiner Kollegen bei Supervisionen. Mein Gegenübertragungsgefühl: "In diese Familie ist kein Grund und Boden zu bekommen", wurde zum therapeutischen Leitgedanken und verdeutlichte, daß eine unterschwellige mörderische Strategie der Mutter oder des Vaters einsetzt, wenn die Tochter Ansätze macht, genau hinzusehen, bzw. auf andere Deutungsmuster kommt als die, die ihr die Eltern aus deren Lebensgeschichte anbieten und an denen *nicht* gerüttelt werden darf, denn hiernach stellt der Vater einen genialen Forscher dar. Auch die Mutter brilliert mit ihren Fähigkeiten. Die überdurchschnittlichen intellektuellen Fähigkeiten der Tochter werden besonders unterstrichen, das nur mäßige Abitur wird mit ihrer Krankheit begründet.

Zunehmend kristallisiert sich eine Familie mit einem fortbestehenden nationalsozialistischen Elite- und Rassebewußtsein heraus, entsprechend dem NAPOLA-Motto: "Körperlich hart, charakterlich fest und geistig elastisch, das Motto der Ausleseschulen, die dem Dritten Reich eine stramme Führungselite für den Staat sichern sollte." Gemessen am damaligen Standard würde der Vater nicht dieser Elite entsprechen, da er heute eine eher mittelmäßige Karriere machte.

Für mich erschütternd – für die Tochter langsam klarer werdend, ist die frühe Sozialisation des Vaters. Ich betone hier *für mich*, denn der Vater, eher skurril und schwach, zeichnet sich durch Charakterpanzerung mit Abwehrmustern von Verachtung aus. Er stammt aus einer mittelgroßen Kaufmannsfamilie. Das Geschäft des Großvaters ging nach dem Ersten Weltkrieg in Konkurs. Der Verlust der Selbständigkeit mit Deklassierung und Arbeitslosigkeit war eines der Hauptmotive des Großvaters, sich in der SA zu engagieren. Für ihn zahlte sich der Einsatz in der SA bald wieder aus durch Protektion der Kameraden im Wiederaufbau eines Geschäftes. Seine Ehe – wie er meinte, "von Anfang an eine Katastrophe" –, wurde geschieden, als unser Herr K. vier Jahre alt war. Nun stellte die Mutter die Weichen: "Wir mußten jeden Tag viele Stunden lernen, sonst wurden wir eingesperrt. Das förderte meine Konzentration, *das* hat noch keinem geschadet," meint Herr K.

Wiederheirat der Eltern, als Herr K. zehn Jahre alt war. Nach meiner Rekonstruktion war das Hauptmotiv auch hier wiederum ein nationalsozialistisches. Als wegen Ehebruch schuldig Geschiedener war der Großvater nach dem Scheidungsreformgesetz von 1938 im Hinblick auf eine politische Karriere untragbar. Außerdem konnten Kinder aus geschiedenen Familien nicht auf die Eliteschulen der Nationalsozialisten. *Das* waren die Hauptmotive für die Wiederheirat, Motive für die politische Karriere des Großvaters und Motive für die Elitevorstellungen der Großmutter für ihre Kinder. Als ich Herrn K. in einer für mich erschütternden Situation nach *seinen* Gefühlen fragte, war er ratlos. Er zitierte jedoch den Leitspruch seines Lehrers von damals: "Lieber heldenhaft sterben als ein Feigling sein." An dieser Stelle fing die Tochter laut an zu schreien: "Ihr seid aber doch beide gescheitert, guckt euch doch an, euer Elitegefasel ... Ich sollte auch so sein, immer Elite, immer stark, immer sauber. Und ihr wolltet mir Vorbilder sein – ja, lieber habt ihr mich wohl tot, als daß ich euren Schwindel merke. Was habe *ich* denn mit eurem Hitler zu tun?"

Lieber tot als Mittelmaß, funktionalisierte Beziehungen und Dressate von Kindern, die zu deren innerer Zerstörung, zu einem "falschen Selbst" führten, welches sich nach wie vor noch der alten nationalsozialistischen

Schablone bediente: bei dem Vater über die Idealisierung seines Elite-Status, bei der Mutter über den Weg einer "deutschen Mutter". Ihre Mutter ist mit dem silbernen Mutterkreuz "geadelt", wie sie es nennt. Sie selbst schwärmt heute noch davon, dem Führer als Kind persönlich Blumen übergeben zu haben. Mit fast erschauernder Stimme äußert sie: "Er sah mir in die Augen und sagte: 'Du machst deinen Weg.'"

Ich möchte betonen, daß ich in diesen Familien, im Gegensatz z. B. zu zwangsneurotisch strukturierten Familienmustern, weniger Ärger spüre als vielmehr Fassungslosigkeit, Trostlosigkeit, Schrecken vor der Ideologisierung, die zur Zerstörung von Menschen führte. Auch überkommt mich Unbehagen bei der Vorstellung, daß in der Vergangenheit *so* geschulte, jetzt gefühlsisolierte Menschen, die keine Bezüge zwischen ihrer Befindlichkeit, ethischen Kategorien und politischen Wirklichkeiten gefühlsmäßig herstellen können, unsere Welt im Großen und im Kleinen regierten und noch regieren.

Es sind Menschen, die Heinrich Mann schon 1914 brillant in ihrer erworbenen Untertanenmentalität beschrieb. So hätte seine Charakterisierung des Diederich Heßling wörtlich für einen unserer Väter gelten können: "Er war ein weiches Kind, das am liebsten träumte, sich vor allem fürchtete und viel an den Ohren litt ... Fürchterlicher als Gnom und Kröte aus dem Märchen war der Vater, und obendrein sollte man ihn lieben. Diederich liebte ihn. Kam er nach einer Abstrafung mit gedunsenem Gesicht unter Geheul an der Werkstätte vorbei, dann lachten die Arbeiter. Sofort aber streckte Diederich nach ihnen die Zunge aus und stampfte. Er war sich bewußt: 'Ich habe Prügel bekommen, aber von meinem Papa. Ihr wäret froh, wenn ihr auch Prügel von ihm bekommen könntet, aber dafür seid ihr viel zu wenig' " (Mann 1918, S. 5).

3. Eine Krebsphobie, oder die Angst des Therapeuten vor der Auseinandersetzung mit seiner persönlichen und professionellen nationalsozialistischen Vergangenheit

Eine Familie suchte unsere Abteilung wegen der schweren Krebsphobie der 18jährigen Tochter auf. Facetten innerfamiliärer Konflikte wurden deutlich. Der Vater berichtete freimütig über seine nationalsozialistische Herkunftsfamilie mit anhaltender faschistischer Einstellung seiner Eltern. Die Mutter dagegen beklagte sich über den bereits nahezu 50 Jahre zurückliegenden Suizid ihres Vaters, der großes Unglück über ihre Familie gebracht habe. Wegen der daraus folgenden engen Bindung an ihre Mutter geriet sie bei den ersten Loslösungswünschen in depressive Zustände, deretwegen sie erstmalig 1940 (damals 20jährig) einen Psychotherapeuten aufsuchte. 1949 begann sie eine reguläre Psychoanalyse, "die zwar geholfen hat – aber im Kern dennoch nichts gelöst hat", wie sie meint. Diesen "Kern" beschrieb sie ähnlich wie die Tochter ihre

Krebsphobie: "Da ist etwas Bösartiges in mir, zerstört mich. Und wie bei ihr sagen die Ärzte immer, da ist nichts, das ist Einbildung, sie wollen nichts davon hören, beweisen einem durch Laboruntersuchungen, daß sie Recht haben – diese Reden kenne ich seit 1940. Immer ist es meine Einbildung, und dabei mußten meine Geschwister damals wirklich mit dem Studium aufhören, weil man *solche* Menschen nicht brauchte, und mein Onkel ist umgebracht worden, weil er angeblich im Widerstand gearbeitet hat!"

Wir wollen hier ihre Geschichte nicht weiterverfolgen, sondern vielmehr auf die Tragik der Frau hinweisen, 1940 einen Psychotherapeuten aufgesucht zu haben, der sie bei der Anamnese unterbrechend gebeten habe, bestimmte Themen ihrer Biographie *nicht* mehr zu erwähnen wegen der bestehenden Erbgesundheitsgesetze, unter die ihre Familie wegen des Suizids des Vaters während seiner depressiven Erkrankung fiel.

Wir Therapeuten fühlten an dieser Stelle deutlich, daß es in der Therapie, die diese Frau erfahren hatte, grundsätzliche Unstimmigkeiten geben mußte. Besonders infolge ihres Berichtes über die Analyseerfahrungen von der Zeit nach 1949 kamen uns Zweifel. Denn hiernach maß der behandelnde Therapeut der Problematik des Suizides ihres Vaters und der Mutter-Tochter-Symbiose die prägende Bedeutung für die neurotischen Fixierungen der Patientin bei und *vernachlässigte* die existentiell psychischen Auswirkungen für die Frau, Kind einer Familie zu sein, die tatsächlich zur Kategorie des "unwerten Lebens" gezählt hatte.

Anfang der 80er Jahre war über Psychotherapie im Nationalsozialismus nur wenig veröffentlicht. Jedoch in vielen Diskussionen mit Kollegen bestätigten sich meine erlebten Erfahrungen *bis zum heutigen Tag*, auch wenn zunehmend hierzu Literatur erschienen ist, wie zum Beispiel von Mitscherlich-Nielsen (1981), Rosenkötter (1981), Lockot (1985), Bromberger, Mausbach, Thannan (1986) u. a. Es scheint in unserer Profession ein Abwehrmuster hinsichtlich des Nationalsozialismus zu existieren, das darin besteht, dem Patienten *nicht* zu glauben oder ihn vorschnell zu neurotisieren.

Wir erinnern uns deutlich, daß diese Frau in der jetzigen Familientherapie nicht nur um die Bestätigung ihrer Erfahrungen rang, sondern sie kämpfte um Rehabilitation, um eine Art Wiedergutmachung. Sie gab sich nicht mit klischeehaften Bestätigungen unsererseits zufrieden, sondern ihr ging es vielmehr darum, Leid zurückzudelegieren – wie der Mann in W. Borcherts "Draußen vor der Tür", der verzweifelt darum kämpft, Verantwortung zurückzugeben. Auch diese Frau wollte betroffen machen dadurch, daß wir uns *wirklich* mit den Erbgesundheitsgesetzen, den Euthanasieprogrammen, den Sterilisierungsverfahren anhand der damaligen Gesetzestexte beschäftigten. Sie brachte uns einmal die Schrift von A. E. Hoche und K. M. Binding von 1920 mit: "Die Freigabe der Vernichtung lebensunwerten Lebens". Wir empfanden diese Frau nie moralisierend oder querulatorisch anklagend, aber sie zwang uns, für unseren

Berufsstand eine Art Schuld oder Scham mitzutragen, um hieraus wirklich therapeutische Empathie für ihre damaligen Qualen zu empfinden, die *faktischen* Ursprungs waren, und sensibel für unsere Gegenübertragungsreaktionen zu werden. Sie hatte den ihr vertrauten ungläubigen Blick von uns Therapeuten wohl bemerkt, den wir ja, wie oben erwähnt, selbst sehr deutlich gespürt und daher auch ausgedrückt hatten.

Zusammenfassung

Ich zeigte in den hier beschriebenen Fällen, daß die schweren Symptombildungen der Patienten als geronnene Interaktion von familiären Determinanten und nationalsozialistischen Weltbildern aufzufassen sind. Erst über das Anerkennen und Bewußtmachen dieser Tatsachen wurde ein Zugang zur Bearbeitung möglich, der eine *Kontinuität* zwischen den Generationen in ihrer persönlichen Anwesenheit als Vertreter und Beteiligte ihrer jeweiligen Zeitgeschichte mit lebendiger Interaktion wiederherzustellen vermag.

Die Therapien mit nationalsozialistischem Konfliktmaterial gestalten sich langwierig, und zwar einesteils wegen der abgewehrten Scham- und Schuldgefühle, aber auch aus abgewehrter Angst, die unbearbeitet aus der Nazizeit blieb und sich aus Denunziationen, Mißtrauen und Repressionen im banalen Alltag speiste. So konnte z. B. ein harmloser Witz einer Lehrerin zur Verurteilung nach dem damaligen Heimtückegesetz und zu ihrer Entlassung aus dem Staatsdienst führen: "Ein Bauer wußte nicht, was Nationalsozialismus war. Als er einmal nach Berlin kam, hat er den Führer gefragt. Der hat dem Bauern dann gesagt: 'Siehst du die Autos? Wenn die *einem* gehören, dann ist das Kapitalismus, wenn aber jeder Volksgenosse ein Auto hat, dann ist das Nationalsozialismus.' Der Bauer ist darauf nach Hause gefahren und hat andere aufgeklärt und gesagt: 'Wenn die Vögel alle *einem* gehören, ist das Kapitalismus, hat aber jeder einen Vogel, dann ist das Nationalsozialismus'." (aus: Peukert, Reulecke 1981, S. 215).

Nach unseren Erfahrungen rückt bei dem Komplex "Nationalsozialismus" die *Person des Arztes oder Therapeuten* mehr als sonst in den Vordergrund, nämlich zum einen hinsichtlich der Reflexion der nationalsozialistischen Vergangenheit seiner eigenen Herkunftsfamilie, zum anderen auch hinsichtlich der unverarbeiteten Vergangenheitsbewältigung des psychotherapeutischen Berufsstandes. In den von uns durchgeführten Therapien konnten und mußten wir die Erfahrung machen, daß, *bevor* es um Fragen nach verfeinerten Techniken gehen kann, die Aneignung von Sozialgeschichte, historischen Fakten, vor allem aber von Gesetzestexten, geographischen und nationalen Gegebenheiten, Traditionen, Gebräuchen und deren Veränderungen, die das damalige Alltagsleben bestimmten, wichtig ist. Hier erwies es sich als sehr fruchtbar, wirklich Quellenstudien zu betreiben, z. B. ganz naheliegend, Stammbücher unserer Eltern bzw. Großeltern aus dieser Zeit zu lesen, in denen sich Auszüge aus den geltenden Erbgesundheitsgesetzen befinden. Hierdurch wurde gerade auch uns jüngeren Therapeuten das Entsetzen einfühlbar, welch totaler Zugriff einem "totalitären System" eigen ist. Ein solcher Zugang schafft eine notwendige Allparteilichkeit, da sich die individuelle Schuld- oder die daraus folgende Vorwurfsebene rasch erübrigt oder relativiert.

Die therapeutische Arbeit sollte entweder darin bestehen, die kollektive Schuldfrage in diesen Familien über den Weg der individuell-familiären für diese einfühlbar zu machen, um die Fragen dann erst wieder zu verallgemeinern; oder aber darin, die in einem System erstarrte individuelle Schuldfrage zu lockern, den Horizont zu öffnen für eine breitere Betroffenheit im Netz politischer und individueller Verwobenheit. Gerade hierbei spielten die Entnazifizierungsgesetze und die Handhabung auf die ganze Bevölkerung bis 1951 mit eine entscheidende Rolle.

Wenn ich hier auch nur einige Beispiele auswählte, wären als weitere aus unserer therapeutischen Arbeit zu nennen: Flüchtlingsschicksale, fortbestehende nazistische Ideale, Ideologisierung von Trauer, Rassenvorurteile hinsichtlich Juden oder Zigeunern, Folgen, die sich aus den Entnazifizierungsprozessen für Familien ergeben haben, und vieles mehr.

Lassen Sie mich mit drei provokanten Hinweisen zu den historischnationalsozialistischen Weltbildern um Sozialdarwinismus, Rassismus und Rassenhygiene mögliche Weiterwirkungen in der Gegenwart aufzeigen, die Herausforderungen an unsere Verantwortung stellen:

(1) *Sozialdarwinismus.* Hitler 1940: "Nachdem so lange Jahrhunderte vom Schutz der Armen und Elenden gefaselt worden ist, mag es an der Zeit sein, sich zum Schutz der Starken vor den Minderwertigen zu bekennen." In den *Lebensborn-Heimen*, die zur Eliteproduktion der Nazis dienten, "schenkten" ausgesucht arische Mädchen mit Hilfe von SS-Männern dem Führer etwa 100 000 Kinder. Der führende Rassenhygieniker Lenz bedauert damals: "Einer Förderung der Fortpflanzung einer Minderheit von ausgelesener Tüchtigkeit stehen vorerst freilich noch Berge von Vorurteilen und üblen Instinkten entgegen."

Ende der 70er Jahre wird in Kalifornien das Sperma von Nobelpreisträgern in privaten Samenbänken eingefroren und "intelligenten" Frauen zur künstlichen Befruchtung weitergegeben.

(2) *Rassenhygiene (1934).* "Sie fördert die rassisch wertvollen Sippen und wehrt die rassisch störenden oder fremden Erbträger ab. Aus der Gefahr, die der rassischen Grundlage unseres Volkes und damit seines germanisch-deutschen Gepräges durch blutliche Beimischung und geistige Überfremdung durch das Judentum droht, ergibt sich die Notwendigkeit, eines weiteren Eindringens jüdischen Blutes zu verhindern."

In einer *Pro- und Contra-Sendung* von 1986 im Fernsehen stimmen 75% der Zuschauer gegen die Eingliederung von Asylbewerbern. Asylanten als unerwünschte Menschenmasse? Von den Politikern ideologisch benutzt zum Schüren der Volksmeinung von wertvollem und nichtwertvollem Leben? (3) *Erbgesundheitsgesetze.* 1933 wird das Gesetz zur Verhütung erbkranken Nachwuchses verkündet. 1939 wird die Euthanasie eingeleitet. Ab 1941 werden anthropologische Experimente an lebendigen Menschen verschiedener Rassen durchgeführt.

1953 veröffentlichen Watson und Crick die dreidimensionale Struktur des 1944 entdeckten Erbmaterials DNS. Eine stürmische Weiterentwicklung der Genetik beginnt. Gezielt verändertes Erbmaterial kann in die Keimbahn eingebracht werden. Die Menschenproduktion unter Laborbedingungen ist keine Utopie mehr, sondern begonnene Zukunft. In einer ungeklärten Mischung aus Faszination und Schrecken bewundert die Öffentlichkeit retortengezeugte Kinder, Geburten aus mehrmonatig tiefgefrorenen Embryonen und Kinder aus Leihmutterschaften. Nicht die Heilung von individueller Kinderlosigkeit stellt nach Amendt (1986) das wissenschaftlich-medizinische Motiv dar, sondern hier drückt sich eine neue Kontrolltechnik aus über den Menschen. Sie greift in die Conditio humana ein und zerstört das Lebendige, um Leben technisch hervorbringen zu können durch die Spaltung von Zeugung und Sexualität (Sexualität als Ausdruck menschlicher Kommunikation verstanden).

Haben wir aus der Unmenschlichkeit während der Epoche des Nationalsozialismus gelernt, oder wird sie sich weltweit in noch schrecklicherem Ausmaß wiederholen, und zwar durch eine von Menschen gemachte Wissenschaft und eine Medizin, die sich nicht nach ihrer Ethik befragen läßt?

Besteht die Hoffnung, daß die Reihen wirklich nur *fast* geschlossen sind, wie es in dem Titel des Buches von Peukert und Reulecke heißt? In den beschriebenen Therapien wurden wir mit den Familien gemeinsam in hohem Maß mit den menschenverachtenden Idealen aus der nationalsozialistischen Zeit konfrontiert. Es galt, diese gefühlsmäßig zu beleben und zu bearbeiten mit dem Ziel, in der Gegenwart kritikfähiger für sozialökonomische Bedingungen und menschenverachtende Bedrohungen zu werden. Menschliches Leid in Form von neurotischen Auffälligkeiten als Ausdruck eines kraftvollen, ja *gesunden Widerspruchs* mag uns hoffentlich noch lange unübersehbar zu einer *unabdingbaren Zusammensicht* von kulturellem und individuellem Leid veranlassen.

Literatur

Amendt, G.: Der neue Klapperstorch. März, Herbstein 1986.

Bromberger, B., Mausbach, H., Thannan, K. D.: Medizin, Faschismus und Widerstand. Pahl-Rugenstein, Köln 1985.

Focke, H., Reimer, U.: Alltag unterm Hakenkreuz. Rowohlt, Reinbek 1984.

Füssel, S.: Bücherverbrennung und Bibliothekslenkung im Nationalsozialismus. In: Göttingen unterm Hakenkreuz. Hrsg. Stadt Göttingen Kulturdezernat 1983, S. 95-104.

Lockot, R.: Erinnern, Durcharbeiten. Fischer, Frankfurt 1985.

Mann, H.: Der Untertan. Wolff, Leipzig, Wien 1918.

Massing, A., Beushausen, U.: "Bis ins dritte und vierte Glied". Auswirkungen des Nationalsozialismus in den Familien. Psychosozial 1, 1986, S. 27-42.

Meyers Lexikon, Band 7. Bibliographisches Institut, Leipzig 1939.

Mitscherlich-Nielsen, M.: Die Vergangenheit in der Gegenwart. Psyche 7, 35, 1981, S. 611-615.

Peukert, D., Reulecke, J. (Hg.): Die Reihen fast geschlossen. Beiträge zur Geschichte des Alltags unterm Nationalsozialismus. Hammer, Wuppertal 1981.

Rosenkötter, L.: Die Idealbildung in der Generationsfolge. Psyche 7, 35, 1981, S. 593-599.

Sperling, E., Massing, A., Georgi, H., Reich, G., Wöbbe-Mönks, E.: Die Mehrgenerationen-Familientherapie. Vandenhoeck & Ruprecht, Göttingen 1982.

Vogel, F.: Der Mensch und die moderne Genetik. In: Meyers Enzyklopädisches Lexikon, Band 10, S. 40-54, Bibliographisches Institut, Mannheim, Wien, Zürich 1974.

Irene Wielpütz

Die Schwierigkeit, das Unsagbare zu sagen

Über die Nichtentstehung eines Artikels zum Thema: Nazivergangenheit in der Psychotherapie

Anfang Juni 1987

Das Telefon klingelt, ich bin eingestellt auf die langsam einlaufenden Beileidstelefonate. Meine Mutter ist ganz plötzlich gestorben, die Karten sind gerade verschickt. Kein solches Telefonat, ich werde gefragt, ob ich Lust habe, an einem Buch mitzuwirken. Ich sage spontan ja, das Thema hat mich schon immer interessiert, gebe aber zu bedenken, daß ich absolut keine Schreiberin bin, auch keine Wissenschaftlerin. Meine Bedenken werden zerstreut, es wird mir dazu Hilfe angeboten. Wichtig sind die Gedanken, da habe ich viele, wenn auch ungeordnet. Ich frage noch nach, wieso gerade ich? Durch einen Kollegen, den ich sehr schätze. Sofort ist eine Erinnerung an eine gemeinsame Zugfahrt, zurück von einem anstrengenden Kollegentreff, wieder da: Wir beginnen, über uns zu reden, über unsere Väter, über unsere Herkunft, über die Last, Kinder zu sein von Eltern, die so viel Unverdautes mit sich herumschleppen, auf "beiden Seiten". Ich begnüge mich im Moment damit, es so undifferenziert stehen zu lassen mit den "beiden Seiten", den sogenannten Opfern (den Juden) und den sogenannten Tätern (den Nazis). Wir erzählen über Therapien, wie man das Ganze vielleicht aus systemischer Sicht sehen kann. Die Atmosphäre ist sehr dicht. Er hatte wohl unser Gespräch auch nicht vergessen.

Ich will die Trauerrede für meine Mutter schreiben. Ich beschäftige mich mit ihrem Leben. Kern- und Angelpunkt und bestimmend für den Rest ihres Lebens: 1933 bis 1939, als Tochter eines jüdischen Vaters. 1938, mit siebzehn Jahren, Emigration nach Südamerika. Aus der Trauerrede: "Dann kommt wohl die größte Tragik in ihrem Leben, von der ich nicht weiß, wer sie überhaupt verarbeitet hat, nämlich die Nazizeit. Für meine Mutter und meine Familie hieß das: Angst, Verfolgung, Degradierung zu Menschen dritter Klasse, Demütigung, Entwurzelung, Aufgabe aller Rechte, Weggehen in ein Land, das völlig unbekannt ist, nicht selbst gewählt wurde, und schließlich der Mord an Familienmitgliedern. Christa Wolf hat einmal geschrieben: 'Exil, das heißt gerettet und auf nichts bezogen.'"

Nach der Trauerfeier kommen Verwandte aus ihrer Familie, die sich bei mir bedanken. Das sei eine Rede für alle Verfolgten und Getöteten der Familie gewesen. Ich frage mich im Stillen, wie es wohl den anderen aus ihrem Freundeskreis gehen mag, die zu dieser Zeit, wenn auch nicht aktiv, zur "anderen Seite" gehört haben. Ein Tabu-Thema, das auch ich nicht so leicht durchbrechen kann. Es ist auch ein Tabu von "unserer Seite". Wir leben seit 1957 wieder in Deutschland, und Nachdenken oder Verarbeiten tut man nicht. Man blickt nach vorn.

Meine Mutter war Deutsche, sie liebte ihre Heimat, sie ging unfreiwillig. Sie gab uns ihre Liebe zu Deutschland mit, und was dazwischen war, sollte man am besten ruhen lassen. Angesichts ihres Todes muß ich es aussprechen. Plötzlich spüre ich große Beklommenheit. Ich will nicht mehr versöhnlich sein. Ich beschäftige mich wieder mit meinen jüdischen Wurzeln.

Juli 1987

Ich treffe Frau X. bei einem Theaterbesuch. Der Artikel fällt mir sofort wieder ein. Über die Therapiebegleitung mit ihr wollte ich schreiben. Ihr Vater war SS-Mann. Sie hatte schwer daran zu tragen. Ich erzähle ihr davon, sie ist mißmutig, besser gesagt mißtrauisch; einen Film wollten wir mal über dieses Thema drehen, aber so direkt ... Ich habe das Gefühl, sie hat immer noch Angst vor der Realität, so, wie sie war. Ich schlage vor, mal etwas zu schreiben, es ihr zu schicken, sie kann dann ihre Sicht dazutun, usw. Wir gehen auseinander, ich habe das Gefühl, das wird nie entstehen, so wie der Film auch nicht entstanden ist.

August 1987

Ich nehme die Schreibmaschine mit in die Ferien, will da in Ruhe und Muße meine Gedanken zu diesem Thema schreiben; es muß ja keine Fallbeschreibung sein. Obwohl das Wetter sehr schlecht ist – ideale Bedingungen zum Schreiben –, kommt keine Zeile zustande.

Nach dem für mich sehr bewegenden und aufschreckenden Tod meiner Mutter und der zwangsläufigen Beschäftigung mit der Vergangenheit habe ich die Nase gestrichen voll. Ich habe keine Lust mehr. Ich will endlich Abschied nehmen können von früher, vor allem auch von dem, was im Stillen von meinen Eltern an uns aus dieser unverdauten Zeit weitergegeben wurde. Vor allem habe ich keine Lust mehr, mich mit der Vergangenheit der "anderen Seite" zu beschäftigen. Aus den Ferien zurück, kommt die Schreibmaschine in die Ecke, der Artikel ist vergessen.

Mir fällt plötzlich auf, daß wieder so viele Filme über die Nazizeit laufen. Mir kommt der Artikel wieder in den Sinn. Warum wollen sie gerade jetzt darüber schreiben? Ich habe vergessen, das zu fragen; ich dachte, das Thema sei endgültig versunken. Aber es stimmt, mit den Folgen, mit dem eher Unsichtbaren, hat man sich kaum beschäftigt. Wie nach den Atombomben. Die Tatsache an sich ist zu schrecklich, als daß man sich auch noch mit den Folgen beschäftigen möchte. Was soll schon sein mit den Kindern und Kindeskindern aus dieser Zeit? Denen ging es doch allen besser, da war doch alles vorbei. Ich merke, das Thema hat mich wieder. Aber nicht der Inhalt des Artikels, sondern: warum gerade jetzt dieses Buch? Mir fällt auf, daß die meisten, die jetzt Filme machen oder Bücher schreiben, noch Kinder in der Nazizeit waren oder in dieser Zeit geboren wurden. Die Generation danach hat wohl kein Interesse mehr; und die Älteren, die das alles mitgetragen haben, sie können das Schweigen wohl nicht brechen, sie wollen auch nichts mehr damit zu tun haben, wollen vergessen. Irgendwie verständlich manchmal. Delegieren sie das Reden, das Schreiben, das Filmen, die Wut, die Angst, die Trauer an die Kinder? Ich vermute es. Flammt alles noch einmal auf, um sich verabschieden zu können? Ich weiß es nicht, es geht mir so viel durch den Kopf, ich kann es nicht sortieren. So kann ich auf jeden Fall nichts schreiben. Die Schreibmaschine bleibt in der Ecke.

Aber vielleicht sollte ich doch ein paar Gedanken einfach aufschreiben, ich kann ja dann immer noch beschließen, daß das alles nichts Richtiges zum Veröffentlichen ist. Aber wenigstens in meinem Kopf ordnen.

Vielleicht könnte ich mich einmal mit den Familienrekonstruktionen beschäftigen, die ich doch in meiner Ausbildungstätigkeit oft gemacht habe. Dafür brauchen die Leute Stammbäume und möglichst viele Informationen aus der Vergangenheit, möglichst weit zurück.

Es fiel mir immer wieder auf, daß der geschichtliche Hintergrund meist nicht da war. Ich weiß nicht, wie oft die Frage: "Weißt du, was dein Vater im Krieg gemacht hat?" große, nichtwissende Augen, Schulterzukken, Irritation, Verlegenheit, manchmal Erschrecken auslöste, zuweilen auch Erinnerung daran, daß der Vater über den Krieg erzählte und man es nicht mehr hören konnte. Auf die Frage: "Weißt du, ob er Mitglied in der Partei war, wie er zu dem Regime stand?" die oft stereotype Antwort: "Wenn überhaupt, dann nur, weil er es mußte, der ist höchstens mitgelaufen," usw.

Eine andere Kuriosität, die mir einfällt: Eigentlich hat ja jede deutsche Familie einen höchst kompletten Stammbaum. Es wurde aber lieber mühsam nach den Daten gesucht, Eltern wußten nicht mehr, wann dieser oder jener geboren oder gestorben war. Hatten sie alle diese Daten vernichtet? Oder war es peinlich, sie zu benutzen? Im Ariernachweis stand doch alles drin. Ich habe nicht erlebt, daß Kinder ihre Eltern danach gefragt haben.

Oder wußte nur ich, daß so etwas existierte? Manchmal kam es mir so vor.

Ich habe vielen die Leiden, die Ängste, die Zerstörung von Familien und die Folgen durch die Nazizeit und den Krieg nahegebracht. Ich habe selbst viel verstanden von dem, was sich hier abgespielt haben muß, auch Tragödien.

Manchmal habe ich darüber nachgedacht, ob auch den Kollegen, die die gleiche Arbeit machen, diese Zeit wichtig ist und ob sie sie betrachten; oder durften sie sie nicht sehen, weil sie sich und ihre Familien hätten sehen müssen? Wir haben nie darüber gesprochen.

War es mir vielleicht deshalb so wichtig, diese Zeit hier in Deutschland zu beleuchten, um verstehen zu können? Mir fällt Alice Miller ein, die versucht hat, Hitler zu verstehen. Ich glaube, sie ist ebenfalls Jüdin, ich weiß es aber nicht genau.

Gedanken über Gedanken, nicht so richtig zu Ende gedacht, nichts erforscht. Keine Belege, keine Daten, keine Protokolle. Es ist meine Erinnerung an meine Arbeit. Ich hätte alles schriftlich sammeln sollen, dann hätte ich vielleicht etwas davon verarbeiten können. Ich lese wenig, vielleicht steht das ja alles schon irgendwo geschrieben, vielleicht hat schon jemand da geforscht.

Wie bin ich bloß darauf gekommen, etwas schreiben zu wollen? Ich bin weder Forscherin noch Schreiberin, vielleicht Denkerin mit gutem Gedächtnis.

November 1987

Es kommt ein Anschreiben der Herausgeber. Ich bekomme einen Schrecken, ich hatte es völlig vergessen, hatte auch gedacht, ich sei aus dem Ganzen raus, da ich mich gar nicht mehr gemeldet hatte, mit keiner Zeile. Nichts dergleichen: Ich stehe unter den Autoren.

Es passiert etwas Eigenartiges. Ich spüre eine große Abwehr. Es scheint, daß ich mich mehr auf "meine Seite" geschlagen habe. Ich spüre nur Vorurteile. Ich traue keinem zu, der von der "anderen Seite" kommt, etwas zu schreiben, das offen ist. Ich frage mich, welche Vergangenheit die Autoren wohl haben, von welcher "Seite" sie wohl kommen. Ob wohl jemand den Abstand findet, eine wissenschaftliche Abhandlung zu schreiben?

Der Brief liegt auf meinem Schreibtisch als zu erledigende Post. Ich will absagen, Bescheid geben, daß ich nicht mehr schreiben werde.

Meine Gefühle sind verwirrt. Ich spüre eine diffuse Wut bei dem Titel so schwarz auf weiß. Irgendwie darf diese Wut aber auch nicht sein. Bin ich zu sehr auf Versöhnung erzogen worden? Bei uns gab es keinen Haß auf Deutschland; und doch, manchmal spürte ich Wut, stark und ungerichtet, vor allem bestimmten älteren Leuten gegenüber, das konnte auf der Straße sein oder sonst irgendwo.

Mir fällt ein, wie mich bei der Konfirmation meines Neffen, in der vollen Kirche, plötzlich eine unbändige Wut packte und ich am liebsten laut geschrien hätte: "Ihr seid doch alles Heuchler, sitzt hier, redet über Gott und die Liebe und habt Unmengen von Menschen umgebracht oder es geduldet." Ich bin selbst erschrocken über die Vehemenz der Gefühle und die Klarheit der Sätze. Ich habe natürlich nicht geschrien. Mir wurde etwas schlecht, ich mußte weinen. Das fiel nicht weiter auf.

Dezember 1987

Meine Mutter ist ein halbes Jahr tot. Mein Vater, ein ewiges "Stehauf-Männchen", erkrankt schwer. Nie ist er krank gewesen. Aber das stimmt auch nicht ganz, er hatte einmal schwere "manisch-depressive Zustände". Doch das war damals eine "Nervenkrankheit", die mit seiner Vergangenheit natürlich nichts zu tun hatte.

Er hat jetzt einen Tumor in der Lunge. Es ist unbegreiflich. Die Ärzte sind zunächst zögerlich, da nichts in seiner Lebensführung darauf schließen läßt; er hat nie geraucht, nie mit Staub, nie mit irgendetwas in dieser Richtung zu tun gehabt, immer gesund gelebt. Ich habe einen schrecklichen Gedanken, den ich auch schnell für völlig überzogen erkläre: Mein Vater ist "Voll-Jude", wie es so schön hieß. Er ist emigriert und hat sich damit vor dem Vergasungstod gerettet. Husten und Erstikken, das sind auch jetzt seine Symptome.

Mir graut es. Ich kann diese Hustenanfälle kaum ertragen. Mein Vater wollte nach Israel, seine Schwester und seinen Schwager besuchen. Wir erfahren, daß die beiden auch krank sind, beide haben Krebs. Allerdings nicht in der Lunge. Ich kann das Nachdenken darüber nicht lassen, warum alle gerade in diesem Jahr? Vor fünfzig Jahren wurden sie in alle Winde zerstreut, retteten sich vor dem sicheren Tod. Reicht die Kraft nicht länger? Ich weiß es einfach nicht. Wen kann ich fragen, mit wem reden? Mit ihnen selbst auf jeden Fall nicht. Sie würden mich endgültig für verrückt erklären. Sie haben doch ebenfalls alles verdrängt. Ich sollte einfach die Version glauben, die mir von den meisten angeboten wird: "Sie sind eben alt, an Krebs erkranken doch so viele, jeder muß mal sterben." Aber warum alle auf einmal? Mein Onkel stirbt Ende Dezember. Ich habe ihn nie gekannt, meine Tante lernte ihn im damaligen Palästina kennen, er kam aus Polen. Ich war nie in Israel, er nie in Deutschland. Vielleicht sollte ich einmal eine Familienchronik schreiben. Ich bin endgültig entschlossen, nicht über die Nazivergangenheit zu schreiben, nicht über die Familiendramen von Nazikindern; wenn überhaupt, dann über die Dramen in unserer Familie.

Ich habe ein Abschlußgespräch mit einer Klientin – es war ein langer Weg. Ich erzähle von mir, was ich in der Therapie gelegentlich einmal tue. Ich erzähle von meinem Vater – und von der Unmöglichkeit, diesen Artikel zu schreiben. Ein sehr bewegendes Gespräch. Mit Vehemenz vertritt sie, ich müsse zu diesem Thema unbedingt einen Artikel schreiben. Sie sagt, sie habe noch nie jemanden getroffen, der so viel Klarblick für die Zusammenhänge der damaligen Zeit habe, und gerade das habe vielleicht mit meiner Herkunft zu tun. Ich denke an das "Misch-Masch" meiner Herkunft. Vielleicht hat sie recht.

Sie erzählt mir noch einmal, wie sehr es ihr genutzt habe, ihre Probleme heute im Zusammenhang mit der Geschichte ihrer Familie zu sehen (die durch Flucht entwurzelt war usw.): Der erbitterte Kampf gegen die Verleugnung ihres Vaters, die eigene Radikalität und Härte gegen sich selbst, um ja nie in die Nähe seines Opportunismus zu kommen.

Dann erzähle ich ihr, wie sehr mich die Verleugnung meines Vaters entsetzt. Er will nicht wahrhaben, was wirklich mit seiner Krankheit los ist. Er klammert sich an eine Operation, es soll ihm ein Lungenflügel entfernt werden. Ich kann seine Verleugnungen und Verdrängungen von Krankheit und Tod kaum ertragen.

Nun ist sie es, die mich darauf aufmerksam macht, daß mein Vater doch nur vorwärtsblickend schon einmal sein Leben gerettet und ein neues aufgebaut hat, und sie kann es sich gut vorstellen: Wenn man dem Holocaust hier entkommen ist, möchte man nichts mehr mit Tod zu tun haben, es wäre zu schrecklich.

Und da sitzen wir nun, sie ein "Nazimitläuferkind" und ich ein "Judenkind", und müssen lächelnd und weinend feststellen, daß wir uns mit dem gleichen Verhalten unserer Eltern herumschlagen müssen, nämlich dem Verdrängen, Verleugnen, dem Nicht-mehr-Erinnern auf der einen, dem Nicht-mehr-hören-Wollen auf der anderen Seite, der nicht gelebten Trauer, der nicht gelebten Wut, der nicht gelebten Angst. Und wir wissen nicht, wohin damit.

Ich bin so bewegt, daß ich sofort beschließe zu schreiben. Ich schreibe ein Vorwort, das ich ihr widme und mit dem ich ihr danken möchte; und dann beginne ich mit meiner Herkunft und einer Art Lebenslauf. Ich meine, erklären zu müssen, woher ich komme. Ich beginne: "Ich bin geboren 1947 in Bogota, Columbien, als zweites Kind ..." Und da wird es kompliziert. Wie schreibe ich das? In der Terminologie der damaligen Zeit? Das würde heißen: "... eines volljüdischen Vaters und einer 2. Grades jüdischen Mutter." Weiß eigentlich hier noch jemand, was das war? Beim Vater war im Ariernachweis alles klar; über Generationen Juden. Bei der Mutter war es kompliziert. Ihre Mutter, meine Großmutter, war evangelisch, bis zu der Heirat mit meinem Großvater waren dort alle "reinrassisch". Mein Opa war Jude 1. Grades, seine Mutter Halbjüdin, sein Vater Dreivierteljude usw. usw.

Meiner Oma riet man, sich von ihrem Mann zu trennen und einen Arier zu heiraten, das würde sie und ihre Kinder rehabilitieren, vielleicht. Konkret: Opa wäre ins KZ gekommen und Oma vielleicht nicht. Aber sie gingen mit ihren drei Kindern nach Südamerika, die älteste, meine Mutter, war 17, die jüngste gerade zehn Jahre alt.

Ich spüre den Wunsch, das alles einmal aufzuschreiben, aber nicht hier, was soll das hier?

Ich fahre im Text fort: "Meine Eltern lernten sich in Bogota kennen, ich selbst bin nicht getauft, in einem katholischen Land, mit einem heidnisch-katholischen Kindermädchen und einem familiären Hintergrund, den ich erst sehr viel später erfuhr."

Hier schreibe ich nicht weiter. Ich soll doch über Nazikinder schreiben, nicht über mich.

Ich mache eine Notiz, handgeschrieben: "Hypothese: Es gibt nicht *die* Therapie mit *den* Nazikindern. Alle Kinder von Nazis, Mitläufern, Nichtwissern, schlicht von den Menschen, die diese Zeit damals mitgetragen haben, haben heute die Last zu tragen, wenn die Eltern sie nicht selbst übernommen haben bzw. sich nicht selbst damit auseinandergesetzt haben. So glaube ich, daß es zumindest eine ganze Generation gibt, die, wenn sie sich in Therapie begäbe, mit dem Thema der Eltern konfrontiert sein würde: Schuld, Angst, Wut, Trauer usw. Der Inhalt und die Schwere der Ausprägung und das Maß der Verleugnung sind allenfalls unterschiedlich. Ein Versuch der Bewältigung war sicher die Revolte von '68. Aber wie kann man sich von etwas befreien, von dem man die Wurzeln nicht richtig benennen kann oder darf?

Es kommt alles in eine kleine Mappe, die ich inzwischen angelegt habe, und sie verbleibt bis auf weiteres ungesehen auf dem Schreibtisch. Obenauf die Telefonnummer der Herausgeber. Ich will Bescheid geben, daß ich nichts Richtiges zu Papier bringe.

Februar 1988

Filme, Dokumentationen über die ersten Atombomben mehren sich. Auch das ist schon ziemlich lange her. Ist die Beschäftigung mit dem Nazischrecken am Ende? Kommt jetzt der nächste? Müssen solche Dinge immer so lange unverarbeitet ruhen? Ist die Nazizeit unsere Vergangenheit und die Atombombe unsere Zukunft? Grauenhaft, es so zu sehen. Kein Wunder, daß die Esoterik wieder so viel Raum einnimmt. Irgendwie ist es schon beruhigend, eine übergreifende Erklärung zu finden. Aber kommen wir am Schrecken, am Erschrecken, an der Angst, an Wut und Trauer vorbei? Vermutlich nicht, das alles sucht sich seine Wege.

Ich treffe den Kollegen, durch den ich an den Artikel gekommen bin. Der Herausgeber läßt mich grüßen. Aufkeimende Schuldgefühle. Sie haben mich noch nicht von der Liste gestrichen. Ich habe mich aber auch nicht gemeldet. Ich erzähle dem Kollegen, den ich für einen guten Schreiber halte, von meinen Schwierigkeiten: Nur Durcheinander, und alles so persönlich. Ich kenne es vom Tanz, wo ich es schrecklich finde, wenn Leute etwas darstellen, und ich fühle mich wie ein Voyeur. Beim Tanz habe ich auch immer Angst, zu banal oder zu persönlich, zu privat zu sein. Das möchte ich beim Schreiben auch nicht. Der Kollege beruhigt mich, er meint, was er bisher gelesen habe, sei gerade durch das Persönliche gut. Ich glaube ihm erst einmal, nehme mir vor, noch einmal alles zu sichten, mache verschiedene Anläufe, finde keinen richtigen Zugang.

Ich liege auf meinem Bett, döse vor mich hin, lasse mich von der langsam wärmenden Sonne bescheinen, denke an nichts. Plötzlich kommt mir, sozusagen aus heiterem Himmel, ein Titel für den Artikel in den Kopf. Ich hatte immer wieder darüber nachgedacht, warum ich das Ganze nicht auf die Reihe bekomme. Der Titel könnte doch sein: "Über die Nichtentstehung des Artikels", mit all den Hürden und Barrieren. Sofort fließen die Gedanken; so viel zusammenhängende Gedanken zu diesem Thema hatte ich bisher noch nie.

Ich beschließe zu schreiben, gleichgültig, ob es für das Buch paßt oder nicht. Es scheint mir für mich wichtig. Ich merke es an dem Herzklopfen, das ich plötzlich bekomme.

In diesem Moment, mir bleibt der Atem stocken, es kommt mir schon wie Magie vor, ruft der Herausgeber an und will wissen, wie es denn so geht. Ich berichte ziemlich verwirrt von dem gerade entstandenen Gedanken – er möchte es so haben. Ich setze mich an die Maschine, diesmal mehrere Stunden, es fließt, es hat sich etwas gelöst. Ich fühle mich frei, wirklich so zu schreiben, wie ich denke und fühle, ohne mich von der Angst um mögliche Korrekturen beherrschen zu lassen. Aber die Angst kommt immer wieder auf, wenn der Text mir zu intim scheint. Ich schreibe ja nicht unter einem Pseudonym. Was soll's, was habe ich schon zu verlieren. Ein bißchen fürchte ich sie schon, die Interpretation und die Kommentare. Das ist das Risiko, wenn man sich zeigt; das kenne ich ja vom Tanzen, die Angst, auf die Bühne, ins Licht zu gehen.

Wir fahren aufs Land, ich möchte mich erholen und weiterschreiben. Ich spüre tiefe Zusammenhänge zwischen dem, was ich schreiben möchte, und dem, was in meiner Familie geschieht. Ich finde die Worte nicht richtig, es ist alles zu nah, meine ganze Energie geht zu meinem Vater:

Als einzige Möglichkeit hat man ihm einen Lungenflügel entfernt. Eine sehr schwere Operation. Kaum einer hat noch damit gerechnet, daß er es überlebt. Wir hatten uns schon von ihm verabschiedet. Er lebt, er hat sich gerettet; er sagte, er sei dem "Tod von der Schippe gesprungen".

Meine Gedanken gehen wieder eigenartige Pfade. Ich will sie wegschieben, es geht nicht: Ich vergleiche mit der Zeit vor etwa fünfzig Jahren. Damals hat er sich gerettet und anderen noch geholfen und mit ihnen eine neues Leben angefangen. Man hatte Leid und Tod hinter sich gelassen, man schritt mit Kraft und Mut nach vorne, man durfte nicht nach hinten blicken. Auch jetzt hat er "überlebt", aber es gibt weder Kraft noch Mut weiterzumachen. Das Leiden und der Tod haben ihn wieder eingeholt. Er ist damit nicht fertig. Er versinkt in tiefe Depressionen.

Und ich, an die die Auseinandersetzung mit Leid, Trauer, Angst und Tod schon immer abgegeben war und die ich auf mühsamem Weg versucht habe, mich von dieser Vergangenheit frei zu machen, ich stehe da und würde es ihm am liebsten wieder abnehmen. Die Hilflosigkeit, nichts machen zu können, ist furchtbar. Ich bekomme mehr Verständnis für die radikalen Verdrängungen. Sich selbst gerettet zu haben und nichts tun zu können für die, die im Lande blieben, bleiben wollten, weil sie an so viel Grausamkeit nicht glauben konnten, und die umgebracht wurden.

Ich will nicht mehr schreiben, ich habe keine Lust mehr, nach hinten zu blicken. Hört es denn erst auf, wenn sie alle tot sind?

Um auf andere Gedanken zu kommen, lese ich. Darauf freue ich mich schon lange: auf Isabell Allendes "Liebe und Schatten". Ich fange an und kann nicht mehr aufhören. Und es ist nichts anderes, es ist das gleiche Thema. Als die beiden Hauptfiguren aus politischen Gründen ihr Land verlassen müssen, ist die letzte Distanz gebrochen. Ich empfinde einen solch tiefen Schmerz, eine solche Traurigkeit, daß ich denke, das kann nicht nur meine sein in Erinnerung daran, wie ich aus Columbien weg mußte. Es ist auch der Schmerz meiner Eltern, meiner Familie, die ebenfalls, wie in dem Buch, ihre Heimat verlassen mußten, um nicht umgebracht zu werden.

Ich denke wieder an das, was ich schreibe. Ich verstehe, daß es keine theoretische Abhandlung werden kann; damit könnte ich das alles nicht sagen, was ich sagen wollte. Könnte ich doch schreiben wie die Allende, vielleicht könnte ich dann das eigentlich Unsagbare sagen. Gäbe es doch jemanden, der mit dieser Liebe für Land und Leute, für menschliche Irrungen schreiben könnte über Deutschland, nicht aus Haß, aus Rechtfertigung, aus Schuld, sondern aus Liebe.

April 1988

Die Zeit drängt, der allerletzte Termin zur Abgabe kommt immer näher. Ich suche wieder nach klugen Gedanken, ich bekomme wieder große Zweifel an dem Geschriebenen. Soll ich es wirklich so losschicken? Für mich war es gut zu schreiben, aber muß es an die Öffentlichkeit?

Inzwischen schreibe ich gerne. Aber es kommt wieder eine Unterbrechung. Diesmal will ich lieber in Ruhe schreiben können, einen schönen

Schluß finden. Aber es gibt noch keinen Schluß, jedenfalls nicht in der Familie. Meine Tante aus Israel sagt sich an, sie möchte meinen Vater, ihren Bruder, noch einmal sehen. Beide sind sehr krank. Es ist meine Aufgabe, sie abzuholen, und sie zu ihm in seine Kurklinik zu bringen. Ich kann dem allen kaum noch standhalten. Ich werde krank, natürlich der Rücken. Ich habe auch gut gelernt, keine Angst, keine Verzweiflung zu zeigen – stark sein und durch, hinterher kann ich weinen und alles klar kriegen. Bevor sie wieder abreist, ist sie noch einmal bei uns. Ich frage, – und frage natürlich zu früher; wie war es vor der Nazizeit? Da wird es heiter und vergnüglich. Sie hat die jüdische Tradition nicht aufgegeben – wie mein Vater es getan hat; ihn konnte man dazu nie so gut fragen. Ich spüre ein bißchen Wehmut, daß ich so wenig davon mitbekommen habe. Es rückt sich manches zurecht, eine interessante Kölner Familie, witzig, kreativ und eben sehr jüdisch, wie andere katholisch oder evangelisch.

Dann wieder der Bruch. Daten, die ich bis dahin noch nicht kannte: Der Großvater wurde schon 1933 arbeitslos, meine Tante verließ im gleichen Jahr das Gymnasium. Es war zwar zu diesem Zeitpunkt noch nicht verordnet, aber die Anpöbelungen waren bereits unerträglich. Ich hatte immer gedacht, frühestens 1936 wäre es schlimmer geworden. Nun kann ich mir noch viel weniger vorstellen, daß die anderen davon nie etwas gewußt haben. Ich höre auch zum ersten Mal, daß aus der Familie sehr wohl einige im KZ umgekommen sind. Ich lebte immer in der Vorstellung: da Vaters Familie alle "Volljuden" waren, seien sie rechtzeitig gegangen. Viele, aber nicht alle.

Ich bin sehr traurig, aber nicht mehr so entsetzt. Ich spüre den Wunsch, mich aus dieser Zeit zu verabschieden, nicht mehr, weil es nur schrecklich ist, sondern eher, weil ich jetzt weitgehend alles "gesehen" habe und gehen kann, wohl wissend, daß ich diese Wurzeln habe und daß sie mein Leben bestimmt haben. Ich denke an meine Cousinen und Cousins in Israel, die ich nicht kenne, mit denen ich in englischer Sprache sprechen müßte. Auch sie haben diese Wurzeln, und sie leben vielleicht eine andere Seite aus. Sie hassen, sie ziehen in den Krieg, gehen mit Begeisterung zum Militär. Wieviel sie wohl von ihren Wurzeln wissen? Sehen sie Zusammenhänge von gestern zu heute und morgen?

Meine Generation – was trägt sie noch alles in sich? Nach all meiner Erfahrung des letzten Jahres, so schmerzhaft sie auch war, ist es gut zu wissen, was war, zu wissen, was ich mit mir trage, und nicht stecken zu bleiben oder davor zu flüchten, wie unsere Eltern es getan haben; aber ich glaube, sie konnten nicht anders. Es ist wie eine Erbschaft, sie gehört einem, ob man sie annimmt oder nicht. Man kann dann alles unbesehen annehmen oder ablehnen, oder sich die Mühe machen anzunehmen, anzusehen und langsam zu sortieren, was man behalten möchte und wovon man sich trennt.

Es ist Ende April. Ich muß zum Schluß kommen. Vielleicht könnte ich jetzt alles ordnen und einen Artikel schreiben mit mehr Übersicht, mit mehr Distanz. Vielleicht, vielleicht auch nicht.

Nachtrag (August 1988)

Auf den Tag ein Jahr und einen Monat nach dem Tod meiner Mutter verstarb mein Vater. Es war kein plötzlicher Tod, ich war darauf vorbereitet, ich habe ihn bis ans Ende begleitet. Wir haben vieles noch miteinander teilen können, anderes nicht. Ich hatte den Text immer mit in meinem Korb, ich wollte ihn ihm gerne vorlesen, ich hatte nicht den Mut dazu. Ich hatte Angst, daß er mich für endgültig verrückt erklärt, oder schlimmer, daß er so erschrocken sein könnte, daß er sofort stirbt.

Jetzt im Nachhinein bin ich, immer wenn ich den Text anschaue, traurig, daß ich es nicht getan habe. Ich hätte schon gerne gewußt, wie er darüber denkt, vielleicht hätte er angesichts des Todes die Verdrängungen aus dieser Zeit aufgeben können? Ich weiß es einfach nicht.

Hatte ich nicht auch Angst, so ganz in der Tiefe, kaum zu spüren, ich könnte ihn wirklich an diesem Punkt erreichen und es bräche ein Damm, und alle Gefühle von Angst, Wut, Trauer kämen ungeschminkt und vehement zu Tage? Hätte ich das aushalten können? Ich weiß es nicht.

Stärke, Beherrschung, mit Gefühlen wie Angst, Trauer schnell und allein fertig zu werden waren immer Leitsätze in unserer Familie. Er sagte nur einmal, daß es ihn sehr freut, daß ich ihm am liebsten auf dem jüdischen Friedhof begraben sähe. Man hätte dafür kämpfen müssen, weil er nicht in der Gemeinde war. Ich hätte es getan, er wollte es nicht.

So ist ein Stück dieser unsichtbaren Mauer, die zwischen uns war, die das Unsagbare ungesagt ließ, stehen geblieben.

Aber Wurzeln suchen sich ihren Weg auch unter Mauern und können sich verknüpfen bzw. sind und bleiben dort verknüpft. Ich kann sie mehr denn je spüren.

Ich bin stolz, eine der beiden Töchter dieses Mannes Jacques Meyer zu sein. Ich habe meinen Vater sehr geliebt, und ich werde die Wurzeln, die er mir mitgegeben hat, pfleglich behandeln und dafür sorgen, daß sie nicht noch einmal abgeschnitten werden.

Waltraud Silke Behrendt

Nicht wahrhaben wollen und nicht wahrnehmen können

Therapeutische Erfahrungen mit dem "Komplex" Nationalsozialismus

Einleitung

Für unseren heutigen historischen Standort beinhaltet die konkrete biographische Wirklichkeit, wie sie im Wechselspiel von individueller und kollektiver Geschichte in Erscheinung tritt, auch die Verbindung zum Nationalsozialismus (im folgenden NS). Selbst die Jüngsten unter uns Therapeuten sind von einer älteren Generation erzogen worden, die einen langen Lebensabschnitt in einer der inhumansten Schreckensherrschaften verbracht hat. Die Älteren und Ältesten waren damals zwar noch jung, aber sie haben diese Zeit miterlebt und mitgetragen. Wir Therapeuten nun, die wir uns vom beruflichen Selbstverständnis her mit den auf die Gegenwart wirkenden, oft unbewußten Kräften aus der Vergangenheit befassen, können dies nicht losgelöst von unserem eigenen Bewußtsein und Wissen tun. Gerade Wert- und Normvorstellungen entsprechen ja einem kollektiven Hintergrund, der starken Veränderungen unterliegen kann und der sich nicht nur in den Generationen, sondern auch in den sozialen bzw. in den Bildungsschichten unterscheidet. Zu entsprechenden Mißverständnissen kann es kommen, wenn eine Auseinandersetzung stattfindet. Vor allem unsere *unbewußten* Werthaltungen können dazu führen, daß wir politisch, ökonomisch oder sozial begründete Konflikte nur auf ihren *individuellen* Anteil reduzieren. Massing und Beushausen vertreten sogar die Auffassung, daß beim Komplex[1] NS die Person des Therapeuten mehr als sonst in den Vordergrund rückt. Sie beziehen dies einmal auf die ungenügende Vergangenheitsbewältigung des eigenen Berufsstandes, aber auch auf die individuellen Gegenübertragungsgefühle von Unglauben und Verleugnung (vgl. Massing, Beushausen 1986, S. 27 u. 41).

---

[1] Der Begriff "Komplex" wurde wegen seiner doppeldeutigen Konnotation zur Vielschichtigkeit/Massivität einerseits und den psychischen Folgen von Affektverdrängung andererseits gewählt.

Im Austausch miteinander können wir versuchen, Lücken in einer kollektiven Abwehr aufzuspüren, die viel schwerer auffindbar sind als solche in einer individuellen Abwehr und ihren Manifestationen. Ich möchte von *kollektiven historischen Gestalten* sprechen, die durch Tabuisierung eine mehr oder weniger große Erstarrung erfahren und uns unfähig zur Auseinandersetzung mit kommenden Gefahren bleiben lassen. Die (Gut-)Böse-Zuordnung zu allem, was mit dem NS zu tun hat, ist eine solche historisch-moralische Gestalt, die nach Differenzierungen verlangt. Gerade wegen ihrer hohen emotionalen Anteile und Schuldzuschreibungen ist es wichtig zu beachten, daß diese Auseinandersetzung im interpersonalen Raum stattfindet.

Persönlicher Zugang und verschiedene exemplarische Patienten-Begegnungen

Ich will hier meinen persönlichen Zugang zum Thema NS einschränken auf meine therapeutische bzw. lehrtherapeutische Rolle. Diese Einengung ist allerdings künstlich, insofern ich immer schon mehr oder weniger bewußt mein Elternhaus, das von Spielkameraden, Freunden und Freundinnen und nicht zuletzt die angeheiratete Familie in sehr unterschiedlicher Weise durch den NS geprägt erlebt habe. Mit "uns" meine ich die Generation, die vielleicht gerade noch im Krieg geboren ist, aber keine bewußten Erinnerungen daran hat.

Was allein der Krieg (als unvermeidliches Produkt des NS-Regimes) an Spuren in uns hinterlassen hat, will ich mit einem persönlichen Beispiel nur andeuten: Bei einer Selbsterfahrungssitzung mit Gong-Klängen löste eine bestimmte Frequenz schlagartig Schreckens-, Angst- und Panikgefühle in mir aus. Andere in der Gruppe bestätigten, daß es sich genau um die Schallfrequenz der Tiefflieger im Krieg handelte. Damals, zu Kriegsende, war ich noch keine 14 Monate alt. Es erübrigt sich zu betonen, welche Wertung des Krieges ich allein aus eigenen Erfahrungen entwickelt habe.

Erstes Beispiel: Krieg

Hiermit komme ich zu einer ersten relevanten therapeutischen Erfahrung. Sie liegt schon etliche Jahre zurück. Ich war vielleicht Mitte Dreißig, als ein Patient, der etwa doppelt so alt war wie ich, anfing, von seinen Kriegserlebnissen zu erzählen. Ortsnamen fielen, die ich höchstens aus Geschichtsbüchern kannte, Waffengattungen – und eine Militärsprache drang in meine Ohren, ohne daß ich sie verschließen konnte. Ich spürte nur noch den Wunsch, daß die Sitzung bald vorbei sein möge. Ich fühlte mich überwiegend bedroht und erstarrte trotz meines Ärgers über diesen

Mann, der da vor mir saß und den ich sagen hörte, ich könne ihn sicher gar nicht verstehen, aber er wolle mir nur erklären, daß für ihn Freundschaften einfach nicht vergleichbar seien mit *der* Kameradschaft, die er im Krieg erlebt habe ...

Ich wußte in diesem Moment nicht, ob ich ihn nicht verstehen wollte, aber ich begriff ganz bewußt mein Dilemma als Therapeutin: Meine eigenen Ängste und meine eigene Abwehr würden den Radius meiner therapeutischen Möglichkeiten bestimmen. Die Idealisierung von Kameradschaften im Krieg, die für mich wie eine Idealisierung auch des Krieges selbst klang, ließ das Gespräch stagnieren. Durch meine eigene Abwehr konnte es gar nicht gelingen, dem Patienten zur Wahrnehmung *seiner* Abwehr zu verhelfen, die dann vielleicht Trauer und Wiederbelebung zur Folge gehabt hätten. Ich mußte also entweder meine Angst vor dem Krieg kennenlernen und bearbeiten, oder ich würde in dem Mechanismus des Nicht-Wahrhaben-Wollens und auch des Nicht-Wahrhaben-Könnens stekken bleiben.

Zweites Beispiel: NAPOLA

Später begegnete mir dann eine noch stärker abgewehrte Thematik. Mein Dilemma zwischen therapeutischem Verständnis und persönlicher "Verteufelung" wurde noch deutlicher herausgefordert:

Ein Patient, der 1929 geboren war, wurde vom Phoniater[2] wegen Verdachts auf Drogen- und Alkoholabhängigkeit zu mir geschickt. Er verspätete sich als Ortsunkundiger im komplexen Klinikgelände und begrüßte mich mit dem Satz[3]: "Ich könnte heulen, daß ich zu spät bin." Ich griff seinen Satz als Frage auf, und er spielte dessen Bedeutung scherzend herab. Er versuchte mir stattdessen zu erklären, daß er – im Gegenteil – nie heule, aber er leide unter der Diskrepanz, daß er in seiner Jugend *alles* gekonnt und aus sich herausgeholt habe, während er sich heute gar nicht mehr beherrschen könne und Schlimmstes für seine Zukunft befürchte. Nach der Anamnese beim Phoniater habe er versucht, ohne Tabletten auszukommen, und gemerkt, daß er restlos überfordert sei, sich nicht halten könne und wohl begreifen müsse, wie es um ihn stünde. Ich ließ mir schildern, worunter er litt, und griff dann auf seine Vorbemerkung über die "ganz anderen früheren Zeiten" zurück, die sich offenbar auf ein ganz anderes, positives Selbsterleben bezogen hatten. Er winkte resigniert ab und meinte auf meine Nachfrage, daß ich das doch nicht verstehen

---

[2] Spezialisierter HNO-Facharzt mit zweijähriger Weiterbildung in der Phoniatrie; u. a. in Abteilungen von Universitätskliniken für Hör-, Stimm- und Sprachkranke, in der auch die Autorin arbeitet.

[3] Die meisten Zitate sind in Anführungszeichen gesetzt, obwohl sie z. T. gekürzt oder leicht verändert sind. Die sinngemäße Wiedergabe ist erhalten.

würde, "oder wissen Sie, was eine NAPOLA ist?" Als ich ihm zu seiner sichtbaren Überraschung die Abkürzung entschlüsselte,[4] sprudelte es nur so aus ihm heraus, und dann sagte er: "Wissen Sie, ein einziges Mal in meinem Leben *habe* ich geheult, ich weiß nicht mehr, ob ein oder zwei oder drei Stunden – da brach in mir eine Welt zusammen, das war, als wir mit 16 im Schützengraben standen und plötzlich einer rief: 'Der Führer ist tot!'"

Meine Reaktion auf dieses Bekenntnis war so ambivalent wie mein Dilemma. Ich spürte eine deutliche Schadenfreude, die darauf beruhte, daß ich auf der Seite "der Guten" stand und nun der Bestrafung "des Bösen" beiwohnen konnte. Das harte Drogenschicksal dieses politisch Verirrten war doch nur verdient. Aber ich spürte auch unter seiner Fassadenhaftigkeit die Verzweiflung dieses Mannes und begriff, mit welcher darunter liegenden Einsamkeit er sich in der Nachkriegswelt zurechtzufinden versucht hatte. Alles Lebendige, Starke, alles, womit er identifiziert gewesen war, ging von einer Minute auf die andere verloren. Ich machte mir auch klar, daß dieser Mann 1933 bei der sogenannten Machtübernahme vier Jahre alt gewesen war, und ich war angerührt von seiner plötzlich aufflackernden Hoffnung, daß da jemand seine verlorene Vergangenheit kennen und ihn verstehen könne. Dabei beruhte meine "Kenntnis" auf einer zufälligen Lektüre, die überwiegend meinem literarischen Interesse entsprang.[5]

Drittes Beispiel: Gehorsam

Inzwischen habe ich gelernt, leichter zu erkennen, wann und wie ich nach den Implikaten der NS-Zeit und ihren Folgen frage. Dabei zeigt sich allerdings, daß die Gewichtung der Problematik sich oft erst im Verlauf der therapeutischen Arbeit ergibt.

Eine Patientin, Jahrgang 1940, mit angeborener Hüftluxation, meinte auf meine Nachfrage ohne Zögern, diese von den Nazis durchaus als erbbedingt betrachtete und damit "verfolgte" Erkrankung habe ihr nichts ausgemacht, und auch indirekt könne sie sich an keine Anspielung oder gar an Schlimmeres erinnern. Ihre Eltern hätten das wohl erfolgreich von ihr ferngehalten. Meine Hypothese, sie sei also durch das NS-Regime nicht geschädigt, stellte sich als vorschnell heraus. In einer Sitzung, in der wir die Gegenwart der Patientin ansahen und sie den Rückzug ihrer pubertierenden und magersüchtigen Tochter beklagte, stießen wir auf einmal

---

[4] "Nationalpolitische Erziehungsanstalt", von denen es etwa 40 gab. Sie waren bestimmt für 12- bis 18jährige "Jungmannen" und vermittelten sowohl eine herkömmliche Schulbildung als auch eine intensive militärische Ausbildung; "Draufgängertum" war eines der entscheidenden Aufnahmekriterien.

[5] Tournier, Michel: Der Erlkönig. Roman. Fischer-Taschenbuch-Verlag 1984.

unvermittelt auf eine andere NS-Geschichte dieser Frau. Sie erinnert sich auf mein Nachfragen, wie intensiv sie sich mit ihren Eltern auseinandergesetzt habe, in stundenlangen, wenn auch unbefriedigenden Debatten. Die Patientin habe bis zur vollständigen Resignation herausfinden wollen, was der inzwischen verstorbene Vater während der NS-Zeit getan habe. Sie erinnerte sich noch gut, daß er verspätet aus amerikanischer Kriegsgefangenschaft gekommen sei und dann mit einem Messer im Bett geschlafen habe. Die Version der Eltern zu diesem bedrohlichen Faktum lautete, daß der Vater mit einem Nazi verwechselt worden sei. An diesem Punkt seien regelmäßig die Debatten mit den Eltern beendet worden, und die Patientin sei auf einem Gefühl von Resignation und Ohnmacht sitzen geblieben. Später studierte sie Geschichte und konnte so einige der kollektiven Lügen und Tabus für sich aufklären. Aber die familiäre Dunkelheit blieb. In der Mutterrolle trifft sie heute noch auf ihre alte Wut, wenn ihre Tochter sich von ihr zurückzieht, was die Rückzüge der Tochter sicher noch verstärkt. Als Lehrerin hatte die Patientin sich vorgenommen, die NS-Geschichte ihrer Schule zu beschreiben, resignierte aber auch hier wieder und geriet in unüberwindliche Angstzustände, als sie die Reaktion des Schulleiters und einiger Kollegen erlebte.

Ihre Stimme geriet später in eine "Versagens-Krise", als der Schulleiter – trotz ihrer Vertrauenslehrerfunktion – Loyalität von ihr verlangte (die Patientin nannte es sogar "Gehorsam"). In beiden Beispielen erkannte sie, die bis dahin auf eine organische Krankheitsverursachungshypothese fixiert war, daß ihre Stimmsymptomatik mit einem Gefühl von Resignation und Angst zusammenhängt, das tief in ihrer Geschichte verwurzelt ist.

Viertes Beispiel: Vaterversagen

Ein Erlebnis jüngeren Datums möchte ich anfügen, um auf die indirekte Verbindung zwischen gegenwärtigem Erleben und nationalsozialistischer Thematik zu verweisen, aber auch, weil es vielleicht vermittelt, wie entlastend es sein kann, einen Gesprächspartner zu finden, mit dem über jahrelange Tabuisierungen und Selbstverleugnung gesprochen werden kann.

Der Patient, bald nach dem Krieg geboren, hatte mir schon in vielen Therapiesitzungen vermittelt, daß er mit seinen Eltern nie über "das Thema" sprechen konnte. Seine Mutter geriet dabei schnell in nervöse Aufregung, ging aus dem Zimmer, um genauso schnell wieder hereinzukommen mit Sätzen wie: "Es war schlimm genug, wir können froh sein, daß es vorbei ist", oder einfach nur: "Muß das sein?" Sein Vater seufzte und schwieg. Dabei erinnerte sich der Patient gut, daß in seiner Kindheit die ganze Familie voller Bewunderung gegenüber einem "hohen Tier" im Bekanntenkreis war, einem Manager, der wohl viel Ansehen und Einfluß hatte und "schon unter den Nazis etwas gewesen war". Mein Patient begriff die Zusammenhänge nicht und erfuhr sie erst am Sterbebett seines Vaters, wo er nun "alles aufs Spiel setzte", um mit ihm allein, ohne die Mutter, erstmals dessen Standort und dessen Einstellung während der Zeit von 1933 bis zum Kriegsende zu erfahren: Er hätte als Mitarbeiter von Freisler[6] eine steile Karriere machen können, habe sich dieser aber nicht gewachsen gefühlt und sich in eine sichere, aber als mittelmäßig erlebte Beamtenposition geflüchtet. Zu einer gleichen Entscheidung hatte der Vater später dem Sohn bei *dessen* Karriere geraten. Der hatte sie unglücklich und lustlos eingeschlagen, sich aber nie damit identifiziert; er blieb auf einer idealisierten Ebene davon überzeugt, daß er eigentlich etwas Anspruchsvolleres hätte leisten können.

Als ich ihm nun vorsichtig den Zusammenhang zwischen seinem eigenen geschichtlichen Erbe und dem seines Vaters anbot, füllten sich seine Augen mit Tränen. Auf meine Frage, was ihn traurig mache, antwortete er: "Ich bin nicht traurig, sondern glücklich, daß ich endlich mit jemandem darüber reden kann."

Ein Therapieverlauf: Habacht-Haltung und Orientierungsverlust

Als letztes Beispiel möchte ich ausführlicher von einem Patienten berichten, dessen plastische Sprache mich sehr erreichte, obwohl seine Stimme bzw. seine Artikulation die Inhalte oft kaum transportierte. Diese Diskrepanz war Ausdruck einer Reihe von Ambivalenzen, die mir im Laufe unserer Gespräche immer deutlicher wurden. Vor allem schien mir sein spezifischer Widerstand besonders einleuchtend aus seiner Verarbeitung des NS ableitbar. Aus einer Lebenshaltung war eine Körperhaltung und Anspannung geworden, die *das* Symptom aufrecht erhielt, dessentwegen er zu mir geschickt worden war.

Die offizielle phoniatrische Diagnose lautete: "Mischform einer hyper-hypofunktionellen Dysphonie mit Adduktionsasymmetrie, Verdacht auf inkomplette Mutation." Auf den Phoniater machte der fast 60jährige Patient einen "erheblich vorgealterten Eindruck", er habe eine 68er-Jahre-Ideologie vertreten, sei deswegen innerhalb des Schuldienstes als Lehrer mehrfach versetzt worden. Dem Phoniater habe er versteckte Vorwürfe gemacht, daß er die falschen Fragen stelle, aber sei zurückgewichen, wenn er ihn daraufhin konkret angesprochen habe.

Bei seinem Sprechberuf als Lehrer sollte eine logopädische Intensiv-therapie von sechs Wochen mit Krankschreibung erfolgen. Diese konnte aus organisatorischen Gründen bzw. durch das "schlechte Gewissen" des Patienten, daß seine Schüler nicht gut ohne ihn versorgt seien, erst ein halbes Jahr später beginnen. Bis dahin sollte der Patient beratende oder

---

[6] Präsident des Volksgerichtshofes, der u. a. die Schauprozesse gegen die Widerstands-kämpfer des 20. Juli 1944 veranstaltete.

psychotherapeutische Gespräche bei mir erhalten, falls ich diese indiziert fände und ihn dazu motivieren könne.

Im Erstgespräch wirkt er wach und engagiert einerseits, aber gleichzeitig kaum verständlich nuschelnd und monologisierend. Seine Gesten scheinen mir zurückgenommen, wie verloren, desorientiert. Dabei geht er durchaus bereitwillig auf mich ein, er ist fast distanzlos, wie im Dunkeln tappsend, kindlich sich anbiedernd. Als ich ihn nach der eigenen Sicht seiner Stimmstörung und möglicher psychischer Ursachen frage, bietet er mir gleich mehrere an: Ständige Spannung in der Auseinandersetzung mit Kollegen, die Aggressivität in den Schulklassen; die schlechte Behandlung durch die Ärzte, die schon durch einen Eingriff bei seiner Frau vor 20 Jahren deren Schwangerschaftsfähigkeit zerstört hätten; (plötzlich schluchzend) die Schuldgefühle, die er seit seinem 17. Lebensjahr hat, weil seine Mutter in den Kriegsbrand-Massenbewegungen totgetrampelt worden sei, als sie auf dem Weg war, ihn als jungen Soldaten zu besuchen; überhaupt der Krieg und der Nationalsozialismus, in dessen Sinn er vollständig erzogen worden sei – der Vater sei "auf Arbeit" gewesen, die Mutter habe geputzt, der Patient sei in der HJ untergebracht gewesen und habe dort seine Heimat gefunden.

Als er darüber spricht, liegen Haß, Verzweiflung und Zynismus in seinem Tonfall. Mir bleibt seine Metapher im Ohr: "Sie müssen sich vorstellen, jemand erzählt *Ihnen*, Jesus hätte junge Hunde gefressen! ... Nur, daß Hitler *uns* viel mehr bedeutet hat als Ihnen vermutlich Jesus."

In diesem und den weiteren Gesprächen gewinne ich den Eindruck, daß er dringend psychische Hilfe braucht, um seinen Orientierungsverlust zu bearbeiten. Er selbst hebt hervor, daß er sich von mir gut verstanden fühle, obwohl er sonst ein sehr mißtrauischer Mensch sei, und bringt das mit meinem Interesse an seiner NS-Kindheit in Verbindung. Ich habe den Eindruck, daß eine positive Übertragung stattgefunden hat. Allerdings fragt er immer wieder, ob er weiterhin kommen *müsse*.

Hinter dieser Formulierung arbeiten wir eine Ausrichtung auf Fachleute bzw. Autoritäten heraus, die zugleich mit kraftaufwendiger Ablehnung und Kritik einhergeht. Auch sein bereits erwähntes Pflichtgefühl ist nicht im Einklang mit dem geheimen Wunsch, jemand möge sehen, wie unfähig und schwach er sich in der Rolle als Lehrer fühlt. Am Ende der Behandlung sind noch immer Reste dieser Diskrepanz zu erkennen, als er – trotz Symptomfreiheit – Vorwürfe gegen den behandelnden Phoniater erhebt, weil dieser ihn wieder gesund schreibt.

In mehreren Sitzungen gehen wir von seinen akuten Problemen und Zusammenstößen mit Kollegen aus und kommen dabei auf Zusammenhänge mit dem NS. Er betont, daß er sich zwar spät, aber immerhin überhaupt noch "das Maul verbrannt" habe, statt blind zu gehorchen. Auf konkretes Nachfragen von mir, warum er sich das angetan habe, sagt er: "Sonst könnte ich ja gleich zu den Nazis zurückgehen!"

Um dem Leser die Ambivalenzen des Patienten authentisch zu vermitteln, habe ich längere Passagen einer Stunde in Auszügen transkribiert.[7] Er erzählt zunächst, daß er mit großem Interesse die Bücher der Mitscherlichs studiert habe, aber nicht recht wisse, wie er sie für sich umsetzen könne. Ich schneide dann die Frage an, ob die enttäuschenden Erfahrungen aus dem 3. Reich dazu geführt hätten, daß er sich heute noch zu wenig Ruhe gönne.

P.: Ja, seit ich weiß, was los war – ganz weiß ich es ja noch immer nicht, ich studiere ja immer noch weiter –, halte ich es für eine Riesengefahr, es so zu machen wie wir damals, meine Mutter und meine Familie: Wir haben damals ja nur geschluckt. Und das ist ja eine Eigenschaft, die man heute wieder kultiviert, die jetzt wiederkommt: sich nur mit sich selbst zu beschäftigen.

T.: Ist das der Punkt, der verhindert, daß Sie sich entspannen?

P.: Sicher, und es kann ja immer wieder was Neues kommen, und es kann sein, daß man da irgendwo ganz tief verletzt ist und so eine Hab-Acht-Stellung einnimmt, daß das nie wiederkommt.

Ich versuche, ihm seinen Wunsch oder sein Selbstbild von hoher Verantwortungsübernahme zu lassen, aber den Preis dafür herauszuarbeiten. Er versucht im weiteren, mich zu überzeugen, daß es nur eine Hab-Acht-Haltung oder Erschlaffung gibt.

P.: Ich will es mal in meiner Sprache sagen: Statt Erschlaffung könnte ich auch sagen "Fahnenflucht", also "nach mir die Sintflut", oder "macht Euern Scheiß alleine". Und das meine ich sehr konkret. Sie sehen reihum viele mit einer nazistischen Gesinnung, die sich um sich selbst drehen, die nur sagen: "Also, was kostet mein Bier", oder: "Wo geht der nächste Urlaub hin?" Wenn ich das hochrechne, dann können wir schon wieder mit dieser schönen Nation losgehen. Und das habe ich so grauslich miterlebt, das will ich nicht wieder haben, und das möchte ich keinem wünschen. Und deshalb muß es ein paar Leute geben, die sich dagegenstellen.

T.: "Hab-Acht-Stellung", das ist ja sehr körperlich.

P.: Ist es auch, es sind die körperlichen Schlappheiten, die mir nicht gefallen.

Im weiteren berichtet er von einem umgestürzten Baum in seiner Nachbarschaft, den zunächst niemand forträumte, erst auf seine Initiative hin. Dies geschah dann aber so, daß die abgeschnittenen Zweige den Abflußgraben, der vor Hochwasser schützen soll, verstopften. Er ist empört, daß niemand darauf achtet, *"wenn die Bäume umfallen* oder *wenn die Nazis kommen"*.

---

[7] T = Therapeutin; P = Patient.

P.: Wenn ich merke, das tut kein anderer, soll ich dann den Baum liegen lassen und mich erholen? Das schaffe ich nicht!

T. (lachend): Nein, Sie sollen natürlich trotz ihrer körperlichen Schmerzen und Krankheiten den Baum eigenhändig da wegziehen.

P.: Ja, ja, möchte ich auch, und zwar nur, weil der andere Hund es nicht tut! Wer nimmt denn schon Notiz davon? Wenn ich einen hätte, der es täte, würde ich aussteigen. Das ist eigentlich der Punkt. Wenn ich einen hätte, würde ich die Staffel gerne übergeben und mich dann ins Gras setzen und gesund werden. Und so ist das mit allen Dingen, die ich sehe. Ich sage mir, da kommt gleich der Ersatzmann oder die Ersatzfrau, und Jüngere sollen ja auch tüchtiger sein, nicht!

T.: Wie weit wollen Sie denn gehen, sich aufzuopfern?

P.: Ja, Sie bohren an *mir* rum. Ich bohre aber an der Frage rum, ob man das laufen lassen kann, also ein Drittes Reich wieder cool kommen lassen soll ... Das ist ja schwer zu sagen. Kann man so weit gehen?

T.: Aber lassen Sie uns die Zusammenhänge einmal *genau* angucken. Ist denn der zerstörte Wassergraben für Sie dasselbe wie das Dritte Reich?

P.: Ja, also als Anfang selbstverständlich. Vorbereitend. Denn wenn einer das nicht sieht, sieht er auch keine Stiefel marschieren. Dann sieht er auch keinen Juden totgeschlagen.

Im Verlauf des Gesprächs kommen wir dann von seiner Angst vor Wiederholungen zu dem, was er an Positivem verloren hat. Vor der Hitlerzeit hätten noch ganz andere Klassengegensätze als heute geherrscht. Er habe sich auf dem Gymnasium mit seinem ärmlichen und ungebildeten Elternhaus sehr allein gefühlt.

T.: Vielleicht passen hier zwei Themen zusammen: Hitler hat ja in seinem Programm die sozialen Schranken eingerissen, und er hat ein kollektives Wir-Gefühl angeboten, was darauf aufbaute.

P.: Ich weiß schon, was Sie sagen wollen: Stimmt, das ist der warme Stall, der damals Hilfe gab! Den hab ich dann bei Kurt Schumacher wiedergesucht, als Rückfall in die Barbarei im neuen Gesicht. Da hieß es: "Kurti, Kurti", und das weiß ich noch wie heute: an der Ecke zur Ernst-Merck-Halle, alles habe ich vergessen, aber dieser warme Stall und Kurti und "Hallo, komm Kumpel", das fand ich so angenehm und bin eingetreten. Das ist genau wie damals als Hitler-Junge: auch warm, auch Politik, es hilft dir. Ich war dann nachher frustriert davon, wenn man genau guckt ... Das machst du noch ein paar Mal mit. Ich war auch in der CDU, durchgewandert, enttäuscht. In der katholischen Kirche auch.

T.: Also, Sie haben versucht, dieses tragende Gefühl eines Kollektivs wiederzufinden?

P.: Aber in einem anständigen Verein, will ich mal sagen, also in dem Gegenteil von dem vorher. Aber es ist immer wieder was Frustrierendes dran, weil die *Ideale* nicht eingehalten werden, die Meßlatte.

T.: Sie hatten sich ja einem Typ zugeordnet; ist das jemand mit hohen Idealen?

P.: Ja, und er kann sehr objektiv sein, eben weil er auch kalt ist, weil er gefühlskalt ist.

T.: Was würde denn passieren, wenn er mehr Gefühle zuließe?

P.: Da fällt mir das alles wieder ein, was Sie eben zusammengebunden haben: Mit Gefühl bin ich Nazi geworden, mit Gefühl Sozi und mit Gefühl CDU, und dann immer die kalte Dusche, das Entsetzen, daß das doch nichts ist, völlig umsonst. Ich suche etwas, wo auch eingehalten wird, was die Meßlatte verspricht.

Er erzählt noch eine andere komplizierte Geschichte, bei der er sich ausgetrickst fühlte, obwohl er viel Arbeit uneigennützig investiert hatte.

P.: Und ich frage Sie, was ist eigentlich an mir teuflisch? Es muß doch was sein, was *volksschädlich* ist oder irgend etwas in dieser Richtung. Denn sonst kann doch das nicht so passieren. *Ich will das Beste und habe auch gar keinen Vorteil davon.*

T.: Ich erlebe nichts an Ihnen teuflisch. Aber wenn ich mal mein eigenes Gefühl Ihnen gegenüber angucke, dann nehmen Sie sich selbst ganz schön zurück, oder Sie fordern von sich und anderen sehr viel. Da Sie geschädigt sind durch ein zusammengebrochenes Sicherheitsgefühl in Ihrer Jugend, haben Sie so etwas wie Ideale aufgebaut, die Sie sich selbst ganz unbedeutend fühlen lassen. Anders ausgedrückt: die Inhalte, Werte und Ziele sind sehr wichtig für Sie, und Ihr *eigenes* Gefühl dazu nehmen Sie vielleicht sehr *wenig* wichtig. Sie kriegen vielleicht kleine Hinweise und Bosheiten gar nicht mit, weil es Ihnen um die gute Sache geht, also um das Einhalten der Meßlatte.

P.: Das ist so, ja, das ist so, denn der andere sagt noch zu mir: "Hast du das nicht gemerkt?"

T.: "Ja, hast du das nicht gemerkt?"

P.: Ja, ich bin nicht dumm, ich habe das gemerkt, aber ich wollte das nicht bewerten im Hinblick auf die Sache, die mir wichtiger war.

T.: Ich möchte sehr gerne noch viel mehr über Ihre Kämpfe, über die Art, wie Sie kämpfen, erfahren. Es gibt etliche Kämpfe in Ihrem Leben, das haben Sie schon erzählt.

P.: Ich habe noch nicht alle erzählt, aber es gibt so allerlei, das ist richtig. Zum Thema Kämpfen: da hängt tatsächlich wieder was mit der Nazizeit zusammen, da ist ein Kontinuum, und zwar ist das die Wortübersetzung meines Namens.

T.: Nämlich?

P.: Das Wort stammt ja aus dem Germanischen: *Gunt* ist der Kampf, und *Hari* ist der Herr, Gunt-Hari – Günther.

T.: Und das ist Ihnen während der Nazizeit begegnet?

P.: Ja, da mußte man seine Namensursprünge erkunden, gucken Sie mal in der Nibelungensage nach.

T.: Da haben wir ja offenbar ein zentrales Thema.

P.: Ja, kämpfen und Hab-Acht. Und es ist mir ein Graus, ein Schlaffi zu werden.

Wir beenden die Stunde mit der üblichen Frage, ob und wann er wiederkommen will. Er windet sich und möchte die Entscheidung mir überlassen, entscheidet sich dann aber für eine Fortsetzung der Therapie.

In den nächsten Stunden bearbeitet er die "Gottgestalt" Hitler, für den er "in blutigen Flammen aufgehen" wollte. Die Wahrheit und Hitler seien für ihn eins gewesen. Auch tauchen über den Tod der Mutter hinaus noch andere Schuldgefühle auf: er könne sich nicht verzeihen, daß er damals gegen einen Kameraden ausgesagt habe, der wegen Wehrkraftzersetzung beschuldigt worden war. Seine Verletztheit und seine Wut brechen sich Bahn. Öfter noch stößt er dann auf die Suche nach Ersatz und seine erneuten Enttäuschungen in der Nachkriegszeit. Er spürt, wieviel Kraft ihn der ständige Versuch gekostet hat, seine Erwartungen an andere enttäuscht zu sehen, aber auch, welch überzogene Wünsche er an sie herangetragen hat. Gegenwärtige Probleme mit Schülern und Kollegen rücken dann wieder in den Vordergrund. Es kristallisieren sich in mehreren Rollenspielen der *Realist* und der *Idealist* heraus. Er spürt, daß letzterer schnell an seinen Enttäuschungen zerbricht, daß die Traurigkeit darüber vermieden wird, daß er nicht so wichtig ist, wie er es seinem Ideal entsprechend gerne wäre. In der Orientierung als Realist nimmt er seine eigene Begrenzung wahr, fühlt sich aber auch den anderen näher, in deren Erleben er sich jetzt besser einfühlen kann. Die Suche nach einem Sinn und dann nach *seinem* Sinn läßt ihn zunehmend mehr nach innen horchen. Mir gegenüber weiß er besser, was er möchte, fragt nicht mehr, was denn "objektiv" richtig für ihn sei. Schließlich verabschiedet er sich nach etwa einem dreiviertel Jahr mit der Feststellung: "Ich komme jetzt zurecht. Ich bin etwas traurig, und der 'Idealist' hätte mich abgehalten, Abschied zu nehmen, aber jetzt kann ich gehen."

Inzwischen hat er auch die logopädische Stimmübungsbehandlung abgeschlossen. Sein Stimmbefund hat sich normalisiert.

Abwehr und Bearbeitung bei uns Therapeuten

Perspektivität

Wenn ich mich im ersten Teil meines Beitrages auf Teilaspekte nationalsozialistischer Auswirkungen auf einige meiner Patienten konzentriert habe, so wende ich mich nun im zweiten Teil uns Therapeutinnen/ Therapeuten zu. Dabei enthalten ja die Falldarstellungen sowohl die Perspektive des Patienten als auch meine als Therapeutin. Zum Beispiel geht es bei der kurzen Schilderung mit dem Stichwort "Krieg" dem Patienten thematisch um Kameradschaft; er will mir mitteilen, woher er "wahre Freundschaft" kennt. Ich wende mich seiner Psychopathologie zu, indem ich beispielsweise die Hypothese bilde, daß er von der Bewältigung seines Lebens durch Idealisierung abgehalten werde. Meine eigene Perspektive ist eine ganz andere: In einem Teilausschnitt erlebe ich überwältigende Angst auf einer sehr tiefen körperlichen Ebene; dieses drohende Introjekt muß ich abwehren. Die Folge: Ich lasse einen wirklichen Kontakt zum Patienten nicht zu, obwohl das meine therapeutische Aufgabe ist, um ihn in seinem Heilungsprozeß zu unterstützen. Der Patient deutet zusätzlich an, er erwarte gar nicht, daß ihn jemand versteht. Wie subjektiv-perspektivisch unsere Deutung von Wirklichkeit ist, die aber zugleich auch durch die Perspektive des anderen beeinflußt wird, zeigt mir das Beispiel mit dem Stichwort "Hab-Acht". Lag mein Schwerpunkt zunächst bei dem Wunsch, dem Patienten bei der Bearbeitung seiner Symptome zu helfen, indem ich ihm zeigen wollte, daß seine belastende Geschichte ihn *jetzt* doch nicht mehr unter Druck setzen müsse, so geriet ich mit diesem einfachen Ansatz ins Schwanken, wenn er mir dringlich die auch von mir erlebte Gefährdung unserer Lebensbedingungen durch verantwortungslose Politik vor Augen führte. Mein ganz persönliches "schlechtes Gewissen" fängt hier an zu schlagen.

Bei näherem Hinsehen gucke ich in die traurigen Augen meiner Eltern, besonders meines Vaters, der auf meine frühen Fragen nach seinem Erleben des NS glaubwürdig und leise gestand, daß er nicht viel an Widerstand gedacht habe, weil er ihm keinerlei Chance einräumte. Als er dann eine zweite Aufforderung, in die NSDAP einzutreten, verweigerte, kam eine Woche später die Berufung an die russische Kriegsfront. Für mich heißt das: Resignation und ebenso aufrechtes politisches Handeln werden bestraft und mit einem Preis bezahlt, der ein tödliches Risiko einschließt.

Diese mehr oder weniger unbewußte Einstellung zur Politik als eine kollektive Reaktion zu begreifen, halfen mir die Mitscherlichs: Sie schildern es als "deutsche Art, das Unerreichbare kompromißlos so zu lieben, daß das Erreichbare darüber verloren geht." Sie sprechen sogar von einer "Orientierung am Unwirklichen" (Mitscherlich, A. u. M. 1970, S. 18). Sie argumentieren weiter: Da die meisten Bürger dieses Landes mit dem Rassismus und der Herrschaftsideologie des NS einverstanden waren, verloren sie mit dem Untergang des Regimes ihre Orientierung. Diese Leugnung und Abwehr von Schuld "hat Spuren im Charakter hinterlassen" (S. 22). "Da, wo wir höchste Aufmerksamkeit erwarten dürfen, stoßen wir auf Indifferenz. Die Anteilnahme an all dem, was einer aufgeklärten Öffentlichkeit am Herzen liegen sollte, ist relativ gering" (S. 18). Die Autoren betonen, wie wir uns zu einer apolitisch konservativen Nation entwickeln, der es an *Neugier* mangelt, wenn es um die Erforschung der Motive geht, die die Deutschen zu Anhängern dieses Führers werden ließen. Derselbe Mangel an Neugier wirkt sich in geringerer Kreativität auf die Neugestaltung unserer Staatsform aus. Sie beschreiben weiter, daß wir zwar den demokratischen Staatsgedanken nicht ablehnen, " ... man kann aber auch wenig mit ihm anfangen, weil man ihn, psychologisch gesprochen, nicht libidinös zu besetzen versteht" (S. 21). Treffen diese Gedanken besonders gut auf die Interpretation des obengenannten Patienten zu, so wird mir zunehmend bewußt, daß diese Einstellungen teilweise auch bei mir und allgemein in der nächsten Generation weiterwirken, und auch, wie wenig bisher eine Auseinandersetzung innerhalb der Berufsgruppe stattgefunden hat, die sich mit Bewußtmachungsprozessen par excellence befaßt: bei uns Psychotherapeuten.

Spaltung von individuellem Erleben und gesellschaftlichem Einbezug

Charakteristischen Anteilen meines eigenen Erlebens begegnete ich wiederholt in Weiterbildungsseminaren von angehenden Psychotherapeuten[8]. Das Lernziel einer Ausbildungseinheit besteht darin, auf dem Wege der Selbsterfahrung den Einfluß gesellschaftlich konkreter Bedingungen wahrzunehmen und im Spiel auf der Gefühls- und Handlungsebene zum Ausdruck zu bringen. Damit wollen wir die Bedingtheit individuell psychischen Erlebens durch kollektive Hintergrunddaten bewußt machen, aber auch die Möglichkeit individueller Einwirkungen auf kollektive Ausgangsbedingungen erarbeiten lassen. Wir bieten ein *Planspiel* an, in dem verschiedene gesellschaftliche Gruppierungen durch Teilnehmer des Seminars vertreten sind. Dazu wird als Ausgangslage ein konkreter Konflikt induziert, der von den verschiedenen Gruppierungen im Spielprozeß gelöst werden soll. Trotz Variationen bei der Gestaltung des Spiels und obwohl wir zu Beginn unsere Erfahrungen mit früheren Spielen berichten und die Teilnehmer nach Lösungen suchen lassen, eskaliert das Spiel regelmäßig in eine rigide Konstellation, in der sich, vereinfachend dargestellt, folgende zwei Positionen zeigen:

Die einen haben die Macht, aber werden in schuldhaftem Unrecht erlebt; die anderen versuchen, sich aus ihrem Ohmachtsgefühl mit kontaktlosem Aktionismus zu befreien (wenn sie nicht resignieren). Alle Gruppen (mit Ausnahme weniger Einzelner) erleben zu Beginn des Spiels eine eher lustlose Einstellung, die sich beim Aufarbeiten als Resignation vor politischer Auseinandersetzung erweist. Viele betonen, daß sie in realen politischen Engagements gescheitert sind und daß sie die Verlogenheit der politischen Auseinandersetzungen nicht mehr ertragen wollen. Einige erkennen zwar, wie wichtig es wäre, über eine rein am Individuum ansetzende Änderung hinauszugehen, aber politischen Lösungsversuchen sehen sie ohne Hoffnung entgegen.

---

[8] Es handelt sich um das am Fritz Perls Institut durchgeführte Seminar Theorie I, in dem der Schwerpunkt auf den Prämissen der Gestaltpsychotherapie liegt.

Wie sehr unsere Auseinandersetzungen mit Autoritäten und Macht ihre Wurzeln in der Zeit des NS haben, wurde mir bei der Betreuung einer Graduierungsarbeit[9] deutlich. Die Kollegin war an dem Thema des Identitätsverlustes durch den Zusammenbruch des Dritten Reiches bei einigen ihrer Patienten interessiert, weil sie Probleme hatte, mit den ihr anvertrauten Alkohol-Patienten weiterzuarbeiten. Sie erlebte Patienten bestimmter Jahrgänge, von denen sich herausstellte, daß sie in ihrer Kindheit und Jugend eine besonders intensive Förderung durch die national-sozialistischen Bildungseinrichtungen (NAPOLA) erfahren hatten, als auffällig identitäts- und rückgratlos. Sie "biederten" sich ihr mit ihrer therapeutischen Autoritätsrolle emotionslos-mechanisch an. Erst als sie plötzlich und eher zufällig die Qualität der Abwehr bei einem Patienten begriff, weil sie sie aus ihrer eigenen Geschichte mit Autoritäten wiedererkannte, war der Bann gebrochen und die Möglichkeit des Verstehens angebahnt.

Die Methodik der Arbeit umfaßte schließlich vier deutlich unterscheidbare Ebenen, die in einem Prozeß wechselseitiger Beeinflussung erkennbar wurden: (1) Die Geschichte der Patienten, die abgewehrt werden mußte, solange (2) die eigene Geschichte nicht bearbeitet war; darüber hinaus (3) die fehlenden Informationen zum Verständnis der spezifischen historischen Phänomene und (4) die Suche nach erklärenden Theorien und Modellen aus Soziologie, Psychologie, Psychoanalyse und Psychopathologie.

Die Auseinandersetzung mit dieser Arbeit lehrte mich viel. Nicht nur hat die Autorin eine Fülle von reichhaltigen geschichtlichen Daten, die ich in meiner Schulzeit nie erfahren habe, gesammelt. Dazu gehört neben der Beschreibung veränderter Familienstrukturen die des akribisch ausgefeilten Schul- und Lehrerbildungssystems der Nazizeit. Nicht nur in den NAPOLA, sondern auch im Lehrstoff "normaler" Schulen hatte die Naziideologie breiten Fuß gefaßt. Selbst in Mathematikschulbüchern wimmelte es von makabren Textaufgaben, in denen z. B. die volkswirtschaftliche "Ausbeutung" durch jüdische Familien als inhaltliches Material zum Erlernen des Dreisatzes benutzt wurde! Oder sie stellt dar, wie neben der Schule als öffentlichem Einflußbereich die Vereinsarbeit (im Jungvolk und in der Hitlerjugend) strukturiert war und wie über die Heranwachsenden bereits früh ein engmaschiges Netz von Dressurakten gestülpt wurde. Daß dies geschickt an echte Bedürfnisse von Kindern und Jugendlichen angeknüpft hat, macht heute die Auseinandersetzung mit dem Regime nicht leichter, es fordert vielmehr eine Theoriebildung heraus,

---

[9] Zum Curriculum des Fritz Perls Instituts gehört ein wissenschaftlicher Beitrag aus dem Bereich integrativer Einzel- oder Gruppentherapie. In diesem Fall handelt es sich um die unveröffentlichte Arbeit von Jutta Erhardt.

was denn echte und was manipulierte, was gesunde und was schädigende Bedürfnisse sind, und es führt konsequent zu der Frage der Wertungen in *sozialen* Gruppen. Die Autorin beschreibt die enge Verknüpfung von Ideologie und Organisation, durch die eine Sinnstruktur geschaffen und Identität konstituiert werden sollte. Dabei wird die ambivalente Funktion von hierarchischen Strukturen und der "Gewinn" von Befehlen und Gehorchen für die Zeit damals, aber auch für die heutige Organisation (z. B. von Sportgruppen) herausgearbeitet. Der einzelne ist nur Teil des Ganzen, er hat kein individuelles Selbstkonzept. Die Ideologie gibt ihm feste Zuschreibungen als Mann, Frau, Arier ... Ein entsprechender Identitätsverlust beim Zusammenbruch des Systems ist die Folge.

Spitze des Eisbergs (ein kurzer Workshop)

Aus diesen Vorerfahrungen erwuchs die Vorstellung, Personen anzusprechen, die sich vielleicht mit einem ähnlichen Konfliktbewußtsein auseinandersetzen. Der Rahmen eines Kongresses[10] zum Thema Ethik und Psychotherapie bot sich an. Wir[11] ließen das Thema mit einer Einladung an die Therapeutinnen und Therapeuten ins Programm nehmen, die mit "NS-geförderten und NS-geschädigten Patienten" arbeiten. Mit dieser Spezifizierung wollten wir mögliche Interessenten direkt in ihren Therapiekonflikten ansprechen. Im Programmtext formulierten wir die Fragen: "Welche Ziele habe ich mit ehemaligen 'Tätern'? Ist Verstehen und Verständniszeigen ein angemessener Umgang? Sind meine Rache- und Strafbedürfnisse vereinbar mit meiner therapeutischen Identität?"

Von der Kongreßorganisation wurde uns ein "Arbeitskreis" von zwei Sitzungen mit je eineinhalb Stunden zugeordnet. Wie sich herausstellte, war die eher theorieorientierte Form eines "Arbeitskreises" unangemessen, da bald eine emotional sehr dichte Atmosphäre entstand und die Teilnehmer sich sehr persönlich einbrachten. Bei der Anmeldung hatten zwar nur wenige ihr Interesse bekundet, diese wenigen wollten aber offenbar unbedingt teilnehmen. Die Intensität der persönlichen Betroffenheit führte dann sogar dazu, daß weitere Interessenten für die zweite Sitzung von der Gruppe kategorisch abgelehnt wurden. (Zum Atmosphärischen drängte sich mir eine persönliche Assoziation auf: Als trotz unserer Zurückweisung immer wieder Neugierige den Raum betraten, kam die Gruppe auf die Idee, sich regelrecht zu verbarrikadieren, so daß ich mich wie in einer illegal arbeitenden Untergrundgruppe fühlte. Andere Teilnehmer teilten diesen Eindruck.)

Eine Überraschung in der anfänglichen Vorstellungsrunde bestand darin, daß kein einziger Teilnehmer auf unseren eigentlichen Ausschrei-

---

[10] 2. Europäischer Kongreß für Gestalttherapie in Mainz, 25. bis 28. September 1986.

[11] Neben der Autorin: Rik van den Bussche, der über das Gesundheitswesen im NS forscht.

bungstext "paßte". Es wurde als Ausnahme höchstens einmal formuliert, daß der Betreffende einen Bogen um das NS-Thema mache, sobald es in Therapien auftauche, aber als Therapeuten hatten sie weder mit "Tätern" noch mit "Opfern" gearbeitet (bzw. dies in dem Workshop nicht thematisiert). Vielmehr war für alle die persönliche Relevanz im Vordergrund, und zwar auf sehr unterschiedliche Weise: Viele Therapeuten hatten als Kinder ihre Eltern offen mit dem NS identifiziert erlebt und waren damit nicht zurechtgekommen. Bei einem Teilnehmer, der links-extreme Aktivitäten entwickelt hatte, war z. B. deutlich ein gequälter Zynismus zu spüren, als er erzählte, wie in seinem Heimatdorf einmal eine Bäuerin wohlwollend die Parallele zwischen seiner und des Vaters und Onkels "politischer Begabung" gezogen hatte.

Einige litten "nur" unter der Tabuisierung, die zuhause vorherrschte, und drückten deutlich die Trauer über die Kontaktlosigkeit und die fehlende Auseinandersetzung in der eigenen Familie aus. Darüber hinaus gab es einzelne, die in großer Ambivalenz zu den Werten und der Ideologie der Nazizeit standen. Eine Teilnehmerin weinte über ihre verlorene Kindheit, und sie glaubte, wichtige und schöne Erinnerungen an das Gemeinschaftsleben, an die Rituale im BDM[12] mit dem Untergang des Regimes entwerten zu müssen. Sie schilderte mit einer Art mutigem Trotz, daß sie noch gar nicht genau wisse, ob sie dazu überhaupt bereit sei. Schließlich habe jeder – und so auch sie – ein Anrecht auf eine Kindheit.

Neben diesen Aussagen hat vor allem der Beitrag eines anderen Teilnehmers große Betroffenheit in der Gruppe ausgelöst. Er war in den 50er Jahren geboren und hat sich in einer Neo-Nazigruppe engagiert. Von ihr distanzierte er sich zwar jetzt *verbal*, geriet aber in ein leidenschaftliches Plädoyer für das Angebot von Wertvorstellungen, wie er sie von den Neo-Nazis bekommen hatte und in einem sinnentleerten, konsumorientierten Elternhaus schmerzhaft vermißte.

Auf der emotionalen Ebene war in der Gruppe viel Trauer und Wut, und auch Angst und Scham zu spüren. Wir kämpften immer wieder gegen die vereinfachende Spaltung in Gut und Böse und spalteten dabei uns selbst: Als wir herauszufinden versuchten, wer denn eigentlich ein "echter" Nazi (gewesen) sei, entstand eine Gruppe, die sozialpsychologisch zu argumentieren versuchte (z. B. durch persönliche Frustrationen wie Arbeitslosigkeit entstünden Aggressionen, die sich am Schwächeren entladen), während andere eine historische Objektivierung versuchten, in der das Ausmaß der Schreckensinhalte und -taten nicht abgeschwächt werden konnte, indem sie zugunsten möglicher Motive in den Hintergrund gedrängt wurden. Wir arbeiteten heraus, daß die Schwarz-Weiß-Einteilung in Gute und Böse eine primitive Abwehrform, die Abspaltung der unfaßbaren Inhumanität darstellt.

---

[12] Bund Deutscher Mädel, Jugendorganisation für die 14- bis 18jährigen.

Auf der Suche nach weiterhelfender Literatur diskutierten wir Alice Millers Thesen in ihren Kommentaren zu Hitlers Autobiographie. Sie arbeitet heraus, daß das "Verfolgen" auf "abgewehrtem Opfersein beruht" und "daß das bewußte Erlebnis des eigenen Opferseins mehr vor Sadismus, d. h. vor dem Zwang, andere zu quälen und zu demütigen, schützt als seine Abwehr" (Miller 1983, S. 230). Sie schafft damit ein Verständnis der Zusammenhänge über mehrere Generationen hinweg, das uns helfen könnte, einfache Reaktionsbildungen zu vermeiden. Besonders relevant aber scheinen mir ihre Ausführungen für unsere therapeutische Haltung zu sein, wenn sie den Unterschied zwischen dem "Ausleben eines Hasses im Gegensatz zum Erleben" herausarbeitet. Das Erleben beschreibt sie als eine intrapsychische Qualität, während das Ausleben auf der Handlungsebene stattfindet und "anderen Menschen das Leben kosten kann" (S. 231).

Die Zeit für gründlichere Analysen und vor allem für eine emotionale Bewältigung reichte natürlich nicht aus. Das zeigte sich symptomatisch in den aufgebrachten Sätzen einer Teilnehmerin auf einzelne Äußerungen in der zusammenfassenden Endrunde, bei der als eine der Erbschaften des Naziregimes der Verlust auch vieler schöner Erinnerungen und Traditionen sowie des Stolzes auf eine hoffnungsvolle Gruppenzugehörigkeit bedauert worden war. Ihre Antwort lautete etwa folgendermaßen: "Also, ich habe hier zwar mitgemacht, weil ich weiß, wie wichtig unsere Vergangenheitsbewältigung ist, aber ich distanziere mich energisch davon, daß an der Nazizeit und an der Naziideologie irgendein Fünkchen Positives ist. Ich will nie bei einer Gruppe mitgemacht haben, die zu diesem Ergebnis kommt."

Mut zur Vertiefung (Interview)

Als letztes möchte ich von einem Kontakt zu einer Kollegin berichten, der ich von dem obengenannten Workshop erzählte und die daraufhin ein Interesse bekundete, mit mir ihre eigene Geschichte als "Betroffene" durchzusprechen. Betroffen war sie in ihrer Doppel-Identität als Patientin (im ursprünglichen Sinn von "Leidender") als auch in der ihr selbst bewußten Position einer "Privilegierten" in dem Sinne, daß sie durch ihre lange und vielseitige Ausbildung zur Therapeutin erfahren hat, welche Möglichkeiten der Verarbeitung ihr sowohl in ihrer Lehranalyse als auch in der theoretischen Ausbildung zur Verfügung standen. Als Tochter eines höheren Beamten in der Zivilverwaltung einer Region im Generalgouvernement[13] fühlt sie sich als Betroffene.

---

[13] Im Oktober 1939 aus den von den Deutschen okkupierten Territorien (Zentral-)Polens geschaffenes Verwaltungsgebiet, an dessen Spitze der in Nürnberg hingerichtete Hans Frank stand.

Ich führte ein Gespräch mit ihr, das mich auf verschiedenen Ebenen berührte. Es war ihr durchaus anzumerken, daß es sie einige Überwindung kostete, sich meinen Fragen und damit einer Offenlegung sowie einer möglichen Veröffentlichung ihrer tiefsten Scham- und Angstgefühle auszusetzen. Aber gerade weil sie in ihrem noch laufenden Auseinandersetzungsprozeß gemerkt hat, wie wichtig das Verständnis und Eingeständnis eigener Betroffenheit ist, überwog ihr Interesse und ihre Bereitschaft. Später beschreibt sie ausführlicher, daß sie Angst hatte, "die Sachen zu benennen, weil ich ganz schnell von Freunden hörte: 'Gott sei Dank war *mein* Vater...'! Wenn du auf der Gegenwartsebene einsteigst, bist du ganz schnell bedroht von der Abwehr der anderen ..., die das alle nicht so meinen ..., keiner meint es böse!" Sie traf dann aber in einer Arbeitsgruppe auf Freunde, "die wußten in ihrem Herzen, wovon ich redete". Zu diesen nahm sie noch einmal engeren Kontakt auf und erfuhr, "durch welchen Hexenkessel ihrer Aufarbeitung sie gegangen sind". Sie schildert, das sei schon die zweite solche Erfahrung mit Menschen, mit denen sie schon jahrelang zu tun hatte. "Jetzt komme ich mir langsam schon mutig vor. Nur dadurch, daß ich etwas *einbringe*, kommen die anderen auch und sagen: 'mein Vater war das und das ...'. Es ist so wichtig, daß wir uns gegenseitig schützen und Mut machen."

Die Geschichte ihrer Auseinandersetzung reicht weit zurück, bewußt in die Schulzeit, als sie aus dem Geschichtsunterricht Fragen mit nach Hause nahm, auf die sie aber nur unvollständige Antworten bekam. Durch die Therapieausbildung seit 1973 erreichte die Auseinandersetzung eine neue Qualität. Bei verschiedenen therapeutischen Arbeiten erlebte sie bis in die Gegenwart massive Körperreaktionen und Gefühle, von denen sie weiß, daß "die nicht lügen!" "Mein Körper irrt nicht." Sie erlebte Todesangstzustände und Panik, oft eine Atmosphäre von Eis und Kälte. Sie schildert plastisch den Konflikt zwischen ihrer Angst und der Hoffnung auf Externalisierung.

Wichtig ist ihr, daß die Therapeuten mit ihr über ihre Grenzen gingen, dabei aber ihre eigenen Grenzen beibehielten. "Sie gaben mir das Gefühl, daß sie mit in meine Irre gehen konnten, weil sie selbst größere Räume hatten. Ich konnte laut schreien vor Angst; sie konnten immer wieder die Realität einfädeln, wenn ich ins Magische abdriftete." "Ich hatte Angst vor dem Ausflippen, aber es wurde kein Ausflippen, sondern ein Zulassen." "Er (ein Therapeut) gab mir einfach Schutz, er selbst ist angstfrei und stabil. Er kennt Tod und Leben und geht so abgegrenzt mit sich um, daß nie eine Konfluenz entstand. Er gab einfach Wärme, hielt nichts zurück, und er blieb ganz irdisch, ganz konkret. Es kam keinerlei Ideologie." Einmal spürte sie in der körpertherapeutischen Arbeit durch den Kontakt mit ihrem Therapeuten von außen eine dicke Schicht der Sicherheit ("etwa 10 cm dick"), die nach innen in immer unerträglichere Angst überging. Aber sie konnte zur Schutzschicht zurückkommen. Manchmal traten Bilder auf (in ihr Vorbewußtes, wie sie sagt), z. B. von Partisanen, Offizieren.

Es ist ihr nicht so wichtig zu wissen, ob diese Bilder real von ihr wahrgenommen (sie ist 1940 geboren) oder in der Nachkriegszeit über die Medien an sie herangetragen worden waren.

So wenig ihr Körper in seinen Ängsten irrte, so sehr spürte sie auch die Widerstände im Körper, selbst wenn sie motiviert war weiterzukommen. Sie wußte, wie sehr sie ihr eigenes Tempo braucht, um die Konfrontation mit ihrer Geschichte zulassen zu können. Immer wieder mußte sie in ihrer Analyse ihr Mißtrauen überprüfen, immer wieder zeigte ihr der Therapeut die reale Verläßlichkeit seiner Anwesenheit, immer wieder erlebte sie, daß sie ihrer Wahrnehmung trauen kann. Denn hier liegt wohl die erschreckendste und tiefste Verletzung in ihrer Geschichte: Sie durfte ihrer Wahrnehmung oft nicht trauen, sie bekam Erklärungen, die einfach nicht stimmen konnten. Sie erinnert sich als ein lebendiges und schwieriges Kind, weil sie so fragefreudig gewesen sei. Gleichzeitig erlebte sie Depressionen durch die fehlenden Antworten. "Das macht verrückt – dabei war die Gegenwart, in der ich lebte, verrückt. Die Leute haben mit dem Hintergrund eines preußischen Ehrenkodex Hunderte von Menschen erschlagen und umbringen lassen. Da ist doch nicht das Kind verrückt, das fragt: 'Warum hängt der Mann an der Straßenlaterne?' " In dieser Diskrepanz zwischen Gesehenem und den verabreichten Antworten lag der Kern zum Verrücktwerden, "das war lange eine meiner tiefsten Ängste."

Die Eltern gingen mit ihren Fragen unterschiedlich um. Als sie die Mutter in ihre – in der Therapie erlebten – Todesängste einweihte und ihr von ihrer tiefen Not erzählte, "sagte sie auf meine konkrete Frage, was da gewesen sein könnte, – und dabei gefror sie zu Eis, wurde absolut unnahbar: 'Ich habe euch nie unbeaufsichtigt gelassen!' Das war ihr einziger Kommentar; und das setzt natürlich eine Hölle in Gang! Ich zeige ihr nicht noch einmal, wie es mir geht. Wenn ich mich öffne, kriege ich Eis reingekippt." "Meine Mutter wird heute noch böse in ihrem Blick, wenn sie sich über meine Neugier äußert. Sie fühlt sich durch meinen Wissensdrang bedroht. Sie kann sich nicht freuen an der Intelligenz und Fragefreudigkeit ihres Kindes. Daß sie uns Kinder damals geschützt hat, das sehe ich vielleicht noch ein, aber daß sie *jetzt* schon die Andeutung einer Frage in eine Sperre bringt! Und dann kommt so eine Art '*Macht*ausübung', da muß man ihr gegenüber *gehorsam* sein. Da kann sie ihre Generationsbarriere nicht überschreiten. Da zieht sie sich dann hinter ihre Autorität zurück. Da kann sie nicht mehr von Frau zu Frau mit mir reden, was sie bei anderen Themen sehr schön kann. Sie schaltet dann einfach auf Macht. Natürlich dient das der Abwehr, und ich frage mich: Was wehrt sie da ab? Ich habe tausend Spuks im Kopf ... (welche?). Natürlich weiß sie, – aber was? Verdammte Kiste."

Bei den erregten und verzweifelten Äußerungen meiner Kollegin wird mir klar, wie sie über das therapeutische Bearbeiten ihrer Situation hinaus zu einem weiteren Mittel der Verarbeitung gefunden hat: *dem Aufarbeiten der Fakten.* Sie recherchiert seit kurzer Zeit akribisch alle historischen

Daten, die sie finden kann, um damit der Wahrheit – und ihrem unverrückten Selbst – näher zu kommen. "Das kann ich nicht als Kind finden, das kann ich nur als Historikerin finden." So rekonstruiert sie z. B. Umzüge und Repräsentationsaufgaben der Mutter, um festzustellen: "Da hat sie wenig Zeit für uns Kinder gehabt, das kann mir keiner weismachen." Oder sie erschließt durch die Nachzeichnung der Reisewege ihrer Mutter, was sie an Kenntnissen über den Umgang mit Partisanen gewußt haben muß. Sie möchte vor allem das Atmosphärische erfassen, in dem sie groß geworden ist, das durch den Raum ihrer Familie und durch den politischen Raum geprägt wurde. Dazu sucht sie reale Ansatzpunkte, Daten, Namen, Landschafts- und Häuserbeschreibungen ... Sie will finden, worüber nicht geredet wurde.

Das Verhältnis zum Vater (gestorben Mitte der 80er Jahre) und die Auseinandersetzungen mit ihm gestalten sich anders. Zwar liegt auch hier noch vieles für sie im Dunkeln, aber die Abwehr, sich auf eine Auseinandersetzung einzulassen, ist eher dadurch motiviert, daß sie eine ganz positive und fördernde Zuwendung durch ihn erlebt hat und diese nicht mit seinen vermuteten Aufgaben in der NS-Zeit verbinden kann. Sie nimmt an, daß er als Jurist Anordnungen von Frank und seinen Gouverneuren durchführen mußte. Im Gespräch mit mir sagte sie zweimal im Zusammenhang mit ihrem Vater, wie sehr ihr zum Heulen zumute sei, ohne daß sie den Grund ausdrücken könne, und dann später: "Jetzt kann ich es formulieren: den habe ich einfach lieb. Er war so ein warmer Mann. Bis zuletzt hatten wir einen engen Herz-zu-Herz-Kontakt. Um so schwerer ist es, diesen Schatten anzuschauen."

Sie schildert, wie sehr sie mit ihm identifiziert sei, der sich allen Auseinandersetzungen stellen wollte, der nach dem Krieg sie und ihre Geschwister einlud, sich über die NS-Zeit auseinanderzusetzen, um "aus der Geschichte zu lernen". Es seien fast philosophische Gespräche gewesen, die ihr sehr wichtig waren. Aber wenn Fragen zu seinen konkreten historischen Erfahrungen und zu einem bestimmten Zeitabschnitt kamen, sei er dekompensiert: "Er stand da und schlotterte mit dem ganzen Körper und weinte, und wir konnten weiter nichts mehr erfahren. Manchmal sagte er: 'Ich weiß einfach nicht mehr, was ich da gesehen habe'. Nach 1945 ist er ja oft dekompensiert, insgesamt wohl in 32 manisch-depressiven Schüben ... Ich meine, daß er die Barbarei der SS gesehen haben muß. Die Hälfte der Stadt ist pogromiert worden, die Hälfte waren ja Juden. Ich habe das Bedürfnis, da heranzukommen; ich weiß, ich bin sehr identifiziert mit Vater. Ich habe ihn ja auch sehr geliebt, und ich war seine Lieblingstochter. Es ist wie eine Schallmauer. Nur kann ich sie nicht durchbrechen, ich kann sie nur durchdringen. Ich will nicht selbst daran zerspringen. Ich schaffe mir gerade mein Netz. Ich brauche Zeit. Ich muß sehr auf meine Belastbarkeit achten. Beim Vater war es eine Bilderamnesie, aber keine Körperamnesie, sonst hätte er nicht so geweint."

Sie steht in ihrem Prozeß wohl vor diesen letzten "Enthüllungen", die gleichzeitig komplizierter Einordnungen bedürfen. Einmal während unseres Gesprächs erlebe ich sie besonders verwirrt und blockiert. Sie hatte einige kritische und distanzierende Äußerungen über ihren Vater getan. Sie erinnerte die Szene, wie sie als Studentin die Arbeit eines farbigen Freundes korrigieren half und ihr Vater sich demonstrativ von ihrem Tisch wegsetzte; oder sie erregte sich über seine idealisierende Schilderung der "Aufbauarbeit" im Generalgouvernement, ohne daß er dabei gesehen hätte, daß dem ja Krieg und Zerstörung vorangegangen waren.

Aber dann tauchten plötzlich Bilder seiner eigenen Kriegsgefangenschaft bzw. Internierung und der deprimierenden Zeit auf, in der er noch nicht "entnazifiziert" war. Und sie kann kaum mehr ihre kritische Einstellung ausdrücken, ohne sich unsolidarisch zu fühlen mit dem geliebten kranken Vater. Sie erlebte ihn ja in der Nachkriegszeit "wie geläutert, jemand, der alles tat, um seine Orientierung wiederzufinden." "Das schwierigste ist, mit all den Brechungen fertig zu werden." Dann beschreibt sie, wie ihr klar geworden ist, "daß an den Märchen, in denen ein Schloßherr noch jahrhundertelang als Geist herumspukt, etwas dran ist! Und es muß immer irgend jemanden geben, der den Schlüssel findet, um den Geist zu erlösen. Und dann geschieht etwas, und dann hat er seine Ruhe und kann wirklich sterben."

Ich bin fasziniert von diesem Bild, und während ich mich leise frage, wie lang wohl ihr Weg noch unruhig und voller Angst sein wird und wieviel spukende Schlösser es in unserem Land gibt, sagt sie: "Ganz langsam komme ich zu einer Art Wissen: ich kann nicht alle betrauern, es sind zu viele, und ich bin zu klein."

Als ich (beim Schreiben des Artikels) die Kollegin anrufe, um sie zu fragen, ob sie die Auszüge aus unserem Gespräch angemessen dargestellt erlebt, erzählt sie, daß sie noch in der Nacht nach unserem Interview unter Aufwendung all ihren Mutes die Kraft fand, die genauen historischen Daten zu einer bestimmten Phase zu rekonstruieren. Sie fügte in den Raster ihrer selbsterstellten Biographie das ein, was ihr vorher nicht möglich gewesen war und was in der Familie als höchstes Tabu galt: Sie stellte fest, daß in der ersten Amtszeit ihres Vaters in der polnischen Stadt auf einem Friedhof 10 000 Juden umgebracht worden und weitere Pogrome gefolgt waren. Jetzt, da sie das Ausmaß seiner Ohnmacht und Fassungslosigkeit begreifen könne und sogar meine, daß er mit seinen psychischen Dekompensationen auch die Familie geschützt habe, sei eine Art von Ruhe in sie eingekehrt, die ihr wohl für die nächste Zeit die Kraft gebe, ihren Weg weiterzugehen.

Schlußgedanken

Warum verstehen, was ich ablehne? Durch die Rolle der Therapeutin, zu deren Selbstverständnis einfühlsames Verstehen gehört, und durch die Rolle der von Krieg und anderen Folgen des nationalsozialistischen Schreckensregimes schockierten Staatsbürgerin befinde ich mich in einem Konflikt, der bisher wenig thematisiert wurde: die Täter von damals als die "Patienten" von heute *verstehen*?

Die Angst vor Mißverständnissen oder vor Undurchdachtem beim Überschreiten der damit verbundenen Tabus ist mir deutlich fühlbar. Vielleicht korrespondiert sie mit der der Täter, die sich "soweit bekannt ..., nie ... einem Analytiker gestellt[14] haben" (Der Spiegel Nr. 6, 1987, S. 80). Bei einigen der oben erwähnten Patienten handelt es sich zwar nicht um "Freiwillige", die einen Leidensdruck mit dem NS bearbeiten wollten. Doch über die medizinische Symptomatik wird sicher mancherorts die Spitze eines Eisberges sichtbar, dessen Basis in bedrohlicher Weise zur unbewältigten NS-Vergangenheit führt und der nicht nur Täter extremer Verbrechen betrifft, sondern mehr oder weniger ein ganzes Volk. Hier geht es nicht mehr nur um Vergangenes, sondern um Gegenwart und Zukunft. Sichrovsky schreibt, daß heute die Enkel der Täter auf den Universitäten studieren und daß deren Eltern es verpaßt hätten, "aus der Geschichte der Täter zu lernen. Das Schweigen der Täter kann zu einer Art Zeitbombe werden" (zit. n.: Der Spiegel, ebd.).

Ob Verstehen auch Veränderung bewirkt, mag dahingestellt sein; aber Veränderungen herbeiführen zu wollen, ohne die Zusammenhänge und ihre jeweiligen Vertreter zu verstehen, kann zu blindem und destruktivem Handeln führen. So sieht der Psychoanalytiker E. Simenauer "in einigen Terroristen eine Art Wiederkehr der Verfolger von einst" (zit. n.: Der Spiegel ebd., S. 77).

Die massiven Probleme der Täter mit ihrer Kindheit und Jugend und dann der Kinder der Täter sind Hauptthema dieses Artikels. Viele Themen sind nicht angesprochen, obwohl sie zu den Auswirkungen des NS gehören. Am meisten Scheu, den Tätern Verständnis entgegen zu bringen, habe ich gegenüber den Opfern oder ihren Nachkommen, obwohl sie der entscheidende Grund für eine Beschäftigung mit diesem Themenkomplex sind.

Wenn ich trotzdem dafür plädiere, dann vielleicht auch aufgrund der Lektüre eines Artikels von H. Klein, verstorbener Professor am ehemaligen Eytanem-Hospital in Jerusalem, der über die Folgen und Bewältigungsmechanismen des Holocaust geforscht hat. Er beschreibt nicht nur die Zeit des Holocaust, sondern auch die danach: "Wir haben festgestellt, daß die Bedürfnisse der Überlebenden nach Reintegration und Liebe oft

---

[14] Der Begriff "gestellt" spricht allerdings für sich; er stammt aus einer kriminalistischen und nicht therapeutischen Sprache.

ignoriert wurden, weil die Gesellschaft aus übermächtigen Schuldgefühlen sie verleugnete, mied und ihnen aus dem Weg ging. Die Opfer mußten erkennen, daß sich die Allgemeinheit unfähig zeigte, ihren Bedürfnissen entgegenzukommen. Ihre utopischen Träume wurden .von einer Gesellschaft modifiziert, die selber kraftlos war, in Angst und Furcht vor Selbstzerstörung – weil sie sich mit ihren eigenen aggressiven Regungen konfrontiert sah" (Klein 1986, S. 161).

Ich begriff: Die zusammengebrochene Pseudostärke der Machthaber erwies sich als schlechtes Fundament für die Bewältigungschancen der überlebenden Opfer. Nur durch Verstehen und Aufarbeiten der Störungen beim Täter und der ihn hervorbringenden Gesellschaft würden vielleicht auch die Opfer eine angemessene Beachtung finden.

Literatur

Der Spiegel Nr. 6, 1987, NS-Erbe: Das Thema der Nachkommen, S. 74-80.

Halbwachs, M.: Das kollektive Gedächtnis, Fischer, Frankfurt 1985.

Helbig, L.: Und sie werden nicht mehr frei, ihr ganzes Leben! Eine kleinbürgerliche Kindheit und Jugend im "Dritten Reich", Beltz, Weinheim, Basel 1982.

Klein, H.: Der Holocaust, seine Folgen und Bewältigungsmechanismen, in: Faust, V. (Hg.): Angst – Furcht – Panik, Hippokrates, Stuttgart 1986, S. 157-162.

Massing, A., Beushausen, U.: "Bis ins dritte und vierte Glied". Auswirkungen des Nationalsozialismus in den Familien, Psychosozial, Mai 1986, S. 27-42.

Miller, A.: Am Anfang war Erziehung, Suhrkamp, Frankfurt 1983.

Mitscherlich, A. u. M.: Eine deutsche Art zu lieben, Piper, München 1970.

Parin, P. (im Gespräch mit Heiko Ernst): Der ängstliche Deutsche. Kleinbürger ohne Selbst-Bewußtsein. In: Die Seele und die Politik. Ein Psychologie-Heute-Sonderband, hg. von der Psychologie-Heute-Redaktion, Beltz, Weinheim, Basel 1983.

Petzold, H. (Hg.): Leiblichkeit, Jungfermann, Paderborn 1985.

Westernhagen, D., von: Die Kinder der Täter. Deutsche Geschichte als Familiendrama: Selbstzweifel, Zwiespältigkeit, Haß und Schuldgefühle, "Die Zeit" Nr. 14, 1988, S. 17-20.

Wolff, C.: Kindheitsmuster, Luchterhand, Darmstadt 1979.

Wolfgang Bornebusch

"Darf ich wachsen auf einem Berg von Leichen?" Beobachtungen bei einem TZI-Seminar mit Yitzchak Zieman

"Das Dritte Reich und das Judentum, ein Kapitel unserer Geschichte – wie kann ich in der Auseinandersetzung mit ihm weiter wachsen?" – so lautete der Titel eines TZI-Seminars[1], zu dem im August 1987 in die Akademie Klausenhof am Niederrhein eingeladen worden war. In der Ankündigung hieß es:

"Drittes Reich, Nationalsozialismus, Judentum – das sind Stichworte, die einen Ausschnitt unserer Geschichte wach werden lassen, der heute noch auf eine bedrängende Weise Gegenwart ist – in unseren Träumen und Alpträumen, in den offenen und vernarbten Wunden, die man davontrug. Verdrängen, Verschweigen: das ist ein Weg, den viele gingen und gehen, um mit dieser Vergangenheit 'fertig' zu werden. Es wird immer deutlicher, daß es nur weiterhilft, der Vergangenheit standzuhalten – oder, besser noch, sie anzunehmen und umzuwandeln in dem Versuch, sie zu begreifen."

Der Weg, auf dem dieses Standhalten, Annehmen und Umwandeln zumindest anfangsweise sich vollziehen sollte, wurde auch beschrieben:

"Auf der Grundlage von TZI und mit Elementen der Gestalttherapie soll ein Prozeß ermöglicht werden, in dem z. B. folgende Fragen angegangen werden: Wie wirkt die verschwiegene, vermutete, weitergegebene ... Vergangenheit fort? Was bedeutet meine Vergangenheit und die Vergangenheit meiner Eltern für meine Gegenwart? Wie kann ich mit dieser Vergangenheit leben ... in der Auseinandersetzung mit der Elterngeneration? ... in der Begegnung mit dem Judentum? Wo brauche ich in diesem Zusammenhang ein tieferes Verstehen von Kultur und Religion des jüdischen Volkes in Geschichte und Gegenwart? Was kann ich tun?"

Geleitet wurde das Seminar von Yitzchak Zieman und mir, Wolfgang Bornebusch. Yitzchak Zieman, geboren in Riga/Lettland, lebt heute in New York und hat dort eine Praxis für Psychoanalyse und Gestalttherapie. Er ist Graduierter bei WILL und leitet seit 1973 TZI-Kurse in der Bundesrepublik Deutschland, in der Schweiz und in Israel. Vor und nach dem Zweiten Weltkrieg war er engagiert in der zionistisch-sozialistischen Jugendbewegung. Seine Familie wurde von den Nazis ermordet. – Ich

---

[1] TZI: Themenzentrierte Interaktion, ein von Ruth C. Cohn begründetes Verfahren der Gruppenarbeit.

wurde 1945 geboren. Heute bin ich evangelischer Pfarrer in Schermbeck, einer Landgemeinde am Niederrhein, die bis in die Zeit des National- sozialismus hinein eine jüdische Nachbargemeinde hatte. Die Auseinan- dersetzung mit der Geschichte dieser jüdischen Gemeinde innerhalb der Gemeindearbeit, die neu aufgenommenen Kontakte mit den Juden, die früher in Schermbeck zuhause waren und überlebten, schließlich die damit verbundenen Erfahrungen bildeten für mich den Hintergrund bei der Durchführung des Seminars. Mit den Methoden der TZI bin ich ver- traut; außerdem habe ich eine familientherapeutische Ausbildung.

Schon die Phase vor Beginn des Seminars scheint mir erwähnenswert. Der Klausenhof hatte mit etwa 10.000 versandten Jahresprogrammen auch für unser Seminar geworben. Alle jüdischen Gemeinden waren ange- schrieben worden; alle Synodalbeauftragten für den christlich-jüdischen Dialog waren aufgefordert worden, sich für das Seminar einzusetzen; alle Mitglieder des Freundeskreises von Nes Amim, einer christlichen Sied- lung in Israel, waren eingeladen worden; alle Tageszeitungen am Nieder- rhein hatten auf das Seminar hingewiesen – kaum Reaktionen. Bis Mai 1987 lagen nicht mehr als drei Anmeldungen vor. Ein letzter Versuch: eine ausführliche Ankündigung des Seminars in einer überregionalen Kir- chenzeitung und in der "Allgemeinen jüdischen Wochenzeitung". (Der WDR hatte kein Interesse, auf dieses Seminar aufmerksam zu machen.)

Das Seminar kam zustande. Unter denen, die schließlich teilnahmen, waren viele durch die Lektüre der "Allgemeinen jüdischen Wochenzei- tung" angeregt worden – Nichtjuden, die bereit sind, sich mit dem Leben der jüdischen Gemeinde in der Bundesrepublik auseinanderzusetzen. Kurze Zeit schien es so, als würde eine große Reserveliste entstehen. Doch in den letzten vier oder fünf Tagen meldete sich einer nach dem anderen ab. Es mag ein Zufall sein, aber es macht doch stutzig: Unter denen, die sich abgemeldet hatten, waren in der Mehrzahl solche, die in relativer Nähe zum Tagungsort wohnten. Je "näher" die Auseinanderset- zung mit einem so heiklen Kapitel der eigenen Geschichte rückte, desto größer wurde wohl die Angst – und die Versuchung, die Auseinanderset- zung zu meiden. In diesen Zusammenhang gehört vielleicht auch, daß eine ursprünglich vorgesehene zweite Co-Leiterin kurz vor Beginn des Seminars krank wurde und ihre Teilnahme ebenfalls absagte.

Auch meine Vorgeschichte hinsichtlich des Seminars möchte ich kurz ansprechen. Je näher das Seminar rückte, desto mehr hatte ich das Gefühl, nicht genügend vorbereitet zu sein. Ich las und las. Zugleich wuchs der Druck in mir, Gespräche mit meinem Vater, lange beabsichtigt und immer wieder vermieden, endlich hinter mich zu bringen. Mein Vater war bis Ende 1944 als Unterarzt in Polen tätig, zuletzt in Krakau – unweit von Auschwitz. Mußte er da nicht gewußt haben, was in Auschwitz geschah? Diese Frage mußte ich ihm noch stellen. Die Antwort war: "Nein, ich habe nichts gewußt!" Ich blieb mißtrauisch. Bei meinem Vater aber hatte diese Frage offensichtlich doch etwas in Bewegung gebracht.

Einige Tage später erzählte er mir von seinem Rücktransport von Krakau nach Westen. Unterwegs habe der Zug halten müssen. Auf dem Nebengleis habe ein Zug in Gegenrichtung gestanden, viele offene Waggons, einer aber ohne Fenster, völlig zugenagelt. Menschen seien in diesem Waggon gewesen, vermutlich Juden. Auch von München erzählt er, wo er studiert hat. Die Auswirkungen der "Reichskristallnacht" habe er dort gesehen. Er habe es schrecklich gefunden. Aber was habe er tun sollen? Dann, zwei Tage vor Beginn des Seminars, rief mein Vater mich an. Er wolle mir etwas mitteilen, worüber er bisher nicht habe sprechen können. Aber vor Beginn des Seminars solle zwischen uns alles klar und ausgesprochen sein. Und er erzählte – die Distanz, die das Telefon herstellt und erlaubt, war dabei wohl wichtig – von seiner Studentenzeit in München. Das Studentencorps, dem er angehörte, sollte – wie alle anderen – eintreten in eine nationalsozialistische Studentenvereinigung. Man habe sich geweigert. Darauf seien die einzelnen Corpsmitglieder aufgefordert worden, jeder für sich einer nationalsozialistischen Organisation beizutreten. Da er und sein Freund so gerne Motorrad gefahren seien, seien sie Anwärter der Motor-SS geworden. Aufgenommen worden seien sie nie. Dann seien er und sein Freund nach Königsberg gegangen. Bei der Immatrikulation wurde die Bedingung gestellt, in die Partei einzutreten. Er habe sich auf diese Bedingung eingelassen. Über die Anwärterschaft sei es auch in diesem Fall nicht hinausgegangen. Noch in Münchner Tagen sei das Corps aufgefordert worden, sich von jüdischen Mitgliedern zu trennen. Man habe sich zunächst geweigert. Als er dann in Königsberg studiert habe, sei man dieser Aufforderung dann doch nachgekommen. Einer seiner besten Freunde habe daraufhin seinen Austritt aus dem Corps erklärt. Er habe diesen Schritt nicht getan. In jedem dieser Fälle habe er die Möglichkeit gehabt, anders zu entscheiden. Es hätte vermutlich nicht einmal schwerwiegende Folgen für ihn gehabt. Heute wisse er, daß er andere Entscheidungen hätte treffen können und müssen. Das mir zu sagen, das habe er bisher nicht fertiggebracht. Mir war zum Heulen, als ich das hörte. Und glücklich war ich auch. Daß mein Vater so zu mir sprechen konnte, das hatte ich mir immer gewünscht. Ich war nun nicht mehr meinen Phantasien über ihn und sein Tun überlassen. Mit diesem Geschenk ging ich ins Seminar.

Die Gruppe, inklusive der Leiter aus zwanzig Personen bestehend, war folgendermaßen zusammengesetzt: Fünf Teilnehmer hatten das Dritte Reich als Jugendliche und Erwachsene erlebt; für zwei weitere (1935 und 1936 geboren) war diese Zeit mit wichtigen und prägenden Kindheitserinnerungen verbunden; zwei junge Teilnehmer waren dabei, die Hitler "Halbjuden" genannt hätte, und zwei "Volljuden", die beide ihre Heimat während der Nazi-Zeit verlassen mußten – unter ihnen Yitzchak Zieman; schließlich waren da noch die Angehörigen der Generation der Zwanzig-, Dreißig- und Vierzigjährigen. Die jüngste Teilnehmerin war zwanzig Jahre alt, der älteste sechsundsiebzig. Drei Generationen kamen in diesem Seminar miteinander ins Gespräch. Etwa die Hälfte der Teilnehmer – das sollte vielleicht noch hinzugefügt werden – war mit TZI, mit Selbsterfahrung oder Methoden der Gestalttherapie vertraut und hatte schon entsprechende Seminare besucht. Für alle anderen war das Neuland.

Die Vorstellungsrunde ließ bereits deutlich werden, wie sehr jeden einzelnen seine Vergangenheit – und die seiner Väter und Mütter – auch in der Gegenwart noch begleitet. Eine Teilnehmerin möchte ich hier Edda Herz nennen: "germanischer" Vorname, jüdischer Familienname. Ihre innere Zerrissenheit und Gespaltenheit spiegelt sich in ihrem Namen wieder. Die Loyalität mit dem einen Teil ihres Namens, ihrer Herkunft, läßt sie den anderen Teil ablehnen. Beide Teile ihres Namens zusammenzubekommen und zu integrieren gelingt ihr nicht. Ein anderer Teilnehmer hatte seinen Namen bereits in jungen Jahren abgelegt und einen neuen angenommen. Der Vater war Aufseher in Dachau gewesen. So wie er wollte er nicht heißen und nicht werden. Den Familiennamen nahm er später wieder an – ein Zeichen neuer Annäherung und wohl auch der Erkenntnis, daß er das familiäre Erbe so nicht hinter sich lassen kann. Den Vornamen allerdings, der auch der des Vaters ist, hat er nicht wieder angenommen. Er trägt seinen selbstgewählten, den auszusprechen er früher den Vater gezwungen hat.

In den ersten beiden Sitzungen des Seminars ging alles sehr schnell. Alle schienen froh zu sein, daß das Seminar, dem sie mit viel innerer Spannung entgegengesehen hatten, endlich begonnen hatte. Die meisten schienen sehr bereit zu sein, sich einzulassen und sich zu öffnen. Doch schon bald gingen die roten Lichter an: Vorsicht! Ich muß mich kontrollieren! Ich darf mich nicht gehen lassen! Ich muß schließlich wissen, worauf ich mich einlasse. Jede vorgeschlagene Übung wurde zum Problem. Ich habe noch kein Seminar erlebt, wo so viele Vorbehalte gemacht wurden, so viel Vorsicht zu spüren war. Immer die Angst, verführt zu werden, einem neuen Führer hinterher zu laufen. Günter hatte am Abend mit anderen aus der Gruppe getanzt. Er hatte sich dabei wohl gefühlt, Spaß gehabt, hatte Bewegung und Musik genossen – am nächsten Tag ging es ihm deswegen schlecht: Als einen geheimen Verführer hatte er die Musik erlebt, die flotten Lieder, die strammen Märsche aus der Nazi-Zeit.

Folge keinem Führer mehr! Oder: Mißtraue den Autoritäten! Yitzchak hatte aus konkretem Anlaß gesagt, daß auch die Ungeduld ein Teil des Bodens sei, auf den die Nazis gebaut hätten. Man habe in der Weimarer Republik und mit der Weimarer Republik nicht genug Geduld gehabt. Die Nazis hätten dieser Ungeduld entsprochen: sie seien effektiv gewesen, sie hätten sehr schnell sehr viel bewirkt. Das faszinierte. Demokratie sei langsam, oft umständlich, zäh ... Bei Annemarie ging ein Licht auf: Ja, das war's. Doch im nächsten Augenblick Abwehr: Nein, das darf ich doch nicht annehmen. Wenn ich das annehme, dann habe ich mich doch wieder einem Führer unterworfen. Und ich weiß: das darf ich nicht! Yitzchak hatte ihr eigentlich nichts Neues gesagt. Annemarie war nur etwas klar geworden, was sie schon immer gewußt und gespürt hatte. Der Unfähigkeit aber, sich auf das einzulassen, was sie von Yitzchak gehört hatte, entspricht ihre Unfähigkeit, ihren eigenen Wahrnehmungen und Gefühlen zu trauen. Diese Fähigkeit ist zerstört. Sie hatte ihren Gefühlen ja mal getraut ...

Macht ist schlecht! Immer wieder Opposition gegen Yitzchak, der klar und deutlich seine Funktion als Leiter wahrnimmt: "Manipulation! Du setzt deine Themen durch!" – "Dann kämpfe du doch für deine Themen. Ich kämpfe für die meinen. Deshalb bin ich hier!" – "Das darf ich doch nicht. Macht ist schlecht! Ich darf meine Macht nicht nutzen! Wenn ich meine Macht gebrauche, werde ich schuldig." – "Wenn du dich ohnmächtig machst, wirst du auch schuldig. Du kannst keine reinen Hände behalten! Auch wer sich raushält, wird schuldig!"

Es wurde deutlich, daß das "Sich raushalten" eine in der Gruppe verbreitete Strategie ist: Kaum einer ist Mitglied einer Partei. Keiner gehört irgendwelchen organisierten Gruppen an. Eine Ausnahme scheint die Kirche zu sein. Tiefes Mißtrauen, für irgend etwas vereinnahmt zu werden, für das man dann letztlich nicht stehen kann.

Eine der Teilnehmerinnen erzählt unter Tränen, sie habe eine gewisse Zeit einer linken Studentenvereinigung angehört. Sie habe sich damit für ein besseres Deutschland engagieren wollen. In Zusammenhang mit Demonstrationen sei sie dann von der Polizei in einer Weise ins Verhör genommen worden, die für sie entwürdigend gewesen sei. Die Vertreter des Staates, für den sie sich doch habe einsetzen wollen, hätten sie überhaupt nicht verstanden, auch nicht verstehen wollen. Keiner habe sich für ihre Motive interessiert, so daß sie das Gefühl bekam, sie könne in dieser Bundesrepublik Deutschland nicht mehr leben. Sie denke ans Auswandern. Und nicht nur sie denkt an das Auswandern. Der Gedanke daran beschäftigt mehrere in der Gruppe immer wieder – je nachdem, wie bedrängend der einzelne die politische Situation jeweils erlebt.

Der Umgang mit den Juden in unserer Republik und seine Qualität ist für viele der Gradmesser zur Beurteilung des politischen Klimas. Eine junge Frau sagte: "Ich habe jetzt mehr Angst als früher. Vielleicht, weil ich jetzt vier Kinder habe. Aber die Angst hat mein Leben begleitet: Wenn ich in die jüdische Gemeinde ging, sagten meine Eltern immer: 'Erzähle niemandem davon.' Wenn ich heute in eine fremde Stadt komme und länger bleiben will, schlage ich immer als erstes das Telefonbuch auf, um zu sehen, ob es eine jüdische Gemeinde gibt. Dann gehe ich dorthin, sehe, ob alles an seinem Platz ist, und dann erst gehe ich meiner Arbeit nach" (Peter Mosler, TAZ vom 20.9.87, Ein schmerzhaftes Geschenk).

Das Gefühl, hier in der Bundesrepublik auf sehr brüchigem Boden zu leben, wird von vielen in der Gruppe geteilt. Das Wort "Heimat" oder "Vaterland" mit ihr zu verbinden, ist den meisten unmöglich. Es kommt – vor allem den Jüngeren – nicht über die Lippen. Als ausgerechnet Yitzchak behauptet, die Deutschen müßten ein neues Nationalgefühl entwickeln, stößt er auf massiven Widerstand. Doch Yitzchak bleibt dabei: Aus psychologischen Gründen sei das wichtig. Jeder Mensch habe ein tiefes Bedürfnis, sich wohl zu fühlen mit der sozialen Gruppe, dem Volk, der Nation, der Kultur, zu der er gehöre, und stolz sein zu können auf deren Leistungen. Kritik schließe das natürlich nicht aus. Auch aus politischen Gründen sei ein neues Nationalgefühl wichtig. Sonst geschehe es nur zu leicht, daß dieses Bedürfnis des Menschen nach Identifikation mit seinem Volk, seiner Nation wiederum von den Unverbesserlichen usurpiert und besetzt wird ...

Alle waren verwirrt und hatten Mühe, sich diesen Gedankengang zu eigen zu machen. Die Tochter eines SD-Offiziers protestierte: "Wir sind ehrlos. Wir haben unsere Ehre verloren, weil die Mörder aus unserem Volk die Juden vernichtet haben" (Peter Mosler, a.a.O.). Den Älteren war dieses Gefühl, dazugehören zu wollen, stolz zu sein auf das eigene Volk und seine Leistungen, bekannt – und doch war es ihnen ungemütlich. Einer von ihnen erinnerte sich noch an das Thema für einen Schulaufsatz: "Du bist nichts, dein Volk ist alles." Von manchem wurde es als entlastend empfunden, als David sagte: "Als Hitler damals ins Sudetenland einmarschierte, standen alle am Straßenrand, jubelten und winkten. Ich hätte so gern dazugehört. Aber ich durfte ja nicht jubeln. Ich fühlte mich sehr einsam."

Marschmusik, Nazilieder, Hitlerreden – ich verbinde damit Gewalt, Hetze, Indoktrination und ähnliches. Doch es wurde mir klar: Ihre Inhalte, ihre Tendenzen, das ist eine Sache – ihre Verbindung mit dem Kontext noch einmal eine ganz andere. Kontext heißt: Familie, Kindheit, ein strahlender Vater, eine stolze Mutter, Geborgenheit, Wärme, häusliche Atmosphäre, kostbare Erinnerungen ... Günter sagte: "Ich meine, inzwischen begriffen zu haben, was das Dritte Reich war. Und trotzdem, wenn ich die alten Lieder höre, dann ist das weg, dann bin ich wieder in der damaligen Zeit, dann bin ich wieder zuhause. Da bin ich immer noch verführbar." Günter wehrt sich gegen diese Verführung – und muß damit zugleich für ihn sehr wichtige Erinnerungen an die eigene Kindheit ausblenden.

Yitzchak entlastet: "Sing ruhig mal eines deiner alten Nazilieder morgens, wenn du alleine bist, unter der Brause. Deshalb bist du nicht gleich wieder ein Nazi. Wenn du anschließend deinen Mitmenschen entspannter und freundlicher begegnest, dann ist das doch okay." Ich könnte dasselbe kaum sagen, obwohl ich – zaghaft, wie ich merke – zustimme.

Günter war es auch, der gelegentlich die Befürchtung äußerte, daß in unserem Sitzungsraum Mikrophone versteckt seien und wir abgehört würden. "Ich weiß, daß das dummes Zeug ist, aber diese Angst ist einfach da." Überall sieht er Verschwörungen am Werk. Er weiß, so scheint es, sehr genau, welche alten Freunde aus Studentenzeiten Oberbürgermeister Diepgen in den Berliner Senat geschleust haben, wer sich selbst mit Hilfe seines Amtes unrechtmäßig bereichert hat usw. Seine Wahrnehmung ist in bezug auf diesen Teil der Realität ungeheuer geschärft und sensibel. Und so sind denn letztlich alle Politiker korrupt, käuflich, darauf aus, ihr Schäfchen ins Trockene zu bringen. Man darf keinem trauen.

Yitzchak fragte nach, welche Rolle bei ihm zuhause die Vorstellung von der "Weltverschwörung des Judentums" gespielt habe. Und es wurde deutlich: die Muster bleiben – nur die Gegenstände ändern sich! Die Art der Wahrnehmung mit ihren Verzerrungen und Einengungen, geformt durch Erziehung, Erfahrungen und Erlebnisse in der Zeit des Dritten Reichs, sie hat sich kaum geändert, nur die Objekte, auf die sie sich richtet, sind andere geworden. Es sind nicht mehr die Juden, die sich gegen das deutsche Volk verschwören, es sind nun die eigenen Politiker, Funktionäre und Verantwortlichen.

Peter Mosler, einer der Teilnehmer des Seminars, schrieb im Rückblick auf das Seminar (TAZ vom 20.9.87): "Die Nachgeborenen des Dritten Reiches sehen sich gerne in der Kategorie der Opfer ... Am tiefsten hat mich das Begreifen dessen getroffen, daß es einen Anteil des Opfers und einen Anteil des Täters in mir gibt." Das ging sicherlich mehreren so. Es war für manche erschreckend und erschütternd, in sich eben die Härte und Brutalität zu entdecken, die sie doch so sehr bekämpfen. Oft richtet sie sich massiv gegen die eigene Person – in Form sehr rigider Forderungen an das eigene Tun, an die eigene Moral, oft auch gegen andere, die Väter und Mütter.

Walter erzählt, wie er als Kind oft aus nichtigem Anlaß von seinem Vater geprügelt wurde. Der Vater klemmte seinen Kopf zwischen die Knie, zog ihm mit dem Schusterriemen eins über. Und wenn er so geprügelt wurde, dann forderte er den Vater heraus: "Bist du so auch mit den Gefangenen in Dachau umgegangen? Zeig doch mal, wie du es da gemacht hast!" Später brachte er seine jüdischen Freunde mit nach Hause. Und nachdem sein Vater sie begrüßt hatte, sagte er: "Das sind die Söhne derer, die du umgebracht hast."

Auch Annemarie erzählte von ihrem Haß und ihrer Wut auf den Vater. Während der Zeit des Dritten Reiches war er ein begeisterter Nazi; bis zum Schluß glaubte er an den Endsieg. Für sie, das kleine Mädchen, war er der strahlende Held. Sie bewunderte ihn und liebte ihn. Nach dem Krieg verschwand er für mehrere Jahre in einem Lager. "Da gehörte er auch hin. Ich bin froh, daß er das erleben mußte." Aus dem Lager zurück kam ein alter, gebrochener, schweigsamer Mann. Ähnlich erging es ihr mit ihrer Mutter. Zwischendurch hatte sie die Vorstellung: "Das sind gar nicht meine Eltern, die haben mich adoptiert." Ihre verschiedenen Elternbilder bekommt sie nicht zusammen. Sie sagte, sie fühle sich gespalten, schizophren.

Dieses sind für mich die wichtigsten Eindrücke und Erkenntnisse, die mir dieses Seminar vermittelt hat. Ich möchte nur noch folgendes hinzufügen: Von besonderer Bedeutung war – bedingt durch die Zusammensetzung der Gruppe –, daß drei Generationen miteinander ins Gespräch kamen. Einige der älteren Teilnehmer äußerten, daß hier das erste Mal Jüngere ihnen wirklich zugehört hätten. Manche der jüngeren Teilnehmer wiederum stellten fest, daß es ihnen zum ersten Mal ansatzweise gelungen sei, sich in die Geschichte der Älteren einzufühlen, und waren den Älteren dankbar, daß sie ihren Angriffen und Vorwürfen standgehalten hatten.

Wichtig war auch die Anwesenheit der jüdischen Teilnehmer. Sie konnten die Älteren gelegentlich in einer Weise entlasten, wie es alle übrigen nichtjüdischen Teilnehmer nicht vermochten. Sie trugen wesentlich dazu bei, daß für einige die Ambivalenz ihrer eigenen Gefühle – zwischen Faszination und Abscheu – zugänglich wurden. Sie konnten – ohne selbst in Verdacht zu geraten – auffordern, auch auf die "positiven" Erlebnisse im Nationalsozialismus zu schauen.

Erwähnenswert ist in diesem Zusammenhang, daß die Auseinandersetzung mit der eigenen Geschichte ergänzt wurde durch die Auseinandersetzung mit den Ursprüngen des Antisemitismus wie auch durch ein tiefergehendes Kennenlernen des Judentums. Jiddische Gedichte, rabbinische Geschichten, Klesmer-Musik, ein Oneg Schabbat und eine Autorenlesung aus einem Romanfragment über hessische Landjuden zu Beginn dieses Jahrhunderts waren wichtige Elemente in der Begegnung mit dem Judentum.

Peter Mosler (a.a.O.) hatte sich vor Beginn des Seminars gefragt: "Ist es nicht eine Anmaßung, daß ich auf einem Berg von Leichen wachsen soll? Ist mein Leiden an dem Mord von Millionen nicht ein Staubkorn, verglichen mit dem Granitmassiv des Leidens der Ermordeten ...?" Er – und mit ihm wir alle – bekamen auf dem Seminar die Antwort: "Du hast nicht nur das Recht, du hast die Pflicht, dich und deine Aggressionen und Verletzungen kennenzulernen. Nur so kannst du dazu beitragen, daß so etwas wie der Holocaust sich niemals wiederholt."

Gunnar von Schlippe

"Schuldig!" Gedanken zum Umgang mit der eigenen Vergangenheit

Briefe an meinen Sohn

Vorbemerkung

Plötzlich ist diese Frage da: "Wer warst du in der Nazi-Zeit?" Mein Sohn fragt mich, den Vater, Pastor und Psychotherapeuten, und er fragt mich als einer, der inzwischen selbst Psychotherapeut geworden ist.

Wir beide hatten im September 87 die Stätten meiner Vergangenheit, Kriegs- und Gefangenenschaftsorte besucht. Wir waren dort, in Polen, Menschen begegnet, die mich gerettet hatten und die vorher ungeheuer Schweres in der Nazi-Zeit und durch sie erlebt hatten. Die Begegnung ließ Vergangenheit aufbrechen – individuelle wie auch unser ganzes Volk betreffende. Beides war da: Schuld und Scham – aber auch etwas anderes, etwas Neues: ich nenne es "Gegenwärtigkeit".

Das Gespräch mit meinem Sohn habe ich hier in Briefen an ihn zum Teil rekonstruiert, zum Teil weitergeführt als Korrespondenz. Es ist ein Versuch geworden, seiner Frage an mich nachzugehen. Unmerklich wurde ich selbst zum Klienten, zu einem, der durch etwas hindurchstoßen wollte, das undeutlich wie ein vergangener Traum in mir war. Die Frage meines Sohnes traf mich genau an dieser Stelle: Wir standen in Polen vor den Rudimenten des Schützengrabens, den ich damals mit ausgehoben hatte; seine Frage berührte mich, als mein Lebensretter die Stelle zeigte, wo man meine Kameraden verscharrt hatte, und dort in Posen, wo ich auf dem Ostmarkt immer den Wehrmachtsbericht in den Schaukasten hängen mußte.

Aber diese Frage greift noch tiefer und weiter zurück in die Vergangenheit, in ein Erleben dieser so schwer vorstellbaren Zeit, deren Schatten er, mein Sohn, in mir wahrnahm. Er, so spürte ich, machte mich für diesen Schatten mitverantwortlich – oder schien es mir nur so? Ich war beteiligt gewesen, und auch die Toten hatten es mit mir zu tun gehabt, wie manche jetzt noch Lebende.

Wer warst du damals? Ich hörte seine Frage als Frage an meinen Schuldanteil, und ich versuchte, dem nicht zu entlaufen. Ich wollte nicht noch einmal Schuld verfehlen, wenn sie mich angeht, und die Frage "Wie konte das geschehen?" beantworten. In *W. Stresemanns* kürzlich erschienenem, ausgezeichnetem Buch "Wie konnte das geschehen?" (Ullstein, Berlin 1987) wird in sehr sachlicher und objektiver Weise der Schuldfrage nachgegangen. Ich wollte die Frage mehr von meinem persönlichen Erleben her stellen.

So sind die folgenden Briefe ein Prozeß, der mich durch Reflexionen, vom Denken zum Gefühl und vom Gefühl wieder zum Denken führte, das nicht mehr ein Denken "über" etwas sein konnte, sondern eine Art Denken in einem Feld von Erleben.

1. Brief

Beim Versuch, den von Dir angeregten Gedanken weiterzuführen, bin ich auf einen eigentümlichen Weg geraten. Ich suche nach meiner Mitverantwortung und damit nach meiner Schuld, und ich habe die Befürchtung, ich könnte sie nicht finden, sie verfehlen. Mir scheint, daß Du recht gesehen hast, wenn Du mich fragst, warum ich das Schuldthema bisher so gar nicht berührt habe. Es könnte sein, daß die Schulderfahrung eine Chance der Selbstbegegnung ist, die verfehlt werden kann. Es könnte ja sein, daß Schuldhaben nicht ein vermeidbares Übel ist, sondern auch etwas, das mir zusteht, das zu mir gehören darf, das ich ansehen kann und auf das ich antworten muß, es ertragen muß.

Etwas sträubt sich in mir bei diesem Gedanken. Warum, so frage ich mich, schreien Menschen auf, wenn sie beschuldigt werden? Ich kenne das bei mir auch: "Ich lasse mich nicht beschuldigen", und ich weiß auch, wie ich mich gegen Vorwürfe zu wehren vermag. Ich kann dann erklären, begründen und verstehbar machen, eben daß ich nicht schuldig gewesen bin, denn es ging eben nicht anders. So erlebe ich mich immer als einen allzeit "entschuldigten" Menschen. "Entschuldige dich" – so höre ich mich selbst sagen, z. B. auch Dir gegenüber, wenn Du was angestellt hattest, schuldig geworden bist Dir oder einem anderen gegenüber, ihm wehtatest oder etwas Wichtiges unterlassen oder vergessen hattest. Die Formel ist mir auch aus meiner Kindheit vertraut. Elternhaus, Schule, Praxis haben sie eingeübt, bis ich selbst es mir nicht mehr zutraute, schuldig zu werden.

Das dahinterstehende Ideal ist eine Welt von Schuldfreiheit. So ist es recht. Recht ist, wenn man niemandem etwas schuldig bleibt. Darum ist das Entschuldigungs- und Erklärungsritual so konstant. Wir waren doch alle – bis auf die aktiven Täter – entschuldbar. Wir, die Nazi-Generation, waren nur ... Opfer, Verführte, Nichtwissende, manche vielleicht auch blinde Phantasten, Mitläufer – und es ging ja auch nicht anders. Schuld kann nur im Extremfall sichtbar gemacht werden; so konnte die pseudochristliche Formel: "Du mußt dich entschuldigen" wirksam bleiben – denn Erklärung und Situation waren so, und das genügt. Der Automatismus klappt: auf Beschuldigung folgt Entschuldigung. Das wirkliche "Schuldbekenntnis" ist in einer Gesellschaft, in der Schuld nicht sein darf, lebensgefährlich, nicht zu verkraften und bedeutet Ausschluß – Ende. Wer von einer Schuld so überrascht wird, daß ihm die Entschuldigung nicht mehr gut gelingt, wird, wenn er sich nicht absetzen kann, zu letzten Konsequenzen geführt. Damit das nicht geschieht, muß die Entschuldigung immer feiner erlernt werden, darum schreien wir, wenn Schuld zugewiesen wird und die Entschuldigungen nicht gelingen. Denn selbst wenn man "Gnade" erhoffen kann, so ist sie meist doch zu einem "Unterwerfungsritual" geworden. Wer Schuld hatte und Gnade erfuhr, hat kaum noch etwas zu melden oder gar aufzumucken: "Du sei mal ganz ruhig!" – Man ist zwar noch mal davongekommen, aber wehe ...

Ich erhielt meinen Entnazifizierungs-Schein recht bald, als ich aus der russischen Gefangenschaft zurückgekehrt war. Ich war ja erst 18 Jahre alt, was hätte ich anders tun können. Ich war auch nicht in der Partei (mein Aufnahmeantrag war damals irgendwie verschlurt worden – aber immerhin hatte ich ihn doch gestellt im Glauben daran, daß es richtig sei, denn mein großer Bruder und sogar mein geliebter Konfirmator Probst T. waren ja auch Parteimitglieder – natürlich, "um Schlimmeres zu verhüten").

Während ich das schreibe, merke ich wieder die latente Entschuldigungsformel "weil" oder "um zu" ... Nicht "ich" habe, sondern "weil" hat gehandelt. Weil mein Bruder, weil mein Pastor, weil "es" so war. Das Ich wird abgegeben zugunsten der Entschuldigungsformel "weil". Es wird ersetzt! Dort, wo vorher "Ich" war, steht nun "weil". Das ist es wohl auch, warum das Verfehlen von Schuld so problematisch ist. Es wird an die Stelle meines Ichs ein Fremdes, ein "weil" gesetzt, dem sich das Ich nunmehr unterordnen darf. Da sind sie nun, die Erlöser von Schuld: die Verhältnisse ("wir wären gut anstatt so roh, doch die Verhältnisse ..."), Brüder, Pastoren, Umstände, Schicksale, Eltern ("ich bin eben so erzogen"). Also: nicht die Schuld, sondern die Entschuldigung vernichtet das Ich, vernichtet mich.

Sicherlich ist diese Formel überspitzt, die Erfahrung ist meist anders: Ich scheine zu überleben mit dem Mich-Entschuldigen-Können, und ich werde bedroht, wenn das nicht gelingt. Ich meine es auch auf einer anderen Ebene: Damit, daß ich durch meine Entschuldigung die Schulderfahrung verhindere oder verfehle, verfehle ich mich selbst und lasse etwas anderes als mein "Ich" für mich zuständig sein. Auf Deine Frage bezogen heißt das für mich: Also gut – ich war auch einer von denen, die halbherzig dabei waren. Ich schwieg dort, wo man schweigen sollte, wenn es wirklich um die Existenz ging; und der Stolz auf meine kritischen Einwände (die mir manchmal beinahe Arrest eingebracht haben, durch die ich Urlaub gestrichen bekam und alle höheren Dienstgrade vereitelte) will nicht recht aufkommen. Ich war widerborstig, aber nicht kritisch, unangepaßt, aber doch nicht Sand im Getriebe der Unmenschlichkeit.

Für die Alten war es wichtig, sich immer wieder an das "mea culpa" zu erinnern. Ich denke, wenn sie dabei wirklich mehr als nur eine Formel der Liturgie erfahren haben, haben sie eine bessere Möglichkeit gehabt, der Schuld ansichtig zu werden als unsere Generation damals, für die das "mea culpa" mehr ein Schnack war. Meine Schuld − nicht die Kollektivschuld meine ich, sondern die ganz persönlich erlebbare, und das ist sicher mehr als das kollektive Schamgefühl, das uns beschlich, als wir nachher besser Bescheid wußten, was gewesen war, und nach und nach das Entsetzen kam.

Aber was konnten wir schon mit der "mea culpa" anfangen? − War sie ein Aufruf zu Dauerdepression? Wie sollte das abbüßbar werden? Auch meine schwere Verwundung habe ich nicht so erleben können wie eine bereinigende Strafe. Ich habe aber auch in dieser Situation "Rechtfertigungsübungen" gemacht. Damals − im Angesicht des wahrscheinlichen Todes − gedachte ich meines strengen Spießes (Feldwebel); vor ihm rechtfertigte ich mich wie vor einer Instanz und sprach zu mir: "Ich konnte doch nicht anders, ich habe doch nicht leichtfertig gehandelt, als ich aus dem Unterstand äugte." Seine richtende Instanz war so in mein Ich eingedrungen und zwang es, ein "weil", eine Entschuldigung zu suchen, selbst in einer solchen Situation.

Manchmal denke ich, daß auch die Vorstellung vom Jüngsten Gericht so eine Projektion sein könnte, weil wir unsere gesammelten Lebensrechnungen, die offen geblieben sind, da präsentiert bekommen. Dann werden die Entschuldigungen rar werden. Wie können wir es aushalten, wenn wir nur gelernt haben, uns zu rechtfertigen (und zu entschuldigen), wenn das nicht mehr geht − oder besser, wenn das nicht mehr gebraucht wird? − Ja, nach biblischem Zeugnis sind Entschuldigungen deshalb so gegenstandslos geworden, weil Gott damit so ganz anders umgeht, nicht meine "Weils" sucht, sondern mich. Dann wäre christlicher Glaube so etwas wie eine Möglichkeit, zu sich selbst zu kehren (wie Jochen Klepper es einmal ausdrückte), umzukehren (μετανοεῖν) aus den entfremdeten Selbstrechtfertigungs-Ecken des "weil" und dessen Genossen. Es wäre die Erfahrung, sich selbst betreffen zu lassen, Schuld anzunehmen, "Hier!" zu rufen, wenn sie mich fragt. Ich denke dabei weniger an "Strafe" oder "Sühne" (also "juristische" Begriffe als Antwort darauf) als vielmehr an so etwas wie "Begegnung" mit dem, was schuldig machte. Begegnung ist etwas anderes als "Abschließen", Tilgen, Vergeben, Erledigen, "bloß schnell weg damit". Es muß da noch etwas anderes geben, das mit der Schuld zu tun hat, als ihre Erledigung oder Vorweglöschung durch Entschuldigungen oder Wegdeuten.

Schnelle Vergebung verhindert die Begegnung mit der Schuld und bewirkt darum eigentlich nichts, genauso wie die reichlich überpsychologisierten Besänftigungen: "Alles ist o. k.!" So höre ich es nicht nur von

Bhagwan, sondern auch von manchen Psychologen. Die Irrelevanz meines Tuns und Seins erscheint mir als ein Pseudo-Heilmittel, durch das alles beliebig wird oder o. k. heißt. Ich werde standpunktlos. Verstehen und Akzeptanz werden angeboten – was ich für wichtig und gut ansehe; zugleich kann aber dieser konturlose Ort ein Schlupfloch werden für Verhinderung der Begegnung mit Schuld. Wir können ihr wieder entrinnen, ohne ihr einmal ins Gesicht gesehen zu haben. Das Sich-wohler-Fühlen täuscht hinweg über die Tatsache, daß ein wichtiger Ort meines Ichs verfehlt wurde.

Wie kann es nun aber zur Begegnung mit Schuld kommen, zur Annahme, zum "Zu-mir-selbst-Kommen", zur Buße? (Ich verstehe Buße nicht als Zerknirschung, sondern als den Ort, an dem ich meiner ansichtig werde; sie enthält für mich ein dynamisches, ja, gestalterisches Element, läßt mehr fühlen als reflektieren.) Buße, Begegnung mit Schuld ist wohl nur möglich, wenn ich Angst zurücklassen kann. Solange mich Angst beherrscht, wird die Begegnung unterbleiben müssen. Hinter die Angst zu kommen kann aber nicht dadurch erreicht werden, daß man die Schuld von vornherein als folgenlos interpretiert – also Zusicherung von Straffreiheit. Hinter die Angst zu kommen, das muß so etwas wie ein eigenes Erkenntnis-Paradigma sein, in dem ich entdecken kann, daß die Begegnung mit mir in meiner Schuld wichtiger ist als die Vorteile ihrer Leugnung. Das bisherige Paradigma, das vorgeformte Entschuldigungs-Bewußtsein, das uns zwingt, Leben als schuld-frei zu präsentieren, kann eine andere Art der Erfahrung von Schuld-Umgang nicht leisten; ja, es muß dort, wo es dazu kommen könnte, mit Angst reagieren. Wobei ich nicht ausschließe, daß es sich in einer Art Salto mortale in pathologische Selbstbeschuldigungsformen begibt, in Selbstanklagen und Selbstvorwürfe, um den Fluchtweg zu larvieren, auf dem eine neue Aufnahme von Schuld verhindert wurde. Oft habe ich dann auch erlebt, daß ein anderer sich genötigt fühlt, den Entschuldigungspart zu übernehmen. In therapeutischen Beziehungen wird es sogar als ärgerlich empfunden, wenn der Therapeut dieses erwartete Entschuldigungsritual nicht aufnimmt, nicht beruhigt oder erklärt, bis alles wieder gut ist.

Buße, Begegnung mit Schuld, ist wie ein Durchbruch durch diese Muster. Ich kann mich annehmen und lieben auch als ein Schuldiggewordener, weil ich mich nicht selbst von meiner Schuld zu trennen habe. Sie gehört zu mir.

Ich denke, daß ich das auch biblisch begründen kann. Nicht so sehr bei Paulus: Die Art, wie er die Beziehung zu Gott definiert, erscheint mir nicht immer hilfreich für eine Begegnung mit der Schulderfahrung. Da die Schuld total behauptet wird, automatisch geradezu, kann sie nicht mehr als Vorfindlichkeit erlebt werden – höchstens in Extremsituationen. Dieses Überangebot an Hoffnungslosigkeit der Schuld gegenüber könnte dazu führen, daß sie zum nichtssagenden Gemeinplatz zusammenschrumpft: "Wir sind alle Sünder." Das könnte genauso zu einem Weg werden, Schuld zu verfehlen, wie die anderen Verdrängungsformen. Begegnung kann nur im Konkreten geschehen.

Hier fällt mir wieder ein, wie schwierig es ist, im Blick auf die Nazi-Vergangenheit von dem allgemeinen "Wir haben alle versagt" zum konkreten *"mea culpa"* vorzustoßen. Das dumpfe, schattenhafte Schuldgefühl im Blick auf diese Zeit wird für mich erst konkret in der Situation z. B. des Nahkampfes (davon schreibe ich später noch) oder in kleinen anderen Erfahrungen, wo ich schwieg, anstatt zu reden. Es gehört ja auch zum Entschuldigungsritual, das Konkrete aufzulösen durch Verallgemeinerung.

In den Geschichten von Jesus wird mir Begegnung mit Schuld deutlich zugänglich. Die Ehebrecherin begegnet ihrer Schuld darin, daß sie nicht bestraft wird, sondern daß sie die Möglichkeit erhält, sich neu zu sehen als Schuldige ohne Urteil. Petrus erfährt nach seiner Schuldbegegnung den Zuspruch: "Weide meine Schafe!" Schuld wird nicht mehr als trennend erfahren, sondern sie wird als Erfahrungsabschnitt behandelt, der neue Möglichkeiten entbergen kann (z. B. die Geschichte vom verlorenen Sohn). Diese Vergebung, die hier abläuft, geschieht nicht von oben herab, sondern nimmt die Schulderfahrung des einen als Chance zur Veränderung der Beziehung zu allen Beteiligten. "Mea culpa" erscheint nicht mehr als depressiver Gesang von Selbstanklage, sondern als konkretes Beziehungsangebot zu sich selbst, zu anderen Menschen, zu meinem Volk, zur Natur, zu Gott, das alle Betroffenen beteiligt macht. Die Geschichte von Jesus sagt, daß auch Gott nicht unbeteiligt ist, wenn wir unserer Schuld begegnen. Deshalb glaube ich, daß sich auch unser Volk verändern kann, wenn wir, die alte Generation, zu unserer Schuld stehen; dann braucht auch die neue Generation die ihrige nicht zu leugnen und kann auf Veränderung hin offen sein.

2. Brief

Du fragst mich, warum ich nur *über* die Schuldproblematik schreibe, aber nicht, *wie* ich das alles selbst erlebt habe. Meine Reflexionen haben für Dich etwas Abstraktes, Theoretisches, ich bleibe zu sehr Denker, der über Schuld problematisiert, aber an das Gefühl nicht herankommt. Das empfinde ich nach nochmaligem Lesen meines Briefes zum Teil auch so. Ich merke, daß bei mir etwas durcheinander geraten ist. Das eine ist: ich fühle mich zuständig für das, was war; und das andere: ich fühle mich zuständig für das, was geschah und auch jetzt noch geschieht. Aber ich weiß noch nicht genau in mir, warum das so ist, warum ich das so empfinde.

Ich empfinde es weniger als bedrückend, eher als etwas, das zu mir gehört. Es ist, wie wenn ich aus einem irrigen Dunkel erwacht bin, das mir einredete, nur Zuschauer im Leben zu sein, während ich jetzt entdecke, selbst mitgespielt zu haben. Ich schäme mich, daß ich es nicht früher entdeckt habe.

Wenn ich von Scham spreche, so beschreibt sie eher die Enttäuschung über ein unstimmiges Verhalten von mir und anderen. Ich habe Regeln, die mir mit meinem Menschsein mitgegeben waren und die ich kannte, nicht realisieren können. Ich schäme mich dann übrigens nicht nur für mich, sondern auch für andere – z. B. für mein Volk, meine Generation. Etwas schämt sich in mir, daß ich von meiner Familie her, von meiner christlichen Erziehung aus mich verhalten konnte wie eine strammstehende Marionette, die gekuscht hat – jedenfalls meistens. Es schämt sich in mir, daß ich mich dem Proletentum ("Knoten" nannten wir in unserer Familie diese Nazi-Klugschnacker) unterwarf.

Peinlich höre ich mich "Jawohl" sagen, und peinlich-schämig finde ich es, daß ich nicht meiner Natur geglaubt habe, sondern den Slogans der damaligen Machthaber – zum Teil wirklich geglaubt habe. Ich habe, um denen recht zu geben, sogar an mir selbst gezweifelt, da ich den Idealen einer "deutschen Jugend" nicht entsprach. Ich empfinde es wie eine Peinlichkeit – und nicht als Schuld –, daß ich mich dabei verraten habe und meine Haltung verlor, wenn es gefährlich wurde. Das Gefühl habe ich aber auch anderen gegenüber, mit denen ich mich verbunden fühlte. Ich schämte mich meiner Landsleute – nicht nur, daß sie fähig waren zu all den Entsetzlichkeiten, die wir nachher erfuhren über die Nazi-Zeit, sondern auch über ihr haltloses Kriechen vor der Besatzungsmacht, das Zigarettenstummelaufheben vor den fremden Soldaten, das sich Anbieten und Ducken für geringe Vorteile. Ich schämte mich für die Christen und fand es peinlich, wie sie nach den CARE-Paketen schielten. Als ich aus einer amerikanischen Spende einen Schlips erhielt und dafür einen Dankesbrief an den Absender schreiben sollte, weigerte ich mich zunächst, weil ich es blöd fand. Dann aber, wurde mir gesagt, hätte ich keine Aussicht auf weitere Spenden – und ich gab nach! Und schämte mich. Ich schämte mich, aber ein Schuldgefühl war das nicht.

Das Schuldgefühl ist bei mir tatsächlich recht blaß geblieben, weil ich es so schwer konkret einordnen konnte, und ich bin nicht skrupulös genug, um mich allzu schnell schuldig zu fühlen. Ich komme auch nicht an das Gefühl heran, wenn ich versuche, den Satz "Ich habe es alles nicht gewußt!" in Frage zu stellen – irgendetwas hat man gesehen oder gehört, aber es nicht integrieren wollen, integrieren können. Auch damals fand ich keinen Zugang zu meinem Schuldgefühl, in diesem Bereich wenigstens, aber eben zum Schamgefühl. Dennoch war da etwas, das eine tiefere moralische Störung anzeigte. Ich kenne dieses schwer ausrottbare Gefühl, das einen in die Veroberflächlichung nötigen will. Man möchte es vernichten oder auf einem harmlosen Nebengebiet fixieren. Luther sprach von den "Puppensünden", die so am Rand aussprechbar waren und anderen reichlich lächerlich erschienen (aber einen guten Eindruck von Gewissenhaftigkeit machen konnten), praktisch aber nur Ausdruck einer Schulderfahrung waren, derer man nicht ansichtig werden konnte – oder nicht wollte.

Ich begriff erst langsam, daß meine starke politische Aktivität anfangs, nach der Rückkehr aus der Gefangenschaft, auch damit zusammenhängt. Ich hatte so etwas wie meine Art von "Wiedergutmachung" gefunden. Ich mußte mich also irgendwie schuldig gefühlt haben. Ich war von Anfang an dabei, als Gustav Heinemann die Notgemeinschaft für den Frieden gründete, und folgte ihm bei der Gründung der Gesamtdeutschen Volkspartei. Ich machte die Organisation der ersten Ostermärsche mit und ging bis zur Kollision mit meiner Kirche und der baltischen Landsmannschaft, als ich der DFU von Renate Riemeck beitrat. Dennoch gelang es diesen Aktivitäten nicht, das dahinterliegende Schuldgefühl zu enttarnen. Ich konnte es sozusagen nur über den Umweg, über die Wiedergutmachungstendenzen erahnen. Als ich später in der Psychoanalyse entdecken mußte, daß auch mein Berufswunsch, Theologe zu werden, damit in Zusammenhang stand (auch wenn die Praxis dann doch andere Motivationen entwickelte), merkte ich, daß mir gar nicht zum Bewußtsein gekommen war, wie tief dieses ganze Erleben gegangen war. Ich hatte natürlich zunächst das "Glück", die konkrete Begründung in der Erinnerung an entsetzliche Erlebnisse in der Kriegszeit – Nahkampf, Gefangenschaft und das unzählig erlebte Sterben von Kameraden – zu finden. Aber ich wußte in mir genau, daß es nicht die erfahrene Not war (auch nicht das Töten-Müssen im Nahkampf), sondern eine viel sublimere Schulderfahrung. Da war die Stimme eines Kameraden, der neben mir im Sterben lag und sagte: "Kamerad, ich ringe mit dem Tode", wobei ich aber mehr auf den befremdenden Ausdruck achtete als auf ihn und ihm menschlich nicht beistand. Da war die Erfahrung, daß es einen Moment im Kampf gab, an dem ich so etwas wie Lust oder Jagdfieber erlebte. Das sind die Stellen, an denen Schuld für mich fühlbar wird. Ich vermute, daß nicht das negative Tun an sich ein Schuldgefühl auslöst, sondern das, was hinter dem Verhalten steht, was sich aller Wiedergutmachung entzieht. Das scheint einer anderen Antwort bedürftig zu sein, einer, die wir uns selbst nicht geben können. Ich habe den Satz Luthers: "Denn wo Vergebung der Sünden ist, da ist auch Leben und Seligkeit" als einen solchen helfenden Satz erfahren.

Aber das kam erst später. Zunächst hatte ich nach meiner Rückkehr so etwas wie eine starke innere Erfahrung, eine Tiefenerfahrung, gesucht. Ich fand die Anthroposophen. Es war eine faszinierende Lehre für mich (ich verstehe von dort aus auch viele Jugendliche, die den diversen Angeboten esoterischer Religiosität verfallen), dennoch kam etwas von dem, was mich zutiefst bewegte, darin nicht vor. Alles war weit über das erhaben, was mich so geheimnisvoll plagte. Ich versuchte, die Erhabenheit zu erlangen, aber für mich stimmte das alles nicht. Selbst bei den Katholiken hatte ich angeklopft, aber ihre Art, mit Schuld ritualisierend umzugehen, ist mir fremd geblieben. Luther war wie ein Schlüssel zu meinem Thema, aber die Türen, die er aufschloß, führten zu Wegen, auf denen er mich nur wenig begleiten konnte. Es stand noch viel Mobiliar des Denkens ungebraucht herum, und es bedurfte des Großreinemachens in einer Zeit und einem Geschick, dem nicht nur ich selbst ausgeliefert war und in der ich, wie Kurt Scharf es einmal sagte, "zwischen Ohnmachts- und Allmachtsgefühlen" herumtorkelte. Diese hatten noch wenig von der Gelassenheit, die für mich das Ergebnis bewältigter Schuld darstellt. Ich meine nicht die Ruhe des Angekommenen, eher den Stein, der in die belanglose Ruhe ein Loch geworfen hat, aus dem nun die Gefühle strömen können. Sie werden dann nicht verletzen, sie werden aber vielleicht eine Sprache wieder bekommen, die mit der Liebe vertraut ist.

Es beunruhigt mich, daß uns diese Sprache nach so langer Zeit nicht gelungen ist. Man findet wieder zu schnell Schuldige, die man (manchmal sogar stellvertretend für andere) verantwortlich machen kann. Eine zwanghafte Ethik steht dahinter, die journalistisch wohlgeformte Anklagerituale singt − natürlich vom Ort der Unangefochtenheit aus.

Hier wird Schuld ebenfalls hoffnungslos und unheimlich gesucht, die Welt aufgeteilt in Schuldige und Unschuldige. Es ist die Splittersuche der Gerechten mit dem Balken im Auge. Das, was zum Annehmen gehört, wie ich erfahren habe, ist eine gemeinsame Ebene. Nur auf ihr läßt sich Versöhnung mit der Vergangenheit ermöglichen. Wer die Gemeinsamkeit der Ebene verweigert, weil er am Ort der Gerechten steht, der kann nicht zur Schuldbewältigung beitragen, nicht bereit sein zur Erkenntnis. Es bleibt wie eine Mauer, und viele wissen nicht mehr, daß es ihre eigene ist.

Als wir vor drei Wochen in Polen die Stätten der Vergangenheit aufsuchten, die alten Schützengräben fanden, die alte Hacke, mit der ich den gefrorenen Boden aufschlug, und als wir den Ruinen der Vergangenheit begegneten, unseren und der anderen Wunden, Narben, gab es das Thema Schuld nicht mehr zwischen den Polen und uns. Wir standen auf einer gemeinsamen Ebene. Was war geschehen? Mir scheint nicht, ich habe etwas "bewältigt", sondern mit uns war etwas geschehen, als wir in der Gegenwärtigkeit unseres Miteinanders die Vergangenheit mit einließen. Wir lachten und weinten miteinander, waren ganz Gegenwärtigkeit und doch eigentlich nur wegen der Vergangenheit dort. Ganz in der Gegenwart sein können, das haben sie, die Polen, uns dort ermöglicht. Du hast es genauso erlebt, als hättest Du beides, Vergangenheit und Gegenwart, miterleben können. Mir scheint die angemessene Antwort auf Schuld die zu sein, daß wir sie liebend, weinend und lachend mit in die Gegenwart hineinnehmen, sie nicht ausklammern. Das ist wie ein Geschenk. Hier hört die Nötigung zur Entschuldigung auf, weil auch diese Schuld nicht mehr trennt.

Es war so ein bißchen, wie ich die Geschichte von Zachäus lese (Lk 19). Hier wird nicht Schuld eingeklagt oder aufgedeckt, sondern sie entlädt sich gewissermaßen befreiend durch und in der Gegenwärtigkeit der Begegnung. Das Ganze macht keinen gequälten Eindruck eines reuigen Schuldbekenntnisses, weil hier nicht vorgerechnet, sondern begegnet wird. Die Schuld ist da, aber wie wird sie eigentlich von Zachäus erlebt? Vergeben? Ich weiß nicht recht, ob ich das so bezeichnen könnte, sie wird eher nur "verändert" erlebt, wie eine Chance, Leben neu zu gestalten. Zachäus fällt "Wiedergutmachung" ein; aber dennoch erscheint mir das nicht als das Wesentliche. Da war vorher schon etwas in ihm verändert, etwas, das es ihm bislang unmöglich gemacht hatte, der Mensch zu sein, der er hätte sein können mit seiner Schuld. Darin, daß Jesus ihn annimmt, gelingt es ihm auch, sich selbst als den Irrenden und Schuldigen anzunehmen. Es ist wie eine Annahme seines Menschenrechtes auf Schuld und Irrtum.

Weil uns bei Strafe Irrtum und Schuld verboten wurden, werden beide verdeckt, konserviert und damit tödlich. In den komplizierten Systemen von heute erscheint mir das augenfällig. Wenn wir früh gelernt hätten, daß Irrtum "menschlich" und Schuldigwerden Menschenrecht ist, hätten wir vielleicht eher "Buße" tun können. Vielleicht bedarf es dazu der Begegnung mit solchen annehmenden Menschen, die uns auch als die Irrenden und Schuldigen annehmen.

Mein Glaube daran – und sicher nicht nur ein von der NS-Propaganda gesteuerter –, daß Hitler nicht irren würde, ja, daß *er* jedenfalls keine Schuld hätte, machte mich blind für ein kritisches Bewußtsein, das uns Menschen immer als Korrektiv zu unserem Irren und unserem Schuldigwerden mitgegeben ist. Dieser "Aber"-Glaube legt lahm – und er schafft Mythen, nicht nur politische, sondern auch religiöse. Ich merke das auch heute, wenn mir von Gemeindemitgliedern eine Erwartung begegnet, daß ich sagen könnte, was richtig und was falsch wäre. In der Therapie ist es ja ähnlich: der kompetente Rat eines Fachmannes! Ich erlebe die peinliche Gläubigkeit gegenüber faszinierenden "Erleuchteten" oder anderen Charismatikern mit einer erwarteten Autorität von Schuld- und Irrtumslosigkeit – also Unmenschlichkeit (genannt "Übermenschlichkeit"). Sie strahlen den Glanz des Wissenden aus.

Das Menschenrecht auf Irrtum und Schuld könnte uns helfen, nicht nur vorsichtiger und kritischer mit den angebeteten Mythen umzugehen, es könnte vielleicht auch liebevoller machen. Wir könnten liebevoller denen gegenüber sein, die "ertappt" wurden, denn dann ermöglichen wir, daß sie sich selbst annehmen, also Buße tun können und nicht nur auf die Idee kommen müssen, noch raffiniertere Kaschierungsversuche zu unternehmen.

Ich möchte mich irren dürfen und "getrost" schuldig werden können (wie Luther es einmal sagte), aber beides nicht anwachsen lassen, bis es mich zerstören muß. Der nicht eingestandene Irrtum und die nicht akzeptierte Schuld werden weiterwirken, politisch, moralisch, religiös, ja, auch somatisch. Das scheint mir feststellbar zu sein. Das Problem bleibt natürlich, ob ich mir das Eingeständnis leisten kann. Das Begegnen mit annehmenden Menschen ist selten, die Angst vor Folgen ist begründet – hätte ich so schreiben können vor 45 Jahren? Im Faschismus war es dem (nicht nur unmündigen) Abhängigen kaum möglich, es sich zu leisten, Schuld und Irrtum bei sich und anderen zu entdecken, ohne zugleich selbst zerstört zu werden. Vielleicht haben wir es damals erst gar nicht wahrgenommen. Nur wenige Begegnungen, in denen und durch die ich Schuld wahrzunehmen vermag, sind heilend, andere werden nur Trümmer zurücklassen, weil es nur wenigen gelingt, bis zu ihrem Menschsein durchzustoßen.

3. Brief

Mir scheint zwar Deine Frage nach der Bedeutung von Auschwitz und dem gesamten Zivilisationsbruch im Dritten Reich auf einer anderen Ebene zu liegen als mein Versuch, in den vorangegangenen Briefen Schuld persönlich, psychologisch und theologisch zu fassen, aber es macht mir auch die Schwäche und Begrenztheit meines Ansatzes deutlich. Ich merke, daß ich mit Deiner Frage den Boden der Vertrautheit meines eigenen Denkens, Erlebens und Fühlens verlasse. Ich verstehe, eigene Erlebnisse und deren Analogien bei anderen einzuordnen, psychische Prozesse zu analysieren, pathologische Strukturen aufzuzeigen; hier aber geht es – jedenfalls zu einem wichtigen Teil – darüber hinaus. Dieser Zivilisationsbruch mit seinem rational-technologischen Grausamkeitskalkül scheint mir noch ein anderes Erlebnisparadigma zu sein, für das ich in meiner Erfahrung nur wenig Analogie finden kann. Wenn ich es dennoch versuche, so doch auch deshalb, weil ich gerne verstehen möchte, inwieweit ich hier selbst vorkomme, daß ich eben nicht nur "unbeteiligter Urteiler" bin, eine Position, die ich dem Schuldthema gegenüber als unangemessen empfinde.

Ich finde in meinem "Analogiegepäck" zwei Erfahrungen, mit denen ich mich ängstlich dem Thema nähern will. Die eine Erfahrung ist ein mir vertrauter "Reinigungswunsch"; es ist der Wunsch, das Böse, Störende, Lebenshindernde loszuwerden. Je weniger ich es innen greifen kann, um so mehr versuche ich, es außen zu fassen. Ich entdeckte diesen Wunsch schon früh in mir im Blick auf meine schwierige Situation in unserer so harmonischen Familie. Das eigentliche Problem wurde mir allerdings erst nach dem Theaterstück von Giraudoux "Die Irre von Chaillot" deutlich. Ich spürte, daß seine Lösung (die Bösen werden mit Gold in die Kanalisation gelockt und eingesperrt, während die Guten Gladiolen schwingend hervorkommen) so einen eschatologischen Grundwunsch nach endgültiger Reinigung von allem Bösen enthielt. Zugleich aber erschien es mir unmenschlich. Heil war hier nur möglich in der Zerstörung des Bösen (so auch der Vorschlag der Jünger Jesu, das Unkraut auszujäten, Mt 13,25 ff.). Was aber war das "Böse"? War es nicht beliebig, vom jeweiligen Standpunkt aus zu benennen (Juden, Christen, Kommunisten etc.), um einen mythologisch geformten Reinigungswahn in Gang zu bringen? Ist Auschwitz das Ergebnis eines solchen Reinigungswahnes, der sich in diesem Fall mit einer spezifischen Rassenidee verknüpfte, die den Bösen, den Schuldigen an allem Übel als Träger einer bestimmten "minderwertigen Rasse" oder als "denaturierten Menschen" identifizierte?

Daß Homosexuelle und Geisteskranke in diese Ausrottungsmaschinerie geraten konnten – ist das nicht von einem mythischen Bild wie dem des "natürlichen, gesunden, reinen Menschen" bestimmt worden? Der Versuch, das Böse im Außen eindeutig zu benennen, wurde unmenschlich. Auschwitz und all das, wofür dieser Name steht, ist das Ergebnis eines überdimensionalen mythisch-eschatologischen und projektiven Reinigungswunsches, jedenfalls erscheint es mir so. Wie aber konnte er eine solche Dimension annehmen?

Was die zweite Erfahrung anlangt, so ist es nicht schwer, im psychologischen Erfahrungsfeld den Hintergrundsbegriff ausfindig zu machen (aber natürlich erreicht er nicht die Dimension, die mit dem Schicksal Auschwitz angedeutet wurde): Ein Minderwertigkeitsgefühl, das durch eine unvollendete Aggression hervorgerufen wird (oder mit ihr korreliert), führt zur Depression. Das wäre, kurz zusammengefaßt, eine Zustandsbeschreibung für unser Volk nach dem Ersten Weltkrieg. Der Versuch damals, mit der Hurrahstimmung des Siegenden unbewältigte Probleme im Inneren durch Außenaggression und Machtdemonstration zu lösen, war gescheitert. Die Aggression hatte nicht Erfolg, sondern Mißerfolg gebracht. Schwäche, innerer Wirrwarr, Parteiengezänk und die Unfähigkeit, mit der neuen Gegebenheit umzugehen, verstärkten zusammen mit der Arbeitslosigkeit den Wunsch nach einer "Erlösung" aus der depressiven Lähmung. Die Depression suchte ihren "Ausweg" im Wiederholungszwang der alten Dreitaktregel: Minderwertigkeit (Schwächegefühl) – Aggression (bei Mißlingen) – Depression (und wieder von vorne). Das war nicht nur Tragik und unglückliche Wahl von Mitteln, sondern Schuld. Man wollte die warnenden Stimmen nicht hören, denn das hätte bedeutet, auf das Mittel, wieder hoch zu kommen, auf die Aggression, zu verzichten und seine Notlage anzunehmen.

Das also ist die andere Erfahrung, mit der ich mich dem Thema nähern möchte. Es ist die Depression des Verlierers, der in seinem Höhenflug und in seiner Aggressivität stecken blieb. Die Symptome der Depression, wie sie für die zwanziger Jahre beschrieben werden, kompensieren sich dort, wo ihre Bewältigung nicht gelingt, zu manischen Bewegungen. "Bewegung" – "Aufbruch" erschienen dann als Heilmittel aus der Depression. "Die neue Zeit", "Der neue Mensch" wurden zu Postulaten einer Erlösungssehnsucht, die sich mit dem Willen zur Macht verband. (Darüber ist viel geschrieben worden, nicht nur im Blick auf den Ersten Weltkrieg. Es gilt sicher auch für Prozesse in der Kirchengeschichte bis hin zu gegenwärtigen "Bewegungen", die eine "Erneuerung" der sich immer mehr depressiv reduzierenden Kirche erstreben und logischerweise auch schon von einer Theologie der "Macht und Stärke" sprechen.)

Befremdet, aber auch innerlich bewegt hatte es mich, als ich 1943 "Mein Kampf" las, daß Hitler eines seiner Kapitel mit einem Zitat aus der Bibel (Jes 9,1) begann: "Das Volk, das im Finstern wandelt, sieht ein großes Licht ..." Das war es, was er meinte und was er sich als Heilmittel für die "völkische" Depression vorstellte. Daß dieses Licht aber nur die Wiederholung eines manischen Wunsches war, der gewalttätig sein mußte und unter dem Zwang stand, siegen zu müssen, haben damals nur wenige verstanden. Die einzige Chance, die Aggression zu vollenden, schien in ihrer Steigerung (Gigantomanie) zu liegen, in der Verwendung totalitärer und technisch verbesserter Mittel. "Großdeutschland", "Machtarchitektur", "Machtdemonstration" bis hin zum "totalen Krieg" waren solche Steigerungsmittel. Solange der Steigerungsgedanke besteht, ist die Bewältigung der aggressiven Depression nicht gelungen. Deshalb finde ich auch die Angst, daß die Atombombe zu einer neuen Steigerung des Wettrüstens führen kann, nicht unbegründet, solange nicht die psychischen Faktoren, die zu ihr geführt haben, verändert werden können, bzw. solange der manisch-depressive Formenkreis nicht verlassen werden kann.

Dieser Steigerung, diesem Superlativ, den Hitler zur "Erlösung" benötigte, stand komplementär die superlative Abwertung der anderen (Gegner) gegenüber. Sie wurden zu Unmenschen, Ungeziefer erklärt, und damit wurde ihre Ausrottung als legitim behauptet. Eine solche Idee kann nur durch Zerstörung anderer leben. Die Idee selbst rechtfertigt die Mittel.

Ich kenne diese Steigerungswünsche und die Macht der unvollendeten Aggression, wenn auch nur in meinen Phantasien. Ich kenne den Wunsch nach dem totalen Sieg, der glücklich geschafft wird und in dem die Bösen, die Doofen (auch wenn sie liebenswürdigerweise nicht vernichtet werden) immer den Kürzeren ziehen. Das beruhigt.

Bei Hitler war es noch radikaler, noch konsequenter. Dennoch erscheint mir der damalige Prozeß weitgehend nur durch Spaltung und damit partiell praktiziert worden zu sein.[1] Kameradschaftliche, familiäre Funktionäre konnten ihr Zerstörungswerk praktizieren, das ja dem Volke "nützt", und sich zugleich gefühlvoll, ja sentimental in anderen Bereichen verhalten. Die sie kriminalisierende Suggestion konnte ihnen so kaum einsichtig werden.

---

[1] Es ist hier schon an Persönlichkeitsspaltung gedacht, wobei zwei Prozesse nebeneinander laufen: Das ideologische Traumbild, geschaffen aus den Steigerungswünschen von Macht, Reinheitsideal und Erlösungssehnsucht, verlor immer mehr den Zusammenhang mit der Realität, dem Möglichen, dem traditionellen Wertgefüge. Dieses aber lief zum Teil jedenfalls in den privaten Räumen ungestört weiter. Die Kriminalisierung auch dieser Bereiche erfolgte erst nach und nach; zunächst liefen die alten menschlichen Prozesse, wie es schien, untangiert weiter.

Es gehört für mich zu den erschreckendsten Vorgängen, wie wenig Reue und Einsicht in den späteren Verhandlungen bei den NS-Verbrechern sichtbar wurde. Spaltung verhindert integrative Wahrnehmung. Wir kennen das ja auch von dem suggestiven Hexenwahn seinerzeit, wir wissen von Kreuzzügen, von der Vernichtung Ungläubiger (nicht nur bei Khomeini).

Angst und Idealisierung des Gehorsams, die schon aus der preussischen Tradition unseres Volkes vorbereitet waren, erbrachten den Masseneffekt, der so etwas wie Auschwitz erst möglich gemacht hat.

Frage ich nun danach, worin konkret die Schuld bestanden hat, so würde mir vor allem einfallen, daß es nicht gelungen war, einen Mechanismus zu unterbrechen, sondern ihn nur mit einer Steigerung zu wiederholen. Dabei sind einige Phänomene in diesem Schuldkomplex für mich greifbar: (1) Wir hätten aus der Geschichte, auch aus der unseres Volkes, diese krankmachenden Prozesse erkennen können. (2) Wir ließen uns durch Angst und Gehorsam lähmen. (3) Wir mußten wissen, daß Leben auf Kosten anderer niemals als unser Recht erklärt werden kann, so wie es geschehen ist.

Das Einsehbare nicht einzusehen ist Schuld, und auch Dummheit ist eine moralische Qualität. Ich schließe nicht aus, daß es Bedingungen gibt, in denen Einsicht behindert wurde; daß auch dies objektive Schuld ist, will ich nicht leugnen, es erscheint mir aber schon wie eine Folge der Schuld, ihre wahnhafte Konsequenz bis zum Amoklauf der verzweifelten Depression in den letzten Kriegsjahren. Aber auch dieser war ideologisch uminterpretierbar, die kritischen Stimmen erschienen im Kontext unseres vorgeformten Denkens als Verrat. Schuld und Nichtschuld verdrehten sich zu einem wirren Knäuel, in dem bis heute für manche noch die Frage der Widerstandskämpfer vom 20. Juli steckt. Ist "das Gute wollen" schon gut? Ist fair sein schon so etwas wie unschuldig sein?

Tränen flossen mir über die Wangen, als wir als Gefangene im Triumphmarsch durch Posen geschleppt wurden, angespuckt von der Bevölkerung und geprügelt von den Siegern. Wir mußten an einem großen Plakat vorbei, worauf (in russisch und polnisch) geschrieben stand: "Wir (die Russen) haben Europas Kultur gerettet." Eine Figur mit zerrissenen Ketten war darauf zu sehen und ein am Boden liegender Mann mit Hakenkreuzbinde. Neben dem Plakat standen russische und mongolische Soldaten mit Kamelen und Zelten. Mir schien es damals wie ein Hohn zu sein: Ausgerechnet *diese* sollten Europas Kultur gerettet haben! Ich dachte an die Spottschrift auf Jesu Kreuz (INRI) und empfand jetzt uns als Karfreitagskinder. Erst sehr viel später habe ich verstanden, wie wahr dieses Plakat doch gewesen ist. Aber das Karfreitagsdenken (ohne den Osterhorizont) war für mich damals bezeichnend, fühlte ich mich doch als ein Opfer der mächtigen Bösen, die da so gekommen waren, um uns, die wir doch Gutes gemeint hatten, an ihr Kreuz zu schlagen. Nicht das negative, zerstörerische Ergebnis unseres Krieges erschien mir damals als

Schuld, und die Informationen in der Gefangenschaft, die wir erhielten, konnte ich zunächst nur als infame feindliche Propaganda verstehen. Erst als ich im Zusammenhang mit einer menschlich mich ansprechenden Erfahrung dieser Wirklichkeit begegnete, konnte ich meine Schuld und Einsichtslosigkeit erkennen.

Später, nach der Rückkehr, haben zu dieser Erkenntnis wesentlich Gustav Heinemann und Hermann Ehlers (den ich zeitweise begleitet habe) beigetragen. Schuld kann nicht behauptet werden, sondern sie muß einsehbar gemacht werden, damit man ihr begegnen kann. Da uns dieses damals noch nicht möglich war, weil wir uns in einem schwer entwirrbaren Knäuel von Interpretationen und Gefühlen befanden, konnte uns wohl nur der Zusammenbruch und die Begegnung mit einer anderen menschlichen Erfahrung eine Einsicht in Schuldzusammenhänge ermöglichen. Erstaunlich war es mir, daß die Fanatischen viel schneller "umkippten" und sich auf neue Ideologien einzurichten vermochten; die anderen brauchten etwas länger.

Es gab aber auch unter den Nazis manche, die wirklich eine innere Wandlung erlebt haben, die mir glaubwürdig erschien. Als Student war mir ein solcher Fall bekannt, bei dem ich erst nach und nach begriff, daß der Mitschuldiggewordene sich nicht aus Opportunismus einer neuen "christlichen Ideologie" anvertraut hatte, sondern eine Begegnung erlebt hatte, in der er ohne strafende Mißachtung angenommen worden war. So mußte er nicht wieder in Depression (weil schuldig) zurückgedrängt werden, die dann wiederum zu Aggression (wenn nicht gegen andere, so doch gegen sich selbst als Autoaggression oder Suizid) hätte führen können.

Vielleicht war das so etwas wie Vergebung, die das Angebot einer neuen Sichtweise, eines Sinneswandels ist. Sie löst den inneren Zwang der Schuld auf, der sich lähmend oder aggressiv auswirkt. Sie löst nicht die Schuld selbst auf, sondern macht sie erst erkenntlich und bietet damit zugleich so etwas wie Neuanfang. Ich meine damit nicht "Erneuerung": Diese enthält mir zu sehr die Gefahr von Wiederholung der gleichen Struktur, nur mit anderen Mitteln – wie es ja auch in der Therapie bekannt ist (z. B. bei Symptomverschiebungen). Neuanfang geschieht in den alten Rahmenbedingungen des Lebens, aber mit einer veränderten Realitätswahrnehmung. Der Mensch und seine Bedingungen, Leben zu gestalten und zu bewältigen, haben sich nicht geändert; er kann nur lernen, damit anders als bisher umzugehen. Dieser Lernvorgang, der aus der Begegnung mit der Schuld erwächst, ist mir wichtig. Nicht die Strafe ist es, auch wenn ich mir vorstellen kann, daß diese eine Bedeutung hat für das neue Sich-Zurechtfinden in der alten Welt mit ihren Gesetzen. Es geht schon um eine Hilfe für das Erlernen von Leben mit Schuld und dem Leiden an unerfüllten Wunschvorstellungen.

Es mag eigenartig erscheinen, aber irgendwie habe ich auch die uns von den Amerikanern angebotene politische und wirtschaftliche Hilfe so verstanden. Sie ermöglichte trotz allem so etwas wie Autonomie und

Selbstwerterfahrung. Natürlich war hier nicht primär Nächstenliebe am Werk; politische und ökonomische Faktoren waren wohl ausschlaggebend. Es war für sie einfach "nützlich", sich so zu verhalten und nicht den Morgenthau-Plan zu realisieren, der nur auf Bestrafung drängte. So konnten sie besser Verbündete gewinnen und einen − auch für sie selbst interessanten − Markt erhalten.

Manchmal erscheint mir der "Nützlichkeits- oder Vernunftcharakter der Vergebung" nicht nur eine politische, sondern auch eine biblische Position zu sein. Jesus rät mehrfach dazu (z. B. Lk 16), man solle sich u. a. mit Hilfe des ungerechten Mammons Freunde machen und durch Verringerung von Schuld Helfer schaffen, die einen in der Not in ihre Hütten aufnehmen. Das ist nützlich und "vernünftig". Hier werden Wiederholungen von Depression und Rachegefühlen verhindert. Man hat im Endeffekt von Achtung, Dankbarkeit und Zuverlässigkeit mehr als von der Unterwürfigkeit des Versklavten, dessen Freiheit man zu fürchten haben wird ("Weh dem Volk, des König ein Knecht war!", Spr. 30,22). Die Nötigung, die erlebten Verletzungen des Selbstwertgefühls durch Verdrängen oder projektive Übertragung zu beseitigen oder abzuschwächen, wird aufgehoben und damit der Umgang mit der Realität, dem Leiden, der Mühe positiv ermöglicht. Das wäre so etwas wie die "Gegenwärtigkeit", von der ich Dir im zweiten Brief schrieb. Ob sie eher mit politischen oder religiösen Nützlichkeitserwägungen erlernbar ist, stellt für mich im Moment nur eine Frage der Vermittelbarkeit dar, nicht eine prinzipielle. Vergebung ist in jedem Fall ein hermeneutisches Thema und damit ein Beziehungsvorgang. Sie muß einleuchten, glaubhaft werden können im Verhalten der Menschen, durch die ich meiner Schuld begegnen kann. Ich kann nicht in jeder Zeit, Situation, nicht auf jede Art meiner Schuld und Vergebung ansichtig werden. Die Bedeutung meiner Situation und Befindlichkeit für Einsichtnehmen in Schuld und Angenommensein ist nicht zu unterschätzen. (Hier liegt ein Problem, das mich insbesondere in der Kirche beschäftigt mit ihrer weitgehend wirkungslosen Vergebungshandhabung). Vergebung müßte so etwas wie eine Auflösung des Schuldwiederholungsmechanismus sein.

Im Blick auf das Entsetzen der Nazi-Vergangenheit, an der wir als Mitzugehörige aktiv oder passiv teilhatten, bedeutet es praktisch für mich, Lernhilfe für den Umdenkprozeß zu ermöglichen.

Wenn unsere Schuld darin besteht, daß wir unsere Geschichte und deren Wertsysteme durch Steigerung wiederholt haben, müßten wir erlernen, allen Steigerungsmechanismen gegenüber vorsichtig zu sein, ob sie nun Fortschritt, Gewinnmaximierung, Wachstum oder SDI heißen. Weder wirtschaftlich noch sicherheitsmäßig noch wohlfahrtsideologisch kann Steigerung an sich schon eine positive Qualität haben. Es gibt ein krankmachendes Wachstum (auch der Krebs ist ein Wachstum aus einem Zellenegoismus, der die Zellen nur noch das Wuchern, aber nicht mehr die Kooperation lehren kann). Es gibt ein Wachstum, das unseren Planeten plündert aus dem Hier-und-Jetzt-Egoismus, und eines, das zur narzißtischen Überanstrengung (mit oder ohne Herzinfarkt) führt. Das Lernen aus unserer Geschichte sollte uns weniger zur Selbstwertfindung gereichen als zum kritischen Wachstum.

Wenn unsere Schuld darin besteht, daß wir uns fangen ließen von Angst und Gehorsamkeitsmythos, so muß es um die Einübung eines Verhaltens gehen, das den Protest wichtiger nimmt als den Gehorsam. Wir sollten ein neues Gefühl entwickeln für Unangepaßtheit und die Angst nicht als vorgegebenes Schicksal deuten, sondern als Herausforderung, ihre Quellen zu ergründen. Hier scheint mir nicht nur eine pädagogische, sondern auch eine psychotherapeutische Frage vorzuliegen.

Wenn unsere Schuld darin besteht, daß wir auf Kosten anderer zu leben als unser Recht angesehen haben, dann folgt für mich daraus nicht nur das Ende jedweden Kolonialismus, sondern auch ein würdiger und hilfreicher Umgang mit der sogenannten Dritten Welt, die sich selbst vor Ausbeutung von Mensch und Natur nicht mehr schützen kann, solange sie in Abhängigkeit zu uns steht. Darüber hinaus dürfte es aber auch um die Enttarnung der latenten Verachtung von Minderheitsgruppen gehen (Ausländer, Homosexuelle u. a.). Sie werden zu schnell Projektionsträger unbewältigter Frustrationen und Ängste (Arbeitslosigkeit = "und wir haben so viele Gastarbeiter").

Vielleicht war eine unserer größten Sünden in der faschistischen Zeit unsere Unaufmerksamkeit gegenüber diesen tödlichen Kräften, die sich uns heute manchmal in freundlichen oder kleinkarierten Mustern anbieten, uns für den Moment zu helfen. Sie zu enttarnen wird wohl heute unsere Aufgabe sein, damit nicht ein neuerlicher Zivilisationsbruch uns beschert wird. Daß ein solcher Bruch nicht unmöglich ist, wird für mich nicht nur durch Auschwitz selbst bewiesen, sondern durch die Vorgänge in den Ländern um uns herum – sie aufzuzählen wird nicht nötig sein; und es wird auch durch die Kenntnis von unserem Inneren bewiesen, denn die Krankheit ist niemals nur außen.

Richard Picker

Psychotherapie und Nazivergangenheit – ein Versuch an konkreten Gestalten

Ich möchte meinem Beitrag eine Vorbemerkung voransetzen – sie betrifft die Begriffe der Themenstellung: "Psychotherapie" scheint einigermaßen klar benützbar zu sein; was aber ist mit "Nazivergangenheit"? Sie betrifft gegenwärtig lebende Menschen, vor allem in den deutschsprachigen mitteleuropäischen Staaten – die Zeitzeugen (darunter ehemalige Nazis, deren Opfer und Mitbetroffene) sowie deren Kinder und Enkel. In den Familien ist der Zusammenhang der Gegenwart mit der Nazivergangenheit spürbar. Die Nazizeit ist erst kurz vergangen; das Gefühl der Distanz, wie es anderen geschichtlichen Vergangenheiten gegenüber entsteht, fehlt hier: Wenn ein Distanzgefühl auftritt, so scheint es anderen Ursprungs zu sein; sehr oft aber fehlt jegliches Distanzgefühl. "Wie vergangen ist die Nazivergangenheit?" Das ist eine Frage, die viele Zeitgenossen bewegt, auch mich. Das bedeutet für meinen Beitrag, daß ich nicht weiß, wie ich ihn ansetzen soll, damit er nicht schon von vornherein von der Nazivergangenheit mitbestimmt, ja vereinnahmt wird. Von welchem Standpunkt aus kann ich des Phänomens der Nazivergangenheit ansichtig werden, ohne entdecken zu müssen, daß der Standpunkt selbst zum Phänomen dazugehört?

Es bleibt mir so die Möglichkeit der subjektiven konkreten Annäherung und der konkreten Mitteilung über die Weise, wie die Nazivergangenheit auftritt, wie sich der Prozeß ihres Auftretens und die Begegnung mit ihr gestaltet.

Die Annäherung beginnt damit, daß ich mir bewußt mache, in einem Ursprungsland des Nationalsozialismus, in Wien, zu leben, hier, in der Stadt, in der Hitler seinen jugendlichen Phantasien nachhing, in der es noch das Pflaster der "Linzer Straße" gibt, über das er mit seinem Mercedeswagen triumphal in die Stadt einfuhr. Als 1938 der stundenlange Einmarsch vorbei war, blieb unweit meines damaligen Wohnhauses der "Bayerische Hilfszug" stehen. Hungrige Wiener bekamen gratis Wehrmachtseintopf. Obwohl es meinen Eltern nicht schlecht ging, liefen wir ebenso wie viele andere zu den Feldküchen dieses Hilfszuges, um das "Deutsche Essen", die "Brüderliche Gabe aus dem Reich" (sozusagen die Kommunion mit Großdeutschland) zu empfangen. Wir liefen über genau dieses Kopfsteinpflaster, das die folgenden Kriegsjahre, die Zeit der

Besatzung nach dem Krieg, den Wiederaufbau, das wirtschaftliche Erblühen Wiens und zuletzt den Besucherstrom überdauert hat ...

Es gibt dieses Pflaster vielleicht noch längere Zeit, auch den berühmten Anblick des Stephansdomes vom Graben aus, den Hitler ein Dutzendmal gezeichnet hat, oder den Heldenplatz, auf dem er "Rechenschaft vor der Geschichte" abgelegt hat. Es gibt so viele Plätze und Orte, die Plätze und Orte der Nazivergangenheit sind. Für mich sind sie die Orte einer Nazigegenwart, und die Reiseautobusse und Autoabstellplätze, das Treiben der Gäste, das alles erscheint mir wie Tünche – über "germanischem Boden", über "ewiger deutscher Erde", die bis zum "letzten deutschen Blutstropfen" verteidigt wird. Und wenn ich nur wenige Straßenbahnstationen in den 21. Bezirk Wiens fahre, so komme ich an die Stelle, wo Major Biedermann erhängt wurde: Er wollte nicht, daß Wien "bis zum letzten Blutstropfen" verteidigt werde. Anstelle des Laternenpfahles von 1945 steht jetzt ein plumper, hoher Lichtmast, aber das ist auch schon alles an Neuerem.

Überall tritt mir die Nazizeit entgegen: Im lieblichen südlichen Wienerwald steht das jahrhundertealte Zisterzienserstift Heiligenkreuz. Der Choralgesang der Mönche kommentiert auf seine Weise die Tatsache, daß einer von ihnen, Lanz von Liebenfels, vor etwa 100 Jahren das Stift verließ und zu dem "Mann, der Hitler die Ideen gab", wurde. Donauaufwärts fahrend folge ich in diesem Sinne den "Spuren der Nibelungen" und erreiche Linz, Ort der ehemaligen "Hermann-Göring-Werke" (der heutigen "Vereinigten Österreichischen Stahlwerke") und weiter den Nibelungen nach in das "Sehnsuchtsreich" Deutschland über die Walhalla (bei Regensburg) nach Nürnberg, der Stadt der Reichsparteitage. Was ich heute empfinde, ist wie selbstverständlich von den Bedeutungen der Nazizeit besetzt, und das geschieht durch das propagandistisch mißbrauchte Wort.

Was sind meine eigenen Worte? Welches ist die Sprache, die meine Muttersprache sein könnte, wo doch meine Mutter so glühend versucht hat, die Nazisprache – das sogenannte "deutsche Wort" – zu sprechen? Das dialektverdächtige Wienerische war nicht das "richtige Medium" für die Hoffnung auf eine "großartige Zukunft" – ein "Weltreich des Guten, des Reinen, des Edlen, der nordischen Pflichterfüllung, bevölkert mit Heldenmüttern und Heldenvätern, die ihr Leben als Frontkämpfer für Führer, Volk und Vaterland geben"?

"Kurz und bündig" war das deutsche Wort, "klipp und klar" war es auch; Schiller und Goethe haben es geschrieben, Bach und Beethoven haben es vertont, und der Führer spricht dieses deutsche Wort. Und wenn der Rundfunk es übertrug, so hatte ich still und aufmerksam dazusitzen, bei der abschließenden deutschen Hymne mich zu erheben.

In welcher Sprache, in welcher deutschen Sprache kann ich die Nazivergangenheit in Worte fassen – so daß es diesmal nicht wieder die alten verheerenden Worte sind, die weithin der Tradition gestohlen sind. Die Nazivergangenheit ist für mich ein Phänomen der Usurpation. Es infiziert

132

mit sich selbst, es bedroht mit Distanzverlust jede konkrete Annäherung. Vielleicht hat es damit zu tun, daß im Bereich der Psychotherapie die Nazivergangenheit nur "in privater Dosierung" auftrat.

In den Jahren 1967 bis 1975 machte ich meine psychotherapeutische Ausbildung, durch die ich drei verschiedene Schulen kennenlernte: Gruppendynamik, Psychoanalyse und zuletzt Gestalttherapie (die zu "meiner" Methode wurde). Allen gemeinsam blieb der "private" Ort der Nazivergangenheit. Anfänglich habe ich das nicht wahrgenommen. Mir schien der Raum der Psychotherapie als ein Ort, der vor der Bedrohung durch Begegnung mit der Nazizeit Sicherheit bot. Das Vokabular der Psychoanalyse war nicht von "deutscher Art", und die Dimensionen des Psychischen nicht von "deutscher Seele". Sigmund Freud, Kurt Lewin, Wilhelm Reich, Jakob Levy Moreno und Fritz Salomon Perls waren allesamt nach Inbesitznahme Mitteleuropas durch die Nazis nach England, Amerika oder Afrika geflohen. Sie jedenfalls hatten keine Naziideologie und keine Nazisprache und keinen Nazistandpunkt weitervermittelt, als ihr wissenschaftliches Werk uns weitergegeben wurde. Die Welt der Psychotherapie war eine andere Welt als die der Nazis. Und das tat gut. Es gab mir und meinen Kollegen eine gewisse Sicherheit, und zwar auch gegenüber der Nazivergangenheit.

Konnten wir nicht viele bedrohliche Vergangenheiten in Worte fassen? Hatten wir nicht gelernt, psychischer Dynamik standzuhalten, ihr prozeßhaftes Geschehen zu begreifen, ja sogar zu beeinflussen? Waren wir als angehende Therapeuten nicht an jenem Punkt gesellschaftlicher Kritik und Relativierung beheimatet, der von der Naziwelt unerreichbar schien? So verwandelte sich die Nazivergangenheit in ein Problem unter anderen, das technisch anzugehen und diagnostisch einzuordnen war. So kam es, daß, wann immer die Nazivergangenheit in den Therapien sich hätte zeigen können, sie auf Therapeuten traf, die ihrerseits methodisch korrekt sich "bedeckt" hielten: fest entschlossen, den therapeutischen Rahmen zu wahren. Entsprechend dieser Ausgangslage verhielten sich auch die Klienten. Es entstand eine Art Bündnis, das mehr an "positiven Dingen" interessiert war, an zukünftigen Entwicklungsmöglichkeiten des Menschen, der Entneurotisierung, der unmittelbaren Krisenintervention bei psychotischen Zustandsbildern, der methodischen Weiterentwicklung der Psychotherapie und vielem anderem mehr.

Die Nazivergangenheit jedoch trat anders in Erscheinung. Sie scheint mir von Anfang an unberechenbar gewesen zu sein. Und so war es wohl besser, sie blieb "privat", verborgen und trotzdem unterschwellig präsent.

Typisch für diese Ausgangslage scheint mir ein Ausbildungsseminar gewesen zu sein, das in einem Naturschutzgebiet mitten im süddeutschen Alpenvorland 1973 stattfand. Etwa 20 Kandidaten einer psychoanalytischen Vereinigung, die Gruppentherapie erlernen wollten, tauchten für einige Tage in die Erfahrung der inneren Räume ein. Die Welt der Träume, der Beziehungsfigurationen, wie sie sich in der Gruppe sichtbar machten, die Entdeckung eigener Potentiale hatten uns berührt, verändert, in einen gemeinsamen Prozeß gebracht. Eines Abends traf eine zweite Gruppe am Seminarort ein und setzte sich in der großen Halle mitten zwischen unsere gewohnten Plätze. Neugierig musterte ich die unbekannten Gesichter, als ich plötzlich von der etwas älteren Gruppenleiterin angesprochen wurde: "Sie sind aus Wien, wie ich höre. Wir werden jetzt einige Tage hier die Räume teilen. Ich muß Ihnen etwas sagen: 1938 mußte ich aus dieser Stadt fliehen. Ich bin Jüdin. Bis an diesen Ort habe ich mich Wien wiederum angenähert. Aber weiter habe ich es noch nicht geschafft. Können Sie das irgendwie verstehen? Es wäre für mich wichtig, das Gefühl zu haben." Ich war wie vom Blitz getroffen. Plötzlich war es auch ganz unerheblich geworden, was in unserer Gruppe sich ereignete, alle die Träume, Beziehungskonstellationen, die quälenden und wunderschönen Passagen unserer gemeinsamen Gruppenentwicklung. Das spitze, grelle Wort "Nazivergangenheit" stand mitten im Raum, unter uns und zwischen uns. Da ließ sich vorerst kein unbetroffener Standpunkt finden, keiner, der aus "gleichschwebender Aufmerksamkeit" heraus eine Deutung ermöglichte. Hier ließ sich nichts deuten und nichts intervenieren. Ich kam aus derselben Stadt, aus der meine Kollegin flüchten mußte, weil sie Jüdin ist. Und während ich ohne weitere Bedenklichkeit im süddeutschen Gebiet herumfuhr, war dasselbe Gebiet für sie Terrain einer sehr schwierigen Rückkehr. Meine Kollegin ließ mich allein, stürzte sich in den beginnenden Tanz, in Bewegung, Kontakte, in Wein und Früchte ... Ich blieb für längere Zeit am Rande des Trubels sitzen, aufgerüttelt und verstört: In die Welt der Psychotherapie war die reale, politische, geschichtliche Welt mit Wucht eingebrochen.

In dieselbe Zeit gehört ein zweites Ausbildungserlebnis. Diesmal trat die Nazivergangenheit mitten in einer Gestaltgruppe auf. Hier ging es von Anfang an konfrontativ, direkt, persönlicher zu – zumindest war der Therapeut greifbarer. Und da war eine alte jüdische Frau in der Gruppe. Sie ersuchte uns flehentlich um Hilfe. Wir wußten nicht, wie wir der Frau helfen könnten. Drei Stunden hörten wir ihren Schilderungen schrecklicher KZ-Erlebnisse zu. Es waren drei Stunden zu viel und gleichzeitig viele Stunden zu wenig, um das Gehörte zu verarbeiten. Schließlich konnten wir es nicht mehr ertragen. Und wir wollten auch nicht mehr. Aber niemand hatte den Mut, das auch offen zuzugeben. Und die "geschützte" Form der therapeutischen Begegnung? Wie hätte die aussehen können? Wir wußten es nicht. Lag es daran, daß wir zu jung an Lebensjahren und vielleicht auch an Ausbildungsjahren waren? Was war nun zu tun? Ein Abgrund wurde sichtbar, der zwischen der gewohnten Problemstellung einer therapeutischen Gruppe und der Nazivergangenheit klaffte.

Schließlich verließ die Frau den Gruppenraum und hinterließ in uns ihr Bild: ein Antlitz, über das Schatten des Grauens wellenförmig darüberzogen. In diesem Antlitz trat die Nazivergangenheit in unsere

Gegenwart. Wir waren an die Grenze der "handwerklich" vermittelbaren Psychotherapie gestoßen. Die Nazivergangenheit zwang uns zu einer solchen Grenzbegegnung. Ein Gefühl der *Ratlosigkeit*, das aus dieser Situation kam, hat mich oft unruhig und nachdenklich gemacht. Meine Nachdenklichkeit richtet sich an meine Ausbilder, an meine Ausbilderinnen. Ich frage mich, was mit *ihrer* Nazivergangenheit war? Aber ich kann diese Frage nur sehr fragmentarisch beantworten. Das kommt daher, daß sie ein Minimum an Eigendeklaration aufbrachten, jedoch sehr viel stützende Geduld, selbst dann, wenn wir im Zusammenhang biographischer Aufarbeitung an die Nazivergangenheit stießen. Sie erschien immer in mir oder in jemand anderem individualisiert als rein "privates" Problem. Nie war es – das glaube ich sagen zu können – die *gemeinsame*, uns alle betreffende, ratlos machende, nicht zu überblickende, Entsetzen und Erschütterung auslösende Begegnung mit unserer gemeinsamen Nazivergangenheit! Stets hatte "ich was zu bearbeiten"; aber da war scheinbar nichts, das uns zu einer gemeinsamen therapeutischen (oder irgendeiner anderen) Anstrengung, einer Arbeit mit gemeinsamer Fraglichkeit, zu gemeinsamer Entdeckung veranlaßte. Und da hätte es vielleicht viel zu entdecken gegeben, jedoch um den Preis der Auseinandersetzung mit der gemeinsamen, unmittelbaren, geschichtlichen Voraussetzung.

Und so zeigt sich *mir* unser Umgang mit der Nazivergangenheit in ihrer einengenden Wirkung. Um ihr nicht begegnen zu müssen, haben wir uns in kluge, gemeinsam sie vermeidende Methodiker verwandelt. Wenn ich an die Einsamkeit denke, die mit dieser Einengung verbunden ist, so stehen vor meinem inneren Auge viele Szenen, in denen ich, der ich eine Nazikindheit hatte, kein Interesse und kein Gehör fand, wenn ich begann, zum Beispiel aus meiner Volksschulzeit zu erzählen. Es ist sicher nicht nur mir so ergangen: Immer wieder berichten Klienten, daß ihre Väter und Mütter eigentlich nur "ungern aus der Kriegszeit erzählen", und auf die Frage, ob sie denn die Väter und Mütter auch hören wollten, verneinen sie dies. "Die Welt ist anders geworden. Das würde doch niemand verstehen", heißt dann auch: "Laßt uns von der Gegenwart reden!" Aber, so meine ich, die Nazivergangenheit ist nicht wirklich vergangen – da sind die Plätze, da die Täter, da die Opfer, da die Mitläufer und Zeugen, da deren aller Kinder und Kindeskinder. Wohin soll dieses ungeheuerliche Geschehen der Nazizeit denn gekommen sein? Wer hat denn dieses Unmaß an offener Rechnung beglichen?

So besetzt die Nazivergangenheit mit ihrer *Unabgeschlossenheit* die Gegenwart. Auf diese Weise ist sie anwesend, – einem lebenden Leichnam gleich, vergiftet sie die Gegenwart. Ich denke an einen alten Mann, der nach seiner Wehrmachtszeit als Gendarmeriebeamter Dienst tat und wegen "schlechter Träume, Angstzustände und Schlafstörungen" in die Klinik kam. Er benötigte Hilfe, aber er stellte die Helfer auch vor die Frage der Nazivergangenheit: Seine eigene kehrte in den Nächten wieder

– das wurde jedem klar, der bereit war, dem Mann zuzuhören. Und was geschah mit der Nazivergangenheit, die in den Helfern wachgerufen wurde? Man einigte sich schließlich auf eine entlastende Diagnose: WHO-ICD Nr. 298.0: "Reaktive depressive Psychose". Die Einsamkeit des Klinikdaseins, getrennt von seiner Frau und den Familien seiner Kinder, hält den Mann umfangen. Das zum Beispiel bedeutet die "Vergiftung der Gegenwart durch den lebenden Leichnam der Nazivergangenheit" für mich.

So wende ich mich nochmals an Sie alle, meine Ausbilder, und frage Sie das, was wir, Ihre Schüler in der *Psychoanalyse*, längst hätten fragen sollen; ich bitte Sie, mit uns zusammen der Nazivergangenheit zu begegnen: Wie war das für denjenigen aus Ihrem Kreis, der als Kind eines Juden in Prag überlebt hat und dann nach Wien kam und hier denselben Personen begegnete, die er schon in der NS-Zeit an prominenter Stelle genannt bekam – diesmal tätig nicht als Chefarzt, sondern als Gerichtsgutachter? Wir haben irgendwie gehört, er habe seine Seele mit einem (unveröffentlichten) Roman entlastet. Hat das genügt?
Und ich denke an denjenigen aus Ihrem Kreis, der als Ingenieur auf einem U-Boot Dienst tat, fest integriert in die Kriegsmaschinerie der Besatzung, einmal über Wasser, einmal unter Wasser, gejagt und selbst andere jagend. Nach dem Krieg saß er als Analytiker jahrzehntelang hinter der Couch, immer starrer werdend und zuletzt krank und viel zu jung verstorben für uns alle. War da ein Zusammenhang mit der Nazivergangenheit? Kann es sein, daß da *kein* wesentlicher Zusammenhang besteht?
Und jener aus Ihrer Reihe, der ebenfalls als jüdischer Jugendlicher unter dem Naziterror leben mußte. Er wurde gefoltert und hat das überstanden. Menschliche Liebenswürdigkeit verband sich mit dem Versuch kluger Anpassung an bestehende Machtverhältnisse. Die Psychoanalyse in ihrer trockensten und orthodoxesten Form war sein Rückgrat. Dieses war unversehrt. Warum konnte, warum wollte er mit uns seine Erinnerungen an die Nazizeit nicht teilen? Ich kann nicht glauben, daß eine solche Offenheit nicht heilsam gewesen wäre.
Ich denke an jenen aus Ihrem Kreis, der als Psychologe in einem kleinen Wiener Psychiatrischen Krankenhaus den Krieg überdauert hat. Umfassend gebildet und engagiert – wie ist das gelungen? Die Psychoanalyse hat selbst ihre Nazivergangenheit. Wie gelang das Kunststück? Diese gekonnte Resignation, dieses lächelnde Erkennen der Unausweichlichkeit menschlichen Scheiterns ("Sehen Sie, das ist jetzt Ihr Faschismus, meine Herren! Daran ändert auch die Analyse nichts, so fürchte ich ..."), – kann denn das alles sein? Alles an Antwort auf die Frage, wie denn Nazivergangenheit überhaupt möglich sein konnte?
Ganz anders habe ich Euch *Gruppendynamiker* in Erinnerung: Ihr nanntet Euch "Trainer" und bildetet einen "Staff". Das vermittelte eine zupackende, pragmatische Atmosphäre und eine Art Hoffnung: Organi-

sationen lassen sich humanisieren, Macht läßt sich kontrollieren, die Gruppe hat mehr Lösungskapazität als der einzelne. Eure Ideologie war in einem Punkt das genaue Gegenteil zur Naziideologie: Ihr hattet für Führerschaft nichts übrig. Aber: was war mit der Nazivergangenheit? Zwei von Euch hatten als Folge des Krieges sichtbare Verletzungen. Beide konnten darüber auch sprechen; aber die Nazivergangenheit, die jeder persönlich mitbrachte, war kein Thema. Das sozialpsychologisch verstandene "Hier und Jetzt" setzte einen anderen Schwerpunkt. Ich erinnere mich, daß mir in der Endphase der Ausbildung der Satz: "Eigentlich hat im Zweifelsfall die Gruppe immer recht" unannehmbar schien. Das hatte ich doch in meiner Schulzeit oft gehört: "Der Führer hat immer recht", oder "Die Partei hat immer recht". Wie kann denn irgendjemand immer recht haben? Die Nazivergangenheit lauerte offenbar unter der Oberfläche des Gesprächs, aber sie blieb dort fest verschlossen. Vielmehr wuchs die Hoffnung auf die Gruppe – auf "das Ganze" immer mehr. Waren es zuerst Kleingruppen, so waren es am Ende Großgruppen, an denen die Hoffnung sich festmachte. Und ich hatte das Gefühl, in einer Welt zu sein, die die unzähligen Häftlinge, die helfenden Menschen und die "stillen" Widerstandskämpfer der Nazizeit aus dem Blick verloren hatte.

Mir erscheint es geradezu zynisch und unerträglich zu sein, derartigen Sätzen Folge zu leisten, wenn ich an diejenigen denke, die völlig isoliert und fern dem Gruppenkonsens der Öffentlichkeit die Nazizeit und den Krieg überdauert haben. Da ist ein Kollege, dem als zehnjährigem Mittelschüler zu Kriegsbeginn seine Mutter anvertraute, wie sie Hitler und den Krieg sah: "Alle Nazis sind Verbrecher! Du wirst sehen, der Krieg geht verloren! Glaub' kein Wort von dem, was dir die Lehrer diesbezüglich sagen! Und erzähle das niemandem, was ich dir jetzt gesagt habe. Es ist nur für dich – weil es wahr ist!"

Wie soll denn dieser Kollege, einsam und verloren im Gruppenkonsens einer Nazischulklasse (und dennoch von der Geschichte in seiner von ihr abweichenden Realitätssicht bestätigt), wie kann dieser Kollege überhaupt noch auf Gruppenkonsens Hoffnung setzen, wenn es um Realitätsfindung geht? Diese Arbeitshypothesen halten der Realität der Nazivergangenheit und ihrer Ausformungen offensichtlich nicht stand.

Wieso konnte es zu einem solchen Konsens kommen? War die *Dynamik* des jeweiligen Gruppengeschehens, das der Gegenstand Eurer Forschung war, so faszinierend für Euch? War die *Übereinstimmung* mit der emotionalen Gruppensituation so viel wichtiger als die Aufdeckung und Einbeziehung der unmittelbaren Vergangenheit in den Horizont, den Ihr der Gruppe und uns in der Ausbildung vermittelt habt?

Natürlich: Ihr wußtet über all das intellektuell genügend Bescheid; Ihr werdet mir sofort irgendeine Veröffentlichung nennen, die Ihr zu zitieren wißt (und die ich möglicherweise nicht kenne). Aber das verhalf uns auch nicht zum Kontakt mit der Nazivergangenheit. Vielmehr blieb diese, wo sie vorher auch war: knapp unter der Oberfläche des Bewußtseins – gerade dort, wo sie keine gefühlsmäßige Berührung auslösen konnte, dafür aber intellektuell gewandt handhabbar war.

Ich denke, das gehört ganz wesentlich zur Nazivergangenheit und der Weise ihres konkreten Auftretens: *daß man sie nicht einfach studieren kann, ohne auch von Entsetzen gepackt zu werden.* Das "Undenkbare" ("Hitler ist doch kein Barbar, ich bitte Sie ...") ist dennoch verwirklicht worden. Es war möglich, und es war wirklich. Wann kann man, wann darf man nach der Begegnung mit der Nazivergangenheit zum nächsten Punkt der Tagesordnung, zum nächsten Kapitel der Studienordnung weitergehen? Wann wird sich das Entsetzen gelegt haben?

In der *Gestalttherapie* fand ich eine Arbeitsweise, die mir unmittelbar zugänglich war. Ich erhielt eine neue Basis für meine bisherige therapeutische Ausbildung, ich lernte alles, was ich bisher gelernt hatte, sozusagen nochmals: klarer, konkreter, einleuchtender. Hier, so schien es mir, lernte ich zu leben, das Leben als Phänomen wahrzunehmen, und ich lernte die Ehrfurcht vor dem, was "da ist". Bei Euch Gestalttherapeuten lernte ich Offenheit, Kontakt, das Zutrauen in neue Entwicklungen; da, so meine ich, war alles möglich und alles der Therapie als Medium und Aufgabenstellung zugänglich, weil die Begegnung mit der Realität auf eine phänomenologische Weise stattfand.

Um so mehr schmerzt es mich, jetzt deutlich sehen zu müssen, daß auch Ihr oder wir mitsammen der Nazivergangenheit nicht "unprofessionell" begegnen konnten. Wir wußten ungleich mehr voneinander, als es in meinen vorangegangenen Ausbildungsgängen der Fall war. Die Gestalttherapie mit ihrem Prinzip der "selektiven Offenheit" ermöglichte dies, aber auch wir konnten uns nicht entschließen, dieser Vergangenheit gemeinsam gegenüberzutreten. Wir verwandelten stattdessen die Nazivergangenheit in konkrete Einzelfälle: Ingrids Vater, der SS-Offizier; Irenes Eltern Industrielle, die glücklicherweise rechtzeitig nach Südafrika entkamen; Rolands Vater, ein bodenständiger Bayer, der jahrelang im Krieg war (na und?); Ulrikes jetziger Wohnort, ein Ergebnis ihrer Flucht aus dem Banat ... So standen wir vor berührenden Episoden individueller Gewordenheit, aber wo war die Nazivergangenheit hingekommen? Wo blieb denn die Erinnerung an die Hitlerlieder, die unsere Ohren doch gehört hatten? Wo blieben die Schultern, die vom Tragen des HJ-Tornisters wundgescheuert waren? Wo blieb der schauerliche Sirenenton, der uns vor alliierten Luftangriffen warnte? Wo blieben denn unsere vor Angst zusammengekrümmten Körper, während die Bomben fielen, wo blieben sie denn in der Gestalttherapie? Saßen wir nicht *alle* in den Kellern zusammengekrümmt? Hörten nicht viele, ja ziemlich *alle* Ohren den Sirenenton? Wessen Schultern, wessen Füße waren nicht wundgerieben vom Marschieren und Singen und in die Luftschutzkeller Flüchten? Das frage ich Euch, meine Ausbilder in der Gestalttherapie, und Euch, meine Kolleginnen und Kollegen, die ihr als Erwachsene eine Nazikindheit gehabt haben mußtet und als junge Erwachsene Eltern, die in die Nazivergangenheit verwickelt waren.

Wie haben wir es zuwege gebracht, bei aller Kundigkeit in menschlichen Problemstellungen, bei aller Einsicht in unsere persönliche Gewordenheit, gerade der Nazivergangenheit nicht gemeinsam begegnen zu müssen? Waren wir zu Gestalt-Technikern geworden? Gehörten wir plötzlich zu denen, die schon immer und überall wußten, "wo es langging"? Hatten wir am Ende schon zu Ende studiert und zu Ende therapiert, haben wir es in unzähligen Interventionen, Gesprächen und "Mini-Lectures" zuwege gebracht, der anstehenden Sache selbst, nämlich der Nazivergangenheit, nicht als solcher ohne jede therapeutische Dosierung und Etikettierung zu begegnen?

Diese therapeutische Tüchtigkeit, so vermute ich, hat es uns leicht gemacht auszuweichen! Diese Tüchtigkeit, um die wir uns so sehr bemühten, weil wir mit unserer Methode, der Gestalttherapie, so sehr nach öffentlicher Anerkennung strebten, hat uns darüber hinweggetäuscht, daß es notwendig gewesen wäre, therapeutisch unkonventionell der Nazivergangenheit gegenüberzustehen: ihren Geschmack zu schmekken, ihre Färbung zu sehen, ihren Gestank, ihre Faszination, ihren schrecklichen Lärm und ihr lähmendes Schweigen wahrzunehmen.

Und da ist noch eine Vermutung: Könnte es sein, daß wir hingerissen waren vom Genuß und der Positivität des Lebens – und mit allem Überdruß am selbstverschuldeten neurotischen Leid die anderen, die negativen Aspekte des Lebens weniger sehen wollten?

Wie dem auch sei, jedenfalls wurden wir immer mehr konventionelle Psychotherapeuten, die sich nach den Konventionen der Psychotherapie, der klinischen Psychologie, der Psychiatrie etc. ausrichteten. Da *konvenierte* eben die Nazivergangenheit nicht. Sie störte sehr, obwohl sie ihrerseits ja auch etwas Konvenientes war: Sie ist wirklich geschehen, und eine der bedrückendsten Einsichten besteht darin zu sehen, wie sehr die geordnete Verwaltung des Deutschen Reiches und Österreichs als Vehikel für die Ausbreitung des Naziwesens diente. Im Verordnungsweg, zentral von Berlin aus, ließ sich Vieles, Schreckliches wie die Verfolgung und Vernichtung der Juden und anderer "Untermenschen" durchführen. Es ist passiert; die Gefahr der Institutionalisierung und die Macht von unhinterfragten Konventionen wird hier deutlich.

Wir waren bestrebt – wie wenn nichts gewesen wäre –, unseren Ausbildungskandidaten die üblichen therapeutischen Notwendigkeiten nahezubringen: "Beachtet die Mutterproblematik, vergeßt nicht die Geschwisterrivalität, sprecht Erotik und Aggressivität an, achtet auf Dekompensationsgefahren, vergeßt nicht, eine begründete Differentialdiagnose zu stellen ...", alles brachten wir unseren Kandidaten nahe; wir schrieben es in unser Curriculum, und wir taten sicher damit auch etwas sachlich Notwendiges. Aber: nur das ganz Naheliegende, unsere gemeinsame Nazivergangenheit, die der Therapeuten und die der Klienten, bekam nicht unser besonderes Augenmerk. Wieso konnten wir so sicher sein, daß sie kein Ausbildungserfordernis ist? Ausgerechnet diese konkreteste geschichtliche Voraussetzung!

Wir wissen aus unserer therapeutischen Arbeit an uns selbst und mit anderen, daß man an seiner Geschichte erkranken kann, aber eben auch an ihr gesunden. Die Nazivergangenheit auszublenden, ist auch aus dieser Sicht ein schweres Versäumnis. Ein Kollege, der im Krieg Offizier war, schrieb mir einmal: "Wir haben mit Höfer (BRD) und Waldheim (Österreich) ja allzu reiche Erfahrung. Haben wir das Thema 'Unsere Eltern im Dritten Reich' einmal angesprochen? Wie wäre dann die Aufarbeitung zu verstehen? Ich denke, ohne normativ-ethische Bemühung, z. B. die Unterscheidung von *Schuld* und Schuld*gefühlen*, wird es nicht gehen; und ohne aufrichtige Einsicht und die offenbar ganz unmodern gewordene *tätige Reue* auch nicht!"

Die Auseinandersetzung mit unserer Nazivergangenheit zwingt uns diese Fragestellung auf: Gewohnt, an uns und unseren Klienten Schuldgefühle (und das diffuse "schlechte Gewissen") als neurotisches Symptom zu verstehen, das in befreiender Weise therapeutisch aufgearbeitet, oft auch entlarvt werden kann, wurden wir noch durch die Erfahrungen aus dem Bereich der Familientherapie etwa bestätigt. Es komme nicht darauf an, wer woran schuld sei, sondern vielmehr darauf, die Störung zu begreifen, die den einzelnen schuldig werden lassen. Angesichts der Nazivergangenheit versagen diese beiden Verstehensweisen. Es kommt mir wie ein Hohn vor, die Nazivergangenheit als Störung eines umgreifenden Systems aufzufassen oder gar als neurotisches Aufsichziehen fremder Problematik, "für die man, biographisch bedingt, nichts kann".

Fritz Perls hat Verantwortung (engl. responsibility) als "Response-ability" verstanden, als "die Fähigkeit zu antworten", oder besser noch: die Fähigkeit, die innere Resonanz auf ein Geschehen zuzulassen. Ich denke dabei an eine Frau, die im Wien der Nazizeit plötzlich aus ihrer Alltagsroutine durch die Türglocke gerissen wurde. Als sie öffnete, stand eine Jüdin draußen, die um Unterkunft bat. Es war eine Jüdin, die in derselben Gasse wohnte, also "vom Sehen her" bekannt war. Mehr nicht. "Ich konnte nicht anders. Als ich diese Frau vor der Türe sah, tat sie mir einfach so leid, daß ich sie zu mir nahm. Natürlich wußte ich, daß die Gestapo sie suchen würde." Das war eine Handlung "aus Verantwortung" − aus der Fähigkeit heraus, auf eine Situation zu antworten. Und sie stellt in ihrem therapeutischen Verständnis auch ein *Wertproblem*.

Ich glaube, davor hatten wir alle Scheu oder auch Angst. Vielleicht war es auch die Scheu, religiösen oder weltanschaulichen Kategorien begegnen zu müssen. Mit dieser Ebene wollten wir, so denke ich, nicht konfrontiert werden. Aber anders, so denke ich auch, kann ich der Nazivergangenheit nicht begegnen. Dazu kommt noch, daß in der psychotherapeutischen Szene zwar mehrere Konzepte des Humanismus akzeptiert werden, daß aber alles, was explizit aus der christlichen Tradition oder der kirchlichen Sphäre stammt, Akzeptanzprobleme hat. Das ist fast ein Tabuphänomen, das um so widersprüchlicher erscheint, wenn man neuere therapeutische Weltbilder mit dem christlichen vergleicht. Es ist von allen spirituellen Weltbildern diesem am nächsten.

So wie alle von uns eine Nazivergangenheit haben müssen, so haben viele von uns auch irgendeine Art von christlicher oder konkret kirchlicher Vergangenheit. Diese beiden Vergangenheiten haben sehr viel miteinander zu tun, wie Friedrich Heer ("Der Glaube des Adolf Hitler", München 1968) nachgewiesen hat.

Ich sehe die Nazivergangenheit in Beziehung zur psychotherapeutischen Ausbildung – zu meinen psychotherapeutischen Ausbildungen. Diese drei Ausbildungsgänge, die ich durchlaufen habe, sind in drei verschiedenen Gruppierungen erfolgt, mit verschiedenen Methoden und verschiedenen Ausbildern sowie verschiedenen Kolleginnen und Kollegen. Aber: *so* ist die Nazivergangenheit meiner Erfahrung nach in die Psychotherapie gekommen, *und soweit sie in die Ausbildung kam, soweit kam sie auch in die Arbeit der Ausgebildeten.* Das ist meine These. Und das ist eine These, die mich bestürzt macht.

Ich glaube, daß ich noch etwas nachzutragen habe, ehe die Nazivergangenheit über "Thesenbildung" schon wieder in eine der vorschnell sich schließenden wissenschaftlichen Schubladen rutscht. So wie ich der Nazivergangenheit begegne, wird mir deutlich, daß trotz meines damaligen Kindseins ich zu den Zeitzeugen gehöre; ich bin nicht nur auf das Zeugnis anderer angewiesen.

Als der Krieg zu Ende ging, war ich gerade 12 Jahre alt. Ich habe gesehen und gehört, als Adolf Hitler durch die Linzerstraße an unserem Wohnhaus vorbei in Wien einzog, ich saß auf den Schultern meines Vaters am Wiener Heldenplatz (der gesamte Platz schwarz von Menschen). Ich sah auf der Hauptstraße von Eisenstadt Juden mit dem gelben Judenstern an der Brust gehen. Ich trug unsere Schuhe zu einem Schuster in das Ghetto. Ich wurde "belehrt", daß es keine Konzentrationslager gäbe. Ich hatte einen Schulfreund, dessen Vater allabendlich gut hörbar durch die Trennwände der Wohnung ganz fürchterlich seine Familie zusammenbrüllte: Mein Vater schämte sich für diesen Umstand, war doch dieser Brüller prominenter SA-Führer und unser Blockwart, also einer der "Neuen Deutschen Menschen", die die Nazis produzieren wollten. (Später traf ich ihn wieder: Inzwischen war er in Augsburg führendes Mitglied der CSU geworden: "Man kann doch nicht beiseitestehen, wenn die Gemeinschaft in Not ist" ... das war 1951!) Und schon fließen Bilder um Bilder, deren Strom meinen Beitrag hier zu sprengen droht: die blinkenden Spaten des Reichsarbeitsdienstes, der Geruch nach Leder, Fahnenstoff, der Klang der Fanfaren, das Braun-Rot-Gold-Holz-Licht im Gauhaus Eisenstadt anläßlich einer Namensgebungsfeier ("Deutschland, heiliges

Wort, du voll Unendlichkeit!" sangen die Männerstimmen des SA-Chores); die Deutsche Wochenschau, die Napola, in die mich meine Eltern schickten – bei den täglichen Appellen standen "800 Jungs" angetreten, darunter nicht nur ich, sondern auch heutige Prominenz: ein Nationalratspräsident, ein Minister, ein Magistratsdirektor, ein Diplomat.

Die "Nationalpolitische Erziehungsanstalt" (NAPOLA)! Ich merke, wie ich zu eilen beginne – gleichsam am Ende beginnen will. Aber der Anfang ist es, der die ganze Ungeheuerlichkeit der Nazipädagogik zeigte. Eine Woche lang mußten wir Aufnahmeprüfung machen. Ich war erst neun Jahre alt, ein Jahr jünger als vorgesehen, hatte aber die "Ehre", daran teilnehmen zu dürfen. Als einziger meines Schulortes wurde ich zugelassen. Die Erwartungen von ganz Eisenstadt (heute der Sitz einer Landesregierung) lag auf mir, auch die Erwartung meines Vaters, meiner Mutter, meiner Verwandten. Mit dem Mut der Verzweiflung erkletterte ich zehn Mal die Kletterstange im Turnsaal, sprang ich vom Fünf-Meter-Brett, obwohl ich Nichtschwimmer war ("wenn du nicht springst, hast du keine Chance"), bestand einen Boxkampf, lief fünf Kilometer Dauerlauf und – obwohl ich noch nie eine Weitsprunggrube gesehen hatte, erreichte ich 3,10 m! Der Mut der Verzweiflung, die Ehre, ein "Jungmann" sein zu dürfen (so stand es in meinem Zeugnis: "Dienstrang in der Hitler-Jugend: Hordenführer. Dienstrang in der Nationalpolitischen Erziehungsanstalt: Jungmann"), *das* waren die Triebfedern des psychischen Überlebens in den wahnwitzigen zweieinhalb Jahren des Napola-Daseins. Barfüßig mußten wir zum Morgensport den großen Appellplatz umrunden – auf harten Schotterwegen! Von April bis Oktober hatten wir ab 1943 barfüßig auch tagsüber zu gehen: "Jungs, unsere Soldaten brauchen Leder für ihre Stiefel. Eure Fußsohlen heilen von selbst – also haltet den Mund! Rechts um! Im Gleichschritt marsch! Ein Lied ...!" Worte unseres Anstaltsleiters mit einem alltäglich klingenden Namen. Er war aber nichts Alltägliches. Zerquält in eine Wolke mythischer Heldenhaftigkeit gehüllt, stand er beim Morgenappell vor uns 800 "Jungs". Die Fama wußte von einem schweren Magenleiden – von schlaflosen Nächten und von verzweifelten Touren über die Hindernismauer, über die Hinderniswand und die anschließende Grube samt Hügel, um der Schmerzen Herr zu werden. Er war die Spitze der Hierarchie, er war Hitlers Vertreter für uns – der *Führer* gleich unter dem *Führer*!

Diese Welt der Parteigenossen und Waffen-SS-Pädagogen! Alles war männlich, alles war uniformiert, jedes Hemd, jede Unterhose hatte eine Nummer und einen verbindlichen Platz im Spind (der bis zur Napola für mich einfach Kleiderkasten hieß) – und das war wegen der *Kontrolle*. Kam der Jungmannzugführer vom Dienst, oder gar der Jungmann-hundertschaftsführer, oder nur der Zugsführer (Zug = Klasse!), dann war mit einem Blick aus seinen Augenwinkeln sofort Übereinstimmung oder Nichtübereinstimmung mit der Vorschrift festzustellen. In letzterem Falle wurde der Spind gekippt und so etwa fünf Minuten bis zur abermaligen

Kontrolle zugestanden. War dann auch nur der geringste Fehler (lt. Dienstanweisung) feststellbar, begann das abscheuliche Spiel mit der *Kameradschaft*: "Alle deine Kameraden warten jetzt nur, bis dein Spind in Ordnung ist!" Natürlich war diese Aufgabe kaum zu schaffen − also begann die *Sippenhaftung* − altes, angeblich germanisches Erbe der edlen nordischen Herrenrasse: Alle müssen jetzt zur Strafe z. B. mit dem Tafelmesser Unkraut jäten, "weil du deinen Spind noch immer nicht in Ordnung hast. Das ist ein Scheiß-Zug, wo sowas passiert!" Diese "alle" schwankten zwischen Wut und Mitleid − jedem konnte das passieren, jedem ist das auch schon passiert. Was aber mir passierte, das entschied die *Hackordnung* des Zuges. Zuoberst stand der Stärkste − zuunterst der Schwächste. Die dabei im Verdacht körperlicher Schwachheit Stehenden vermieden sorgfältig, durch öffentlichen (Ring)Kampf Klarheit zu schaffen. Aber selbst in der Napola gab es ja persönliche Freunde: Würden sie vielleicht helfen können? Konnten sie nicht! Sollte der Herr Zugsführer oder der Herr Jungmannhundertschaftsführer oder der Jungmannzugführer vom Dienst derlei bemerken, dann hatte der *Watschenkampf* stattzufinden: Vor angetretenem Zug mußten die beiden Freunde vortreten und einander wechselseitig ohrfeigen, bis einer von beiden zu weinen begann. Tapferkeit nützte nichts, weinen war viel besser − es mußte nur glaubwürdig aussehen. Dann war wenigstens ein Ende, oft auch ein Ende der Freundschaft, oft auch ein Ende des geraden Rückens. Ja, nun wurde ich oft gefragt, hat denn diese Härte nicht auch etwas gebracht? Hat sie auch, sicher. Härte brachte sie! Eine ebensolche Härte, wie man sie erleiden mußte ...

Und keine Frau und kein Mädchen in dieser Männerwelt? Eine einzige Frau war Hausmutter. Sie hatte für einen unehelichen Sohn zu sorgen. Als Hausmutter oblag ihr die "Putz- und Flickstunde". Wöchentlich stopften und nähten wir an unseren Uniformen herum, damit beim Morgen- und Abendappell die verschiedenen Führer alle Knöpfe und alle Löcher und alle Achselklappen und alle Reichsadler diensttauglich fanden. Außerdem kontrollierte die Hausmutter in den unteren Zügen allmorgendlich die Leintücher. 70% der Jungmänner des 1. Zuges waren Bettnässer! Sie bekamen gestampfte rohe Eierschalen (1 Eßlöffel voll täglich) in der Spitalsbaracke verabreicht. Wer keinen gelben Urinfleck im Leintuch hatte, bekam ein Bonbon. Eine unendliche Kostbarkeit! Wer immer weiter Bettnässer blieb, wurde immer weiter hinuntersversetzt in der Hackordnung.

Einer meiner Zugskameraden (heute ist er Manager einer Bekleidungskette) wurde in Ermangelung einer noch tieferen Position kurzerhand in einen leeren Gänsestall gesperrt. Einen Tag lang war er darin zu bestaunen ... soweit zur Hausmutter. Außer ihr erschien nur noch die Singschar des Bannes 511 (Baden bei Wien) in unserer Anstalt. Das war ein unfaßbares Ereignis: Lauter 15- bis 17jährige schmucke BDM-Mädchen! Wir staunten sie an. Sie sangen zum Singwettbewerb von Mozart:

"Bald prangt, den Morgen zu verkünden ..." aus der "Zauberflöte" (eine ganz fremde Welt). Mit ihnen durfte der siebente und achte Zug (bereits in der Uniform der Politischen Leiter) einen festlichen Tanzabend verbringen. Wir durften nicht dabei sein. Wir marschierten dafür mit Fanfarenzug und Trommeln zum hundersten Mal durch Traiskirchen ... und so weiter und so weiter.

Da wäre so viel zu sagen, da wäre – immer in der Möglichkeitsform! Denn in der Wirklichkeit versuchte ich das auch im Kreise meiner Kollegen einmal zum Thema zu machen. Immerhin interessierten sich etwa 30 Leute dafür, aber nach einem Abend des Austausches, an dem ich auch (etwas ausführlicher) über die *Pädagogik der Napola* an meinem eigenen praktischen Beispiel berichtete, wurde einigen Teilnehmern übel – von der Atmosphäre der Nazivergangenheit, die sich da mitvermittelte! Diese Atmosphäre von Ordnung, Blut, Faszination und Zerstörung in allen Formen.

Wieso gelang es mir nicht, mich den Kollegen besser verständlich zu machen? Warum stellten sie mir so hanebüchene Fragen wie: "Ja, habt ihr denn das alles nicht reflektiert?" Oder: "Kann denn ein Mythos so stark wirken?" Schließlich endete auch die Nazizeit. Das herannahende Ende war unübersehbar, selbst für uns in der Napola. Wir wurden bombardiert. Nach den Bombenangriffen stiegen wir auf die Dachterrasse und suchten die meistbetroffenen Gebiete Wiens nach dem Feuerschein herauszufinden. "Wo wohnt meine Mutter? Hoffentlich schickt sie mir eine Überlebensnachricht!" (Bevorzugte Postzustellung – kostenlos).

Die Bomben, die Verwundeten, die Ritterkreuzträger des siebenten und achten Zuges, das brennende Wien, das stille Verschwinden meines Vaters (der "vermißt" wurde ... einfach "vermißt". Die Deutsche Wehrmacht vermißt jemanden, der zufällig mein Vater war) ... Stop! Stop! Stop! Ehe die Nazivergangenheit in ihrer breiten Vielfalt alles überschwemmt. Und dabei habe ich den Anblick der befreiten Konzentrationslager Mauthausen und Gusen noch gar nicht erwähnt. Dann die Bilder des brennenden Waggons, in den wir auf der Flucht geraten waren, dann die Tiefflieger, die in der Nähe dieses lieblichen Stiftes Göttweig mich bedrohten, während ich mich auf einem Felde kriechend vor ihnen zu schützen suchte – solche Bilder zum Ende des 3. Zuges der NAPOLA.

Das ist der Versuch meiner Zeugenaussage, ein prägnantes Detail. Vielleicht hilft auch dies, eine Art heilsame und befreiende Wirkung einzuleiten, die mit der Offenlegung des persönlichen Anteils beginnt und einen Offenlegungsprozeß auslösen kann. "Was ans Licht kommt, wird licht"; was licht geworden ist, kann nicht mehr im Finstern sein Unwesen treiben. (Freud: "Wo Es war, soll Ich werden!") Aber spät ist es dazu gekommen! Wieso ist es denn jetzt endlich so weit gekommen?

Hier will ich der Auseinandersetzung um die Kandidatur und die Wahl Kurt Waldheims zum österreichischen Bundespräsidenten gedenken.

Plötzlich trat die Nazivergangenheit – seine und die von uns allen – ans Licht. Es war vor allem das Licht der Öffentlichkeit in Form von Medienpräsenz, Interesse, Aktion, Reflexion, Diskussion, Dokumentation; es entwickelte sich eine Art "Waldheimindustrie" – vielleicht am ehesten als ein einzigartiger *Großgruppenprozeß* zu begreifen. Und so trat in diesem Prozeß die *Nazivergangenheit offen zutage*. Sie war nicht mehr aufzuhalten, wie immer man zu den Akteuren und Aktionen dieses Prozesses stehen mochte. Plötzlich erschienen Protagonisten der Nazivergangenheit, plötzlich wurde deutlich, daß es eines Typus bedurfte, an dem eine Großgruppe ("die Gesellschaft") ihr Problem sehen, definieren und abhandeln konnte. Und plötzlich kam wie in einem anschwellenden Fluß langsam breit ins Fließen, was bislang als unterirdisches Gewässer unbestimmbar war.

Unvergeßlich wird mir die Sitzung einer Ausbildungsgruppe bleiben, die über lange Passagen hinweg sich in Predigten an die Tätergeneration erging. Alle waren informiert, alle waren klug, alle waren, sozusagen mit weißer Weste bekleidet, untereinander einig. Aber die Nazivergangenheit war gegenwärtiger, als die Gruppe dachte. Eine junge Frau kam auf ihre Mutter zu sprechen. Sie hielt inne: "Was wolltest du uns noch sagen?" Eine Pause entstand. Und dann kam es zum Vorschein: "Mutter wohnte in einer großen deutschen Stadt, und neben uns wohnte eine jüdische Familie mit einem achtjährigen Mädchen. Eines Abends kam die Mutter dieser Familie zu uns herüber und sprach: 'Wir haben sichere Nachricht: Morgen in aller Frühe werden wir von der SS ins Lager abtransportiert. Könnten Sie meine kleine Tochter zu sich nehmen und verstecken?' Meine Mutter hat mir das mehrmals erzählt. Tatsächlich kam am nächsten Morgen in aller Frühe die SS mit einem Lastkraftwagen und holte die jüdische Familie ab. Auch das kleine achtjährige Mädchen. Meine Mutter beobachtete diesen Vorgang hinter einem Vorhang verborgen durch unser Zimmerfenster. So kam es, daß meine Mutter nicht in Schwierigkeiten kam. Und so kam auch ich nicht in Schwierigkeiten und hatte eine geordnete Kindheit." Stille, Verlegenheit, Entsetzen machte sich breit.

So trat die Nazivergangenheit mir in dieser Ausbildungsgruppe entgegen. Und auch in einer Einzeltherapiesitzung: Als ich das Buch von Sichrowsky "Schuldig geboren" las, fiel mir nicht auf, was ein ehemaliger Klient mir später mitteilte: daß einer der Beiträge seiner sei. So trat die Nazivergangenheit in meine subjektive Therapiewelt. Dies bremste mich in meiner therapeutischen Arbeitseifrigkeit. Eine Art Stille trat ein. Ich hielt an und begann nachzudenken.

Also ist hier der Ort, jener Klienten zu gedenken, die besonders von der Nazivergangenheit betroffen sind. Sie waren meine Verbündeten des Schweigens – ich hatte sie dazu gemacht; jetzt kann ich sie in ihrer Verletzung durch die Nazivergangenheit sehen, nicht nur als persönliche

Problemlage, sondern als Menschen, durch die im Bereich der Psychotherapie die Nazivergangenheit als gemeinsame deutlicher wird.

Da ist jener alten Frau zu gedenken, die nur einmal zu einem Vorgespräch erschien. Sie hat auch mit dem KZ zu tun gehabt und gab nach diesem ersten tastenden Gespräch kein Zeichen des Kontaktes mehr von sich.

Da ist Herbert, mit seinem Zwillingsbruder Otto. Die Eltern waren Beamte und Nazis. Als der Vater aus dem Krieg zurückkam, mußte er offensichtlich die beiden Zwillingsbrüder, die ja seine Kinder waren, erst an sich angleichen: Nächtlicherweise verdrosch er sie ordentlich, rituell, geregelt im Badezimmer für ihr wehleidiges Verhalten (sie schliefen nicht ruhig genug in ihrem Bettchen!). Die Mutter schwieg. Dieses Schweigen der Frauen in den Nazifamilien! Dieses immer den Mann entschuldigende, um Verständnis für ihn ersuchende Schweigen! Dieses Schweigen, das immer den Geruch der Gefolgschaftstreue an sich hatte und so selten den der Verzweiflung, der Angst, des Versagens.

Da ist Helga, deren Vater prominenter Naziarzt war. Die Familie verlor alles, auch ihre Integrität, und fand nichts von all dem wieder, auch nicht durch eine Art Vergebung, die möglich gewesen wäre.

Da ist Maria, deren Großeltern im KZ umgekommen waren. Maria trug dieses Großelternschicksal wie eine Fahne dort voran, wo sie politisch tätig war, ganz gleich in welchem Kontext sich das abspielte, und hielt dieses Großelternschicksal wie einen Schild vor sich, um sich selbst dahinter zu verbergen. Die Großeltern waren gemordet worden. Und Maria hielt ihr Andenken wach, um sich darunter zu verbergen. Wo war Maria?

Da ist Erika, deren Vater, mitten in Wien mitten im Krieg mit einer Halbjüdin verheiratet, es zuwege brachte, sie nicht opportunistisch zu verlassen, sie sogar am KZ vorbei lebendig durch die Nazizeit schwindelte und der als kleiner Geschäftsmann unverstanden in dieser Leistung blieb, auch unbedankt. Als er sich seiner Tochter deutlich machen konnte, starb er kurz darauf, wie wenn er nur bis zu diesem Zeitpunkt hätte leben wollen: bis zu dem Zeitpunkt, an dem die Nazivergangenheit, diese seine Art, eine Nazivergangenheit zu haben, bezeugt war, in die Erinnerung gebracht und aufbewahrt worden war.

Da ist Helmut, dessen Vater Monarchist war, katholisch, konservativ, völlig unfähig, den Kriegsdienst im Zweiten Weltkrieg ungebrochen zu überstehen. Seine Teilhabe an der Nazivergangenheit hat ihn gebrochen. Als Gebrochener kam er nach Hause und brach jeden, der nicht stark und klug genug war, Distanz zu ihm zu halten. Diese gebrochenen Familienmitglieder sind direkte Abkömmlinge seiner Nazivergangenheit − kein Widerstand, keine Flucht, dafür aber Gebrochenheit, ansteckende Gebrochenheit.

Da ist Helene, deren Vater mangels anderer beruflicher Qualifikation direkt vom deutschen Heeresoffizier zum österreichischen Bundesheergeneral wechselte (eine kleine Generalpause hatte er allerdings dazwischen eingehalten). Er war lebendig, aber in Wirklichkeit tot, unfähig, auch nur irgendetwas zu empfinden, irgendetwas zu denken, was nicht prinzipieller Struktur war. Ein Mensch, den die Uniform und alles Uniforme aufrecht erhielt. Seine Frau und seine Kinder – hat er sie überhaupt gesehen? Helene, wurdest du überhaupt von deinem Vater außerhalb eines erzieherischen Befehlszusammenhanges wahrgenommen? Hat so der Tod des physisch Lebenden dich schon früh berührt? Helene, bist du so an seine und in der Folge an deine Nazivergangenheit gekommen?

Da sind Franz und Albert, deren Eltern sich trennen mußten, um überleben zu können. Der Vater fand nach dem Krieg keine lebbare Beziehung zum "Zivilistendasein". Er funktionierte im Arbeitsbereich, aber stagnierte in seiner Entwicklung, bis er zuletzt wie ein vergifteter Köder wirkte, vor dem man warnen mußte. Das tat seine Frau und steigerte sich dabei in wahnhafte Vorstellungen, die gar nicht so wahnhaft waren, bezog man sie auf das Eheproblem der Frau. Aber wer hatte dazu schon Zeit? Sie wurde mittels Psychopharmaka vor einem Klinikaufenthalt bewahrt. Die beiden Söhne scheiterten in ihren Ehen. Sie hatten keine Modelle und keinerlei Hoffnungsschimmer an ihren Eltern wahrnehmen können. Wo blieb denn die Hoffnung? Sie blieb für sie im Krieg, der – schon zum zweiten Mal – aufgrund einer "internationalen Verschwörung" verlorengegangen war. Vereinsamt wartet der Vater als Pensionist, aber worauf? Kann jemand sein Leben abschließen, der auf seiner Nazivergangenheit sitzend noch immer verbittert auf den Endsieg wartet? Die Nazivergangenheit triumphiert über den Tod? (1. Strophe-Ende des Liedes "Unsere Fahne flattert uns voran": " ... Ja, die Fahne ist mehr als der Tod!"). Und wer schließt für den "ewigen Endsieger" die Problemgestalt?

Ich bin an das Ende meines Versuches gekommen, der geschichtlichen Gestalt der Nazivergangenheit nicht auszuweichen. Es ist notwendigerweise ein sehr subjektiver Beitrag geworden.

Schon spüre ich die Versuchung, einen zusammenfassenden, versöhnlichen oder einordnenden Schluß zu schreiben. Ich will das jetzt nicht tun. Kurt Waldheim hat – freiwillig oder zwanghafterweise, das ist hier nicht die Frage – uns durch sein Beharren die Möglichkeit gegeben, den begonnenen Prozeß der Auseinandersetzung mit der offenkundigen Nazivergangenheit nicht vorschnell abzuschließen. (Das Thema "Höfer" war in der Bundesrepublik ungleich rascher aus dem Licht der Öffentlichkeit entfernt worden, das Thema "1938" auch). Daraus beziehe ich die Ermutigung, die Frage der Nazivergangenheit und die Frage der Psychotherapie vorerst offen zu halten, solange offen zu halten, bis sich die Frage evident und offenkundig von selbst abschließt. Deshalb plädiere ich für mehr "Nazivergangenheit" und weniger "Psychotherapie".

Vielleicht ermöglicht diese Situation auch, die Erschütterung (endlich) auszuhalten, die angesichts der Nazivergangenheit schon verlernt schien und die uns, so glaube ich, jetzt wieder zugänglich geworden ist.

Heidi Salm

"Auch ich war dabei"

Konfrontationen mit der eigenen Geschichte in der Familientherapie

Im Mai 1987 wurde ich gefragt, ob ich für diesen Sammelband einen Beitrag schreiben könnte über meine Erfahrungen mit Kindern und Enkeln von Tätern des Dritten Reiches bzw. von überzeugten Nazis. Ich meldete mich damals sehr spontan, denn mir kam unmittelbar eine Fülle von Bildern aus meiner therapeutischen Arbeit in den Sinn. Ich begann, in den Unterlagen meiner jetzt 12jährigen Praxis als Familientherapeutin zu blättern und nach Konkretem zu suchen. Dabei fiel mir auf, wie häufig ich im Rahmen meiner Arbeit mit einzelnen, Paaren und Familien Wert auf handgeschriebene Lebensläufe der Eltern meiner Klienten gelegt habe und wie gerade die Zeit zwischen den beiden Weltkriegen und die Jahre des Nationalsozialismus bei Eltern und Großeltern immer wieder Themen in den Sitzungen gewesen sind. Die Tonbänder sind gelöscht oder wurden den Patienten mitgegeben. Somit bin ich auf mich allein zurückgeworfen, auf meine Erinnerungen, meine handgeschriebenen Protokolle und meine Bilder. Aber geht es nicht eigentlich um mich selbst?

Ich bin 1922 geboren, war also elf Jahre alt, als Adolf Hitler die Regierung übernahm. Ich habe diese Zeit miterlebt, sie hat mich als Kind und junges Mädchen geprägt, und auch ich war engagiert. In diesem Beitrag soll es um die Täter und überzeugten Nazis gehen. Aber wer nennt sich denn eigentlich Täter oder wird so definiert? Sind das wirklich nur die, die andere umgebracht haben, indem sie sie denunzierten oder selbst direkt an ihrer Ermordung beteiligt waren? Werden nicht heute Menschen mit gegensätzlichstem Verhalten mit dem Schimpfwort "Nazi" angeklagt? In meinem ersten Fallbeispiel (1984) nannte eine Tochter ihre Mutter Täterin, ein Vorwurf, bei dem mir bewußt wurde, daß auch ich mich Täterin nennen müßte.

Als ich mich vor kurzem in meiner Ursprungsfamilie über die politischen Aktivitäten meines verstorbenen Vaters erkundigen wollte, wurde mir deutlich und direkt gesagt, daß mein Vater Hitler bewundert hätte, aber nur ich der "Nazi" gewesen sei, während die anderen sich mehr herausgehalten hätten. Es ist richtig, als junges, begeisterungsfähiges Mädchen habe ich viele Jahre zehn- bis zwölfjährige "Jungmädels" (die

Gruppen der jüngsten Mitglieder im "Bund deutscher Mädel", BDM) angeführt und wurde im Laufe der Jahre bis zur "Jungmädelringführerin" befördert, bevor ich dann 1939 nach dem Abitur zum Arbeitsdienst eingezogen wurde. In den Jahren meiner Führungsrolle habe ich in dem Maße, wie ich mich von der nationalsozialistischen Idee beeinflussen ließ, dieses Weltbild den zehn- bis zwölfjährigen weitervermittelt. Darin sehe ich meinen Anteil, meine Mitverantwortung und meine Schuld.

Vor wenigen Wochen noch unterhielt ich mich mit einer 21jährigen Pädagogikstudentin über die mich beschäftigenden Fragen der Täterschaft und über meine Geschichte. Diese Studentin fragte mich, wieso ich mich als Täterin sehen würde, denn ich sei ja nur engagiert gewesen, wie dies viele jetzt auch für die verschiedensten Dinge seien, und als Täter müßte man doch ganz andere bezeichnen. Durch diese Frage wurde mir wieder einmal deutlich, daß durch unser Schweigen viele der jüngeren Generation offenbar recht pauschale Feindbilder von "dem Nazi" haben, ihn als den bedrohlichen Bösen oder gar als den zu bewundernden Helden sehen. Sie wissen vielleicht wirklich – gerade durch unser Schweigen – zu wenig von der Mehrzahl der Nazis, die weder das eine noch das andere Extrem lebten, sondern sich, ohne viel nachzudenken, anpaßten und nur das taten, was von den Autoritäten gefordert wurde. Durch die extremen Feindbilder war es dann für viele von uns Älteren verhältnismäßig leicht zu sagen, daß sie zu "diesen Nazis" nicht dazugehört hatten.

Ich habe lange Zeit immer wieder in meinem Gedächtnis nachzuforschen versucht, ob ich nicht doch etwas von den Greueltaten in den Konzentrationslagern gewußt habe – es ja eigentlich wissen müßte! Die Frage an mich selbst, was alles aus dieser Zeit ich vergessen und verdrängt haben könnte, hat mich lange verunsichert und zögern lassen, etwas über die Nazizeit zu erzählen. Das Zweifeln an mir selbst, wie weit ich durch die Erinnerungen an viele positive Erlebnisse in dieser Zeit die geschehenen Menschenmorde verharmlosen würde und die Frage, inwieweit aus diesem Grund meine Aussagen überhaupt eine Gültigkeit hätten, hat mich lange beherrscht.

Im Rahmen meiner psychotherapeutischen Tätigkeit rege ich andere an, ihre Vergangenheit und Geschichte anzusehen und in Beziehung zu ihrer Gegenwart zu setzen; dabei muß ich mich selbst laufend mit der eigenen Lebensgeschichte auseinandersetzen – in einer anderen Rolle als in meiner eigenen Therapie. Daß meine Berufswahl in engem Zusammenhang mit der Geschichte meiner Familie zu sehen ist, war mir schon länger deutlich. Wie sehr meine therapeutische Tätigkeit offenbar der von mir unbewußt gewählte Weg war und ist, zu versuchen, meine politische Vergangenheit zu bewältigen, wird mir erst jetzt deutlich.

Diese Gedanken waren der letzte Anstoß, mich an diesem Buch zu beteiligen. Ich möchte im folgenden meine Erinnerungen aus der Nazizeit im Zusammenhang mit Erlebnissen meiner Patienten aufzeichnen. Aus der Vielzahl von möglichen Beispielen habe ich drei Falldarstellungen ausgewählt, durch die ich mit meiner eigenen Nazivergangenheit erneut konfrontiert wurde.

1. Fallbeispiel

Frau Ursel N., geboren 1944, kam 1984 mit ihrer Tochter Anna, die gerade neun Jahre alt geworden war, in meine Praxis. Sie schilderte die Situation folgendermaßen: "Ich bin hilflos im Kampf gegen meine eigene Mutter, die ich als geschiedene und berufstätige Frau aber zur Betreuung meiner Tochter und zur Führung des Haushaltes brauche. In diesem Kampf habe ich Angst um meine Tochter Anna, die mit viel Weinen und Schreien anscheinend sehr unter den vielen Meinungsverschiedenheiten leidet." Beim Erzählen der eigenen Lebensgeschichte von Ursel fielen mir Ähnlichkeiten zwischen ihr und ihrer Mutter auf. Die Mutter, Frau Leder, und Ursel waren beide Einzelkinder. Beide hatten mit 24 Jahren geheiratet, und zwar jeweils einen Lehrer. Der Mann von Frau Leder war kurz nach der Geburt der Tochter in Rußland vermißt. Der Mann von Ursel hatte sich kurz nach der Geburt der Tochter scheiden lassen. Frau Leder, geboren 1920, war Krankenschwester, während Ursel als Lehrerin an der Grundschule tätig ist. Die Berufswahl der Mutter erklärte mir Ursel folgendermaßen: "Meine Mutter war durch das Kriegsgeschehen in diesen Beruf sozusagen hineingewachsen und hatte sowieso aus dieser Zeit viele Ideen und Gedanken, über die wir sehr viel streiten und sehr verschiedene Ansichten haben." Daraufhin schien es mir notwendig, Frau Leder zu den nächsten Sitzungen mit in die Praxis einzuladen.

In den folgenden Begegnungen, bei denen drei Frauen aus verschiedenen Generationen mir gegenübersaßen, wobei Anna ständig zwischen Großmutter und Mutter hin und her pendelte, kamen wir sehr schnell auf die Unterschiede und Ähnlichkeiten zwischen Mutter und Tochter zu sprechen. Für Ursel war nicht nur das Krankenschwesterdasein als Lebensberuf sehr unverständlich, sondern vor allem schämte sie sich, daß ihre Mutter in der Nazizeit dabei gewesen sei und auch jetzt noch manches, wie sie sagte, so schön fände. Es folgte dann eine heftige Auseinandersetzung zwischen Mutter und Tochter, während Anna sich in der äußersten Ecke der Praxis hinter einem Stuhl versteckte. Ich bot daraufhin meine Rolle als Dolmetscherin an. Frau Leder berichtete, daß sie als 14jährige Mitglied des "Bundes deutscher Mädel" (BDM) wurde und daß sie, "wie viele aus meiner Klasse damals", sehr stolz war, den schwarzen Schlips und den braunen Knoten zu bekommen und eine Uniform zu tragen. Erst als ich ihr sagte, daß auch ich, zwei Jahre jünger als sie, damals diese Uniform des BDM getragen und damit stolz vor dem Spiegel gestanden habe, hatte Frau Leder den Mut weiterzuerzählen, ohne sich durch die körperliche Unruhe und die scharfen Zwischenbemerkungen ihrer Tochter aufhalten zu lassen.

Sie erzählte von Fahrten mit Gleichaltrigen in die Umgebung der Großstadt, die sie, als Einzelkind und nur an das Spielen auf der Straße gewohnt, besonders genossen hatte. Auch berichtete sie von Ziehharmonikaspielen und Singen und betonte nochmals, mit einer Kopfbewegung zur Tochter hin: "Das war eben schön, auch wenn du es nicht verstehen willst." Nun fragte ich die Tochter Ursel, ob sie das, was ihre Mutter eben gesagt hätte, nicht verstehen könnte, und wie sie das Draußensein und Spaßhaben in einem Kreis von anderen denn erleben würde. Ursel antwortete, daß das mit dem, was ihre Mutter erzählte, gar nichts zu tun habe, denn sie habe auch viel Spaß an solchen Dingen und sei in einer Frauengruppe, mit der sie auch jetzt immer noch am Wochenende hinausfahre. Doch würden sie dabei über ganz andere Dinge sprechen, überhaupt nichts Politisches machen, und sie seien auch politisch gar nicht interessiert. Insofern könnte man das gar nicht miteinander vergleichen. Als Frau Leder ihre Tochter überzeugen wollte, daß auch sie an diesen Wochenenden nichts Politisches gemacht hätten, sondern daß die politischen Schulungen im BDM einmal in der Woche an einem sogenannten Heimabend stattgefunden hätten und für Frau Leder teilweise langweilig wie eine Schulstunde gewesen seien, an der sie aber habe teilnehmen müssen, war es ganz schwierig für die Tochter, wirklich zuzuhören.

Auch ich erinnere mich noch gut an den Tag, an dem ich im Rahmen einer großen Feierstunde mit Verleihung von schwarzem Schlips und braunem Knoten in die Reihe der "Jungmädel" aufgenommen wurde, bei denen ich schon etwa drei Monate vorher dabei sein "durfte". Auch mir fällt, genau wie Frau Leder, sofort eine Fülle von schönen, positiv erlebten Bildern der Gemeinschaft dieser Zehn- bis Zwölfjährigen ein. Auch ich habe das gemeinsame Singen, Musizieren, Wandern und Theaterspielen genossen. Und auch nach meiner Erinnerung hatten die "Heimabende", an denen ich zwei Jahre lang als Jungmädel teilgenommen hatte, viel Ähnlichkeit mit Schulstunden: Es wurde viel Unsinn gemacht und nur hie und da zugehört, je nach der Art, wie wir geleitet oder angeregt wurden. Aber bei mir war es ja weitergegangen: Mit 13 Jahren übernahm ich eine erste Gruppe Zehnjähriger, und ich war wiederum sehr stolz, diese Verantwortung übertragen zu bekommen. Aber als sogenannte "Führerin" hatte ich nun die Aufgabe, an den Heimabenden einmal in der Woche politische Themen zu behandeln. Noch sehr genau erinnere ich mich an die Aufgabe, die Lebensgeschichten der "großen Führer des Dritten Reiches" zu vermitteln. (Es erscheint mir als Ironie meiner Geschichte, daß ich ausgerechnet in der Nazizeit als 13jährige begonnen habe, mich mit Lebensgeschichten anderer zu befassen.) Weitere Themen dieser Heimabende waren Geschichtsbilder, in denen die Deutschen als besonders auserwähltes Volk dargestellt wurden. In der Schule lernte ich Geschichte unter einem sehr einseitigen Blickwinkel und vermittelte sie in dieser Form weiter an die Jungmädel meiner Gruppe. Alle Themen standen unter dem Zeichen, daß wir eine "neue Wende und einen neuen Aufbruch miterleben durften und uns dazu, in welcher Form auch immer, vorbereiten und bereithalten sollten."

Wenn ich das hier schreibe und mir solche Gedanken und Bilder wieder vor Augen führe und spüre, was es damals für mich bedeutet hat, so bin ich erschrocken, wie blind und kritiklos ich dieses von Hitler übermittelte Menschenbild an Jüngere weitergeben konnte, nach dem die Deutschen als "auserwähltes Volk" und Rasse herausragten und jede Andersartigkeit als Grund zur Ausstoßung genommen wurde und schließlich zum Massenmord an den Juden geführt hat.

Meine Erinnerungen aus dieser Zeit, sei es mit elf oder zwölf Jahren oder als Jungmädelführerin mit 15, 16 Jahren, sind jedoch auch immer mit Gefühlen von Angst verbunden. So konnte ich z. B. die Frage an Frau Leder stellen, ob auch sie, so wie ich damals, Angst erlebt hätte. Frau Leder erzählte daraufhin, daß in ihrer Klasse Gruppen von Nazis und von Nichtnazis gewesen seien. Uniformen hätten sie ja alle tragen müssen. Sie habe jedoch zwei aus der Klasse bewundert, wenn auch überhaupt nicht verstanden, die diese Uniform nie trugen, dabei immer sehr abseits standen und von den Lehrern ungerecht behandelt wurden. Auch erzählte sie, wie der politische Druck immer größer wurde. "Aber das bekamen mehr die zu spüren, die nicht mitmachten, und wir haben uns nichts dabei gedacht." Bei solchen Äußerungen der Mutter brauste Ursel sehr heftig auf und war auch anfangs nicht bereit, eigene Erinnerungen an die Zeit, als sie 15 und 16 Jahre alt war, daneben zu stellen. Sie rief dann: "Bei uns gab es keine KZs und Massenvernichtungen, und um die geht es doch. Da gibt es doch gar nichts zu beschönigen."

Trotz dieser immer wiederkehrenden scharfen Abgrenzungen der Tochter konnten wir einen Kontrakt für weitere Sitzungen machen, in denen es um Gemeinsames und Unterschiedliches in Vergangenheit und Gegenwart gehen sollte. Ich bat Frau Leder, Fotografien aus der damaligen Zeit mitzubringen, und Ursel sollte sich auf viele kritische Fragen vorbereiten können. Während Mutter und Großmutter sehr unsicher waren, ob Anna weiterhin bei den Sitzungen dabei sein sollte, sprach Anna sich eindeutig für das Dabeisein aus.

Die lautesten Debatten gab es bei den Fragen der Tochter, was ihre Mutter von den Konzentrationslagern und der Judenverfolgung gewußt habe. Frau Leder betonte mehrfach, daß sie davon nichts gewußt habe und dieses nur immer wieder sagen könne. Ursel wollte das nicht glauben und griff ihre Mutter aggressiv und anklagend an. In dieser Sitzung habe ich daraufhin wohl sehr betroffen reagiert und berichtet, daß auch ich von den KZs, soweit ich mich zurückerinnern könnte, nichts gewußt habe.

Bei diesem Thema der Nichtinformation erlebe ich mich auch jetzt noch hilflos und verlassen von denen, die mich nicht informiert haben. Ich wußte z. B., daß die Juden in Gefahr waren, denn mein Vater half Juden, ins Ausland zu kommen. Aber allem Anschein nach habe ich damals (in meinem jugendlichen Alter) nicht weiter danach gefragt, und mir wurde, soweit ich mich erinnern kann, nichts Näheres über die Gefahren mitgeteilt. Somit muß ich gelernt haben, Augen und Ohren für gewisse Gefahren zu verschließen – die damit in Verbindung stehende Angst ist jedoch geblieben.

Aber nach allem, was ich weiß, war ich vor allem von Menschen umgeben, die sich raushielten, nichts wissen wollten, schwiegen und alles taten, um Konflikte zu vermeiden. So wie mit Recht die Jüngeren unser Schweigen anklagen, so spüre ich im Nachhinein viele Fragen und Anklagen gegen die Älteren – gegen die eigenen Eltern, die Lehrer, die Pfarrer und andere Vertrauenspersonen, die gleichfalls geschwiegen haben. Hat nicht ihre Entscheidung, sich herauszuhalten, das teilweise extreme Mitmachen anderer ermöglicht? Da die mir mit Namen noch bekannten "Schweiger" nicht mehr leben und ich andere nur noch als Gesichter ohne Namen erinnere, fehlt mir, seit mir diese Fragen deutlich wurden, das persönliche Gegenüber im Gespräch und in der Auseinandersetzung mit der älteren Generation. Es bleibt viel Trauer, daß Gespräche über die Nazizeit zwischen meinen Eltern und mir nie geführt wurden, daß dieses Thema weder von ihnen noch von mir zu ihren Lebzeiten angesprochen werden konnte.

Im Rahmen der Therapiesitzung konnten die Frauen beim Vergleichen der Fotografien und beim Austauschen von Lebensberichten einander allmählich besser zuhören und sich gegenseitig mehr Raum lassen. Zudem konnte ein weiteres Geheimnis aufgedeckt werden: Der Vater von Ursel scheint nach den Berichten seiner Frau ein sehr engagierter Nazi gewesen zu sein und in diesem Sinne auch seinen Schulunterricht gestaltet zu haben. Dieses war Tochter und Enkelin bisher verschwiegen worden. Im ersten Moment schien Ursel in dieser Sitzung einem Zusammenbruch nahe – diesmal nicht mit Anklagen, sondern mit langem Schluchzen und Weinen; auch Anna drückte sich weinend an die Mutter, während die Großmutter mir wie erstarrt schien. Ein Jahrzehnte lang aufgebautes Vaterbild wurde für Ursel zerstört. Erst mit der Zeit begann sie zu verstehen, daß der eine Teil ihres Vaters, der als überzeugter Nazi Schüler unterrichtet und nach Aussagen der Mutter "sich in der Partei verstanden und anerkannt gefühlt" hat, den anderen Teil des von ihrer Mutter beschriebenen sensiblen, warmherzigen Ehemannes nicht völlig ungültig machen mußte. Ein Gespräch mit dem lebenden Vater war Ursel nie möglich gewesen; und ihr Ärger gegen die Mutter, daß sie ihr einseitig nur eine Hälfte des Vaters gezeigt und den "wirklichen Papa" vorenthalten habe, wurde für diese nun verständlich. Frau Leder war erschrocken, daß sie durch ihr Verschweigen keineswegs, wie sie geglaubt hatte, das Bild des gefallenen Ehemannes geschützt und ihrer Tochter damit geholfen hatte.

In den folgenden Therapiesitzungen mit Familie Leder konnte Anna zum ersten Mal Bilder von ihrem Großvater sehen und sorgte durch ständiges Verwechseln ihres Vaters und Großvaters für immer wieder neue Aufklärung und Information von Mutter und Großmutter über die nur durch leere Stühle anwesenden Männer der Familie. Frau Leder konnte nun offener über ihre Ängste und Gefühle in der Zeit des zunehmenden Drucks während des Naziregimes sprechen und über ihre Erleichterung, in der Arbeit als Krankenschwester diese Ängste durch körperliche Fürsorge und Aktivität für andere umgesetzt zu haben. Und die Angriffe der Tochter Ursel gegen die Vergangenheit ihrer Mutter verloren allmählich ihre Schärfe. Aber trotz dieser Öffnung füreinander entstand immer wieder ein Befremden, wenn Frau Leder ihrer Tochter sagte: "Macht ihr es doch anders, anstatt nur anzuklagen!", oder wenn ihre Stimme plötzlich umschlug und sie betonte, wie gut es der jetzigen Generation doch ginge, wie sich deswegen alles gar nicht so vergleichen ließe und daß sich deshalb so etwas auch nie wiederholen werde.

Solche oder ähnliche Aussagen waren und sind auch für mich wie eine kalte Dusche. Ich kann dann nur die Jüngeren zurückfragen, ob sie denn wirklich selbst meinten, daß es ihnen jetzt so gut ginge und daß sich ähnliche Dinge nicht jederzeit wiederholen könnten. Dazu möchte ich die Antwort eines 25jährigen im Jahre 1987 nennen, die mich vollends verstummen ließ: Er sagte mir und schien es wirklich ernst zu meinen, daß doch, was den Informationsmangel beträfe, heutzutage die Computer diese Lücke weitgehend ausfüllen würden. Wieso ich denn kein Vertrauen zu Computern hätte? Auch sei die Wirtschaftslage heute mit 1933 gar nicht zu vergleichen. Es gäbe für seine Generation gar nicht mehr die Möglichkeit der Wiederholung des Nationalsozialismus. Dies seien nur die Phantasien von uns Älteren!

2. Fallbeispiel

Es handelt sich um ein neuntägiges Therapieseminar (Familienrekonstruktion) im Rahmen einer familientherapeutischen Ausbildung mit 12 Teilnehmern, das ich 1985 mit einer Kollegin geleitet habe. Der Gruppenteilnehmer Friedrich K., geboren 1942, verheiratet und Vater von einem zweijährigen Sohn, hatte schon bei den geforderten Vorbereitungen zum Seminar vielerlei Neues über seine Ursprungsfamilie erfahren. Bei ihm wie bei seiner Familie war dadurch viel in Bewegung gekommen. Beim Erstellen des Lebenslaufes seines in Rußland gefallenen Vaters traf Friedrich auf manche Unklarheiten und Lücken, so daß er neben den Berichten seiner Mutter zwei noch lebende Geschwister des Vaters und einen alten Schulfreund interviewte. Über letzteren erfuhr Friedrich, für ihn völlig überraschend, daß sein Vater nicht als Offizier in Rußland gefallen war, sondern seit 1937 aktives Mitglied bei der SS gewesen war. Für ihn wirkte diese Information wie ein Keulenschlag. Er selbst war politisch seit vielen Jahren aktiv tätig und zählte sich zu denen, die sehr empfindlich und aggressiv auf alle Handlungen und Äußerungen in seiner Umgebung reagierte, die seinem Bild vom Nazitum entsprachen. Friedrich hatte alles an Lesestoff über das Dritte Reich, was er nach seinen Aussagen in die Finger bekommen konnte, richtig verschlungen und berichtete von vielen Erlebnissen der eigenen Hilflosigkeit bei Begegnungen mit älteren Politikern, von denen bei Nachfragen über die NS-Zeit keiner dabei gewesen war, so daß direkte Auseinandersetzungen nicht möglich gewesen waren. Nun soll sein eigener Vater einer von denen gewesen sein, direkt dabei und sogar bei der "schwarzen SS" – also wirklich einer der Täter! Und wieder war keine direkte Auseinandersetzung möglich.

Voller Ärger war Friedrich auch gegen seine Mutter, die den Sohn wissentlich das falsche Spiel machen ließ: ehemalige Nazis als Feinde zu verfolgen und die Rolle des sogenannten Nichtbetroffenen zu spielen. Für ihn war durch diese neue Information sein Gleichgewicht gestört und Bilder über die Familie, seine eigene politische Tätigkeit und seine Identität waren in Frage gestellt. Auch seine damals 66jährige Mutter schien durch die Anklagen des Sohnes aus ihrer bisher stets gezeigten Fassung gebracht, weinte viel und sprach zum ersten Mal von ihren Ängsten damals und heute. Seine zwei älteren Geschwister machten ihm Vorwürfe, längst Gewesenes aufgewühlt zu haben und keine Rücksicht auf die Mutter zu nehmen.

In dieser Verfassung kam Friedrich in das Seminar mit der Frage: "Wer war mein Vater?" – Im Laufe des Seminars versuchten wir, anhand der mitgebrachten Unterlagen (Lebenslauf, Fotografien, Berichte) und vor allem durch gestellte Familienskulpturen die Persönlichkeit des Vaters Ulrich in seiner Prägung durch die Ursprungsfamilie in etwa bildlich zu erfassen und Hypothesen über mögliche Familienregeln aufzustellen. Aus all dem sowie aus dem Feedback des für Vater Ulrich ausgesuchten Rollenspielers ergab sich folgendes Bild: Ulrich K. wurde als einziger Sohn und jüngstes Kind nach vier Töchtern 1913 geboren. Sein Vater war Beamter, die Mutter Hausfrau. Der Vater wurde kurz nach der Geburt von Ulrich als Soldat eingezogen und fiel 1917 in Frankreich. Die Restfamilie schien folgende Regeln zum Überleben zu haben: "Offene Konflikte dürfen nicht sein", "wir gehören alle zusammen", "wir sind etwas ganz Besonderes." Von den noch lebenden zwei Schwestern von Vater Ulrich wurde bestätigt, daß alle durch besondere Leistungen versuchten, dieser letzten Regel gerecht zu werden, und daß Konflikte, in welcher Form auch immer, nicht offen werden konnten. Somit scheint Vater Ulrich als Jugendlicher sich einerseits angepaßt, sich andererseits jedoch als Jüngster durch "besondere Auffälligkeiten" wie Schulstreiche und Unarten bemerkbar gemacht zu haben. Um nicht immer der "Kleine" zu bleiben, wie ihn seine Mutter auch dann noch nannte, als er die Körpergröße von 1,90 m hatte, tat er alles, um seine Männlichkeit und Stärke zu beweisen (Körpergröße, gestählter Körperbau, Nachweis von körperlichen und intellektuellen Leistungen u.a.m. zählten zu den Auswahlkriterien, um in die SS aufgenommen zu werden). Vieles spricht dafür, daß Ulrich Gruppen brauchte, an die er sich anpassen konnte, an die er aber gleichzeitig hohe Ansprüche stellte, so wie an sich selbst.

Im Laufe der Familienrekonstruktion und der Rollen- und Skulpturarbeit kam es zu der folgenden Szene: Drei Gruppenmitglieder wurden gebeten, sich in die Rolle eines SS-Mannes einzufühlen, der die schwarze Uniform mit den Totenköpfen trägt, und durch ihre Körperhaltung dieser Rolle Ausdruck zu verleihen. Sie bildeten eine im Gleichschritt marschierende Gruppe, die an dem 21jährigen Ulrich – so wie er durch die Rekonstruktionsarbeit bisher dargestellt werden konnte – vorbeizumarschieren begann. Je einheitlicher in den Bewegungen diese marschierende Gruppe wirkte, je sicherer der Marschschritt der Stiefel sich anhörte, desto unsicherer wirkte Ulrich, bis er dann begann, "einem Sog folgend", sich einzureihen und mitzumarschieren, – "ganz egal, wohin", so war die nachträgliche Aussage des Rollenspielers. Ich sehe und höre noch die Erregung des Rollenspielers von Ulrich beim Reflektieren dieser Szene über den körperlich gespürten Sog der Gruppe. Auch Friedrich war sehr berührt vom Zuschauen.

Im Rahmen der therapeutischen Arbeit kam es dann zur Gegenüberstellung von Vater und Sohn, die ja in der Realität nie hatte stattfinden können. Aber auch in dieser Form des Gegenübers wurde deutlich, wie schwierig es für Friedrich war, seinen Ärger und seine Anklage: "Wie konntest du, Vater, nur so blind sein und bleiben gegenüber all dem, was die SS-Gruppe, und damit auch du, an Menschenvernichtung angerichtet hat?" der Aussage des Vaters entgegenzusetzen: "Ich war zu Beginn fasziniert von gut klingenden Idealen, von dem Besonderen dieser Gruppe; und später wurden gerade wir SS-Mitglieder unter Eid zum Schweigen verpflichtet und lernten, aus Angst vor angedrohter Todesstrafe mit diesem Schweigen zu leben."

Ähnlich, wie ich es aus dem Seminar erinnere, geht es mir jetzt beim Schreiben: Indem die Anklage des Sohnes den Aussagen von Faszination, von Schweigen und von Angst auf seiten des Vaters gegenüberstand, wirkte sie auf mich nun wie aufgelöst, kaum noch greifbar, und bei mir bleibt Hilflosigkeit zurück. Für mich gewinnt die Anklage des Sohnes erst dann volle Gültigkeit, wenn ich auch das Gegenüber gehört habe. Denn hat nicht das Schweigen zwischen den Generationen auch mit der immer größer werdenden Unsicherheit in unseren Beziehungen zu tun? Wieweit muten denn viele Eltern und Älteren den Jungen ihre selbst erlebten Unsicherheiten und Ängste zu, und wieweit stellen sie sich bewußt der Diskussion mit ihnen und ihrem Anderssein? –

Dieses Gruppenbild aus der Familienrekonstruktion ließ auch bei mir viele Erinnerungen wach werden. Da kommen z. B. die Bilder von den Feiern zum 1. Mai, jedes Jahr war ich viele Stunden auf irgendwelchen Plätzen dabei. Zu diesen Bildern gehört endloses Stehen, auch bei Hitze und schlechter Luft, Singen, Reden hören, aber auch das Gefühl der Zusammengehörigkeit und Gleichheit durch die Uniform und die große Masse. Es war ein "Wirgefühl", und wenn ich daran zurückdenke, wird mir sehr traurig zumute, denn es war zugleich mein Geburtstag, der ja eigentlich, gerade in dem Alter zwischen 11 und 15, mir allein hätte gehören sollen. Ich erinnere mich auch daran, wie ich mich manchmal zusammennehmen mußte, um stehen bleiben zu können, da ich mich müde, manchmal sogar schwindelig fühlte. Aber es siegte auch bei mir als Jungführerin der Gruppenzwang und das aus dem Elternhaus gelernte Verhalten: "Nimm dich zusammen." Ich hielt durch, so wie ich es auch später oft in meinem Leben gemacht habe.

Aber bei diesem Bild von der Gruppe, in die Friedrichs Vater hineingezogen wurde, kamen auch andere Erinnerungen, die viel mit Angst zu tun haben. Ich sehe mich an einer Straßenkreuzung stehen und mit lauten Schritten die SA vorbeimarschieren. Ich wußte, sie hatten irgendein Kommando auszuführen; Genaueres wußte ich nicht, aber es reichte, um vielfältige Ängste in mir auszulösen, die ich noch heute spüre, wenn ich an die Geräusche der Stiefel auf dem Straßenpflaster denke. Aber welche Ängste müssen die Jugendlichen damals gespürt haben, die nicht wie ich im Villenviertel aufwuchsen, sondern in engen Wohnungen und Straßen z. B. die Verfolgung von Juden miterlebten!

Ein anderes Bild von früher tauchte aus meiner Erinnerung erst kürzlich (1987) auf, als ich im engsten Freundeskreis von einer Hausdurchsuchung hörte. Damals, etwa 1937 (es muß zu Beginn meiner Rolle als Jungmädelschaftsführerin gewesen sein), kam eines der Jungmädel meiner Gruppe zur Wochenendschulung mit der Nachricht, daß es bei ihnen zu Hause eines Abends Sturm geläutet habe. Als sie die Haustür geöffnet habe, sei sie durch acht SA-Leute einfach beiseite gedrängt worden, und alle Schubladen und Schränke seien von den SA-Leuten durchsucht worden. Der Vater sei nicht da gewesen, und die Mutter, der ältere Bruder und sie hätten sich nicht rühren und nichts sagen dürfen. Die Mutter habe ganz steif und gerade auf dem Stuhl gesessen und dem Bruder, immer wenn der etwas habe sagen wollen, den Mund zugehalten. Dann seien die SA-Männer mit "Heil Hitler" wieder gegangen und hätten Bücher und Papiere vom Tisch des Vaters eingepackt. Als sie den Vater am nächsten Tag darüber etwas gefragt habe, habe er nur geantwortet, da gäbe es nichts zu sagen.

Dieses Erlebnis habe ich 40 Jahre einfach vergessen – jetzt sehe ich es in vielen Einzelheiten wieder vor mir, auch meine Reaktion als junge 14jährige Führerin: Ich habe damals die 10jährige Anette in den Arm genommen, sie erzählen lassen, aber nicht viel gesagt. Ich habe bei ihrer

Erzählung selbst starke Angst gespürt und an diesem Wochenende viel Bewegung durch Sport und Spiel angeboten, eine meiner gelernten Formen, mit Angst umzugehen.

Im folgenden möchte ich noch kurz von einem Gespräch zwischen einem 70jährigen Vater und seiner etwa 40jährigen Tochter in meiner Praxis berichten, in dem über das Engagement des Vaters als Ortsgruppenleiter in der Nazizeit gesprochen wurde. Frage der Tochter an den Vater: "Was war dir damals so wichtig an deinem Posten?" Vater: "Ich weiß nicht mehr, nur daß er mir wichtig war und ich sogar stolz war, auch für euch, daß ich Ortsgruppenleiter sein konnte." Tochter: "Was war Hitler denn für dich und die anderen Führer?" Vater: "Ich bewunderte Hitler. Wenn er Reden hielt, habe ich immer versucht, einige seiner Sätze, die mich sehr beeindruckten, auswendig zu lernen. Ich habe ihn damals sehr bewundert." Tochter: "Was war denn zu bewundern an ihm? Ich verstehe das nicht." Vater: "Seine Stimme z. B., seine aufrechte Haltung, er wußte, was richtig war, und gab mir Sicherheit. Aber da muß man ihn halt erlebt haben. Das kannst du eben nicht verstehen." Tochter: "Das will ich auch nicht verstehen." Vater: "Ja, dann hat eben alles keinen Zweck."

Ja, auch ich war fasziniert von Adolf Hitler. Als ich 15 Jahre alt war, habe ich einmal bei Regen fast einen ganzen Tag gestanden, nur um diesen Führer in seinem Auto vorbeifahren zu sehen. Adolf Hitler hat auf viele Menschen eine Art von Ausstrahlung gehabt, die mich heute an das Märchen vom Rattenfänger erinnert. Dort waren es die Flötentöne des Rattenfängers, dem alle Ratten des Ortes, aber auch alle Kinder in einen dunklen Berg hinein folgten, der sich hinter ihnen schloß.

Der 70jährige Vater in meiner Praxis beendete das Gespräch mit der resigniert klingenden Aussage, daß "alles keinen Zweck mehr" habe. Für mich bedeutet jedes Sprechen miteinander die Möglichkeit einer neuen Begegnung. Wie sehr wir Jüngeren schon in der Zeit unter Hitler gelernt hatten, mit dem Schweigen unserer Eltern, Lehrer und Vorgesetzten zu leben, wurde mir erst durch das Rückerinnern alter Erlebnisse anhand dieses Beitrags deutlich. "Feind hört mit", hatte es nicht nur später für Kriegsnachrichten geheißen, sondern es war schon 1933 zu einem der Leitsprüche unseres Alltags geworden.

Auf die Frage meiner Tochter, wie ich denn im und nach dem Krieg mit dem Zusammenbruch der Nazi-Ideale fertig werden konnte und ob ich mich nicht damals schon als mitschuldig empfunden habe, kann ich bis jetzt nur folgende Antwort geben: Meine Erinnerung an die Zeit des Krieges, in der ich an keinerlei parteigebundenen Aktivitäten beteiligt war, auch kein Parteibuch besaß, sind bestimmt von Überlebensängsten in Luftschutzbunkern und von den Kriegsgeschehnissen und sind kaum noch in Bezug zu Hitler und seinen Ideen zu bringen. In der Zeit des Wiederaufbaus sehe ich bei mir auf allen Gebieten das Suchen nach persönlicher und beruflicher Identität bis zur Entstehung der eigenen Familie im Vordergrund. Sicher kann und werde ich niemandem, der die Nazizeit nicht erlebt hat, verständlich machen können, was damals in und mit mir geschehen ist, genauso wenig eine Erklärung geben können, welche Zeitabläufe und äußere oder innere Geschehnisse bei mir notwendig waren und sind, um Vergessenes wieder greifbar zu machen. Wie sehr es bei mir offenbar der Anstöße von außen bedarf, um das Verschweigen und Vergessen der Nazizeit zu überwinden, ist mir erst jetzt deutlich geworden, als die Anfrage der Herausgeber dieses Buches mir dazu verhalf, über den geschützten Bereich der eigenen Familie, der Freunde und der psychotherapeutischen Praxis hinaus mich als damals engagierte Nazianhängerin zu äußern.

Viktor Zielen

Läßt sich Nazi-Kindheit bewältigen?

Vor einigen Jahren lerne ich auf einem Kongreß eine jüdische Kollegin kennen, die mit mir im gleichen Alter ist. Wir kommen bald in ein intensives Gespräch, in dem wir uns über unsere Vergangenheit austauschen. Die Kollegin wird als 18jährige von den Nazis verhaftet und ins KZ deportiert. Sie erleidet das Schicksal einer von unaussprechlichen Grausamkeiten diktierten Menschenverachtung und Todesbedrohung, die sie wie durch ein Wunder überlebt. Für die junge Frau ist das Überstehen des KZs mehr als eine Erlösung. Sie faßt das Überleben als eine Art von Wiedergeburt auf, durch die sie dem Leben und sich selbst neu geschenkt wird.

Ich lege mit 18 Jahren das Abitur ab und gerate in demselben Jahr, in dem die junge Frau verhaftet wird, als Hitlersoldat in den Krieg. Auf der Seite der "Sieger" – den Hölderlin im Tornister – sehne ich mich danach, fürs Vaterland zu sterben. Zuletzt fern von jeder Heldenattitüde, klammere ich mich an die von Granaten und Bombenteppichen durchwühlte Erde und überlebe den Krieg – wie durch ein Wunder. Als die Hitlermacht zusammenbricht, sucht ein Kriegsgefangener, ein zutiefst enttäuschter junger Mann, nach dem Sinn des Lebens.

Meine in Prag geborene Kollegin lebt und praktiziert heute in ihrer neuen Heimat Israel. Ich, ebenfalls aus dem Osten stammend, wachse bis zu meinem 15. Lebensjahr in polnischer Umgebung heran; seit über 30 Jahren lebe und praktiziere ich jetzt in Frankfurt.

Nun kann und darf ich nicht über meine Kollegin sprechen, dafür jedoch ausführlicher von mir selbst. So spannungsreich meine frühe Kindheit und Jugendzeit ablief, so scheint das Thema Nazitum inzwischen für mich aufgearbeitet, auch ohne daß dieses Thema in meiner eigenen Therapie gezielt zur Sprache gekommen wäre. In meiner Therapie standen die Fragen der Kindheit im Ausland, der Elternkomplex, die Kriegs- und Studienzeit so sehr im Vordergrund, daß der Verflechtung mit der Nazizeit als Zeithintergrund kaum oder wenig Bedeutung zugemessen wurde. Mein Vater, der dem Naziregime gegenüber eher passiv eingestellt war, suchte den in den Krieg ausziehenden Jüngling vergeblich zurückzuhalten; die Mutter, dem allgemeinen Zeitgeist folgend, war eher bereit, den geliebten Sohn "dem Führer zu opfern" (was für sie so viel wie fürs Vaterland sterben bedeutete). Diese so widersprüchlichen Haltungen waren für mich im Rückblick zu verwinden; sie spielten jedenfalls bei der

Frage der Vergangenheitsbewältigung in der Analyse keine entscheidende Rolle.

Allgemein gesehen scheint mir (damals wie heute) der verlorene Krieg die schicksalhafte Antwort auf die Naziverbrechen, während die von Trauer und Schmerz erfüllten Nachkriegsjahre von mir als Zeit der Läuterung erlebt wurden – eine Zeit, in der die Auseinandersetzung mit der Vergangenheit vorrangig war. Es war dies die Zeit, in der es mir angesichts der vielen Toten schwer fiel, das Geschenk des Überlebens zu begreifen. Zugleich aber war ich ausgehungert nach geistigen Gütern, die ich infolge der Repressalien in der Vergangenheit so lange entbehren mußte. So rang ich darum, die mir während einer entscheidenden Phase meiner Entwicklung aufoktroyierten Vorurteile und Dressate abzuschütteln, um kraft eigenen Urteils den Weg zu entdecken, der mich Schritt für Schritt zu mir selbst führen sollte. Hier stellt sich nachträglich auch die Frage nach der persönlichen Schuld, die für den in die Kriegsmaschinerie eingezwängten Soldaten außer Betracht zu stehen schien. Rückblickend empfand ich es (und empfinde es heute noch) als ein Geschenk des Schicksals, daß ich als Angehöriger eines unverdächtigen Wehrmachtsteiles, nämlich als Sanitäter, der Verwundete zu versorgen hatte, nicht in die Not gekommen war, jemals auf einen Menschen zu schießen oder einen Menschen zu töten.

Ungeklärt bleibt freilich, was der einzelne, ob nun Soldat oder nicht, damals unter dem Nazitum verstand bzw. ob und wie er sich selbst als Nazi sah. Ob die später "entnazifizierten" Deutschen sich großenteils aus Scham als Mitläufer fühlten, weil der von ihnen vertretene Nazismus mit den damit verbundenen Verbrechen gegen die Menschheit nicht vereinbar war, kann nicht pauschal beantwortet werden. Jedenfalls treibt die Konfrontation mit den Nazibarbaren, etwa die Dokumentation der "Ostpolitik" und der Judenverfolgung, der Besuch eines Konzentrationslagers und vieles andere auch heute noch dem, der das Ungeheure erfaßt, die Schamröte ins Gesicht. Eine andere Kategorie von Nazimitläufern, die mit der eben genannten nicht vergleichbar ist, beschreibt der Wiener Schriftsteller und Kabarettist Qualtinger. Er läßt beispielsweise seinen "Herrn Karl aus Versehen einen Juden anstumpen". Herr Karl gehört – nicht anders als der so erfolgreiche dicke Gegenspieler des braven, aber von (äußerem) Erfolg kaum verwöhnten Mannes in dem Nachkriegsfilm "Wir Wunderkinder" – zu der Spezies Mensch, die sich stets dem Zeitgeist aus Opportunismus anschließt. Menschen dieser Art werden die Bearbeitung ihrer Vergangenheit in einer Psychotherapie kaum ernsthaft suchen. Sie fühlen sich dem Leiden nicht gewachsen und gehen ihm aus dem Wege. Andererseits gehört es aber sehr wohl in die Psychotherapie, seelische Einstellungen zur Reflexion zu bringen, in denen wir Opportunisten oder potentielle Nazis sind.

Die vorgetragenen Gedanken sind – wie ich glaube – von der Betrachtung meiner eigenen Lebensgeschichte nicht zu trennen. Dabei gehe ich davon aus, daß eine Antwort auf die in diesem Buch gestellten Fragen (wenn überhaupt) nur denkbar und möglich ist, wenn jeder einzelne bei sich überprüft, wie es mit seiner Vergangenheit als Nazi oder Nazikind bestellt ist. (Es liegt für mich nahe anzunehmen, daß die Aktualisierung dieses Themas, die ihren Ausdruck auch in dieser Buchpublikation findet, mit den für Nazikinder ungelösten – weil von ihren Eltern übergangenen – Fragen zusammenhängt.)

Hier drängt sich die Frage nach dem Schicksal der Kriegsgeneration auf, also der Kinder, die in der Nazizeit, während des Nazikrieges und in der sogenannten Nachkriegsära die Welt erblickten. Zu fragen ist, ob die bei vielen zu bemerkende Verletzbarkeit, die mangelnde Frustrationstoleranz und die Unsicherheit, die sogenannte Entwicklung zum Narzißmus mit den Erschütterungen zusammenhängen könnte, denen die jetzt herangewachsene Generation der Kriegskinder ausgesetzt war, ohne daß Väter oder Mütter sie schützen konnten. Ich habe mich vor Verallgemeinerungen zu hüten; doch scheint es mir, als ob die Kriegsgeneration in besonderer Weise an einer Schuld zu tragen hat, die ihr durch die Nazivergangenheit auferlegt wurde. Dabei bleibt für mich in der Psychotherapie die Frage, durch wessen Schuld der Krieg über die Kinder hereinbricht (weniger das wann und wie), gegenüber dem Leid, das sie zu tragen haben, letzten Endes zweitrangig. Jedoch unterliegen alle Kinder, die während des Zweiten Weltkrieges heranwuchsen, dem kollektiven Ungeist dieser Zeit, auch dann, wenn die Verbindung zwischen Krieg und Nazitum nach außen wenig auffällig oder durch Kriegsereignisse verdeckt erscheint.

Als Beispiel für ein Kriegskind, dessen Eltern dem Naziregime gegenüber eher passiv eingestellt sind, mag das Schicksal von Ilse-Lore stehen, die mit 25 Jahren (das ist etwa anderthalb Jahrzehnte nach Kriegsende) wegen einer Phobie zu mir in die Therapie kommt. Das Mädchen Ilse-Lore ist eineinhalb Jahre alt, als der zweite Weltkrieg beginnt. Ihr Vater, von Beruf Kaufmann, wird schon in den ersten Kriegstagen als Soldat eingezogen. Ilse-Lore wächst als Jüngste von vier Geschwistern bei der Mutter auf. Als die Bombenangriffe auf die westdeutsche Großstadt, in der sie wohnt, an Wucht zunehmen, wird sie zusammen mit einer ihrer Schwestern von der Familie getrennt und in den Schwarzwald evakuiert. Zu ihren frühesten Kindheitserinnerungen gehört das Bild eines am nächtlichen Himmel wie eine brennende Fackel abstürzenden Flugzeuges, tags darauf das Finden der abgerissenen Hand des Fliegers zwischen Dahlien und Astern in einem Bauerngarten. Etwa in dieser Zeit (Ilse-Lore ist jetzt viereinhalb Jahre alt) fällt ihr Vater.

Der Therapeut nimmt bei der geschilderten Konstellation bald die Position des von ihr ebenso ersehnten wie sie enttäuschenden Vaters ein. Doch gerät die Bearbeitung der Übertragungsverhältnisse beim Fortlauf der Therapie ins Stocken. Die depressive Grundstimmung meiner Patientin verstärkt sich. Über den Gesprächen lastet ein lähmender Druck, der im Widerspruch zu einer gehetzten Unruhe steht, die die Patientin erfüllt. Es entsteht der Eindruck, daß Ilse-Lore unter einer Orientierungslosigkeit leidet, die, nach außen durch den Tod des Vaters kaschiert, trotz der Bearbeitung der persönlichen Vaterproblematik nicht zu verstehen, geschweige denn zu ändern ist. In dieser Phase der Therapie bringt die Patientin einen Traum, den ich in den Mittelpunkt der weiteren Erörterung stelle. Der Traum wirft ein Schlaglicht auf die Hintergründe einer ebenso unfaßbaren wie erschütternden Not, die zum Schicksal des Kriegskindes in der Nazivergangenheit gehört.

Ilse-Lore träumt sich in einer apokalyptischen, baumlosen Landschaft. Sie erblickt sich inmitten eines Stromes von Flüchtlingen, die alle in einem unterirdischen Bunker Schutz und Hilfe suchen. Der alte Mann am Eingang, der Arzt, der ihrem gefallenen Vater ähnelt, ist selbst krank und kann nicht helfen. Ehe die Fliegerbomben fallen, die die Erde aufwühlen und zerstören werden, wacht sie angstgeschüttelt auf.

Der Traum übersteigt den Rahmen einer persönlichen Leidenserfahrung. Die Schrecken der Kindheit haben sich tief ins Unbewußte der Träumenden eingegraben. So schaffen die Traumbilder eine düstere Todeslandschaft, in der das persönliche Geschehen sich in ein kollektives verwandelt. Die Traumvorgänge beschreiben den Leidenshintergrund der vom Krieg heimgesuchten Menschen. Düstere Nachtstimmung über einer wüstenähnlichen Landschaft, ein von unbekanntem Grauen getriebener Menschenstrom, Bomben, die die Erde und ihre Schlupfwinkel vernichten, sind die Elemente eines Traumgeschehens, das Zerstörung und Tod heißt. Es schließt auch den Arzt als Helfer ein, der den Tod nicht abwehren kann. Noch heute erinnere ich mich an den Eindruck, den das Bild des alten, kranken Arztes auf mich machte, zu dem die Träumerin den toten lieben Gott assoziierte. So ist in dem Traum Gott selbst mit dem Strom der Schutzsuchenden einem gnadenlosen Tod ausgeliefert. Wir haben das Bild von Trostlosigkeit vor uns, das den Triumph des absoluten Todes als ein Weltuntergangsgeschehen vorstellt. Damit entlarvt der Traum den kollektiven Ungeist als Tod. Der Traum faßt seine Wirkungen wie in einem Brennspiegel zusammen und macht ihn, wie der Dichter Celan in seiner Todesfuge, zu einem "Meister aus Deutschland". "Der hat seine Rüden" auch auf die Kinder "losgelassen" und ihre Seelen mit Blindheit geschlagen. Die Strudel des im Traum beschworenen Weltunterganges markieren die Grenzen therapeutischen Verstehens und Helfens. Sie entziehen der Therapie weitgehend den Boden für die Bearbeitung der persönlichen Lebensproblematik. So steht das Traumbild wie ein Menetekel über dem Fortlauf der Therapie.

Schamgefühl auf seiten der Patientin und des Therapeuten tragen nun dazu bei, daß die vom kollektiven Ungeist der Nazikriegszeit ausgehenden Verformungen in der Seele der Patientin zögernd aufgespürt und in die Therapie eingebracht werden können. In einem langwierigen Prozeß gelingt es der Patientin nur sehr allmählich, sich aus dem Bann der sie beherrschenden Todesproblematik zu befreien. Sie sucht und findet

Wege, die es ihr erlauben, persönliche Entscheidungen zu treffen, in denen Gefühle von Trauer und Scham zugelassen sind. Diese Entwicklung wäre ohne die Beachtung der Nazivergangenheit als dem Hintergrund von Ilse-Lores Leiden nicht zustande gekommen. Sie lernt, zwischen kollektiver und persönlicher Schuld zu unterscheiden, holt die verhinderte Trauer um den verlorenen Vater nach, die zur Trauer über den Ablauf ihres bisherigen Lebens hinführt.

Als Ilse-Lore wieder in ein von Phobie befreites Leben zurückfindet, hält sie die Beziehung zum Analytiker auch nach Abschluß der Behandlung innerlich aufrecht: Er ist für sie, wie spätere gelegentliche Lebenszeichen erkennen lassen, der ihr zurückgeschenkte Vater. Patientin und Analytiker fassen die entstandene Freundschaft als Ergebnis einer notwendigen Entwicklung auf. Vom analytischen Standpunkt her gesehen handelt es sich um die Eliminierung einer rigiden Einstellung im kollektiven Bewußtsein und das Einsetzen eines positiven Vaterbildes, um einen Vorgang also, der für die Patientin den Weg zu einem am Sinn orientierten Leben frei machte.

Kaum weniger dramatisch, aber doch für die Nazivergangenheit charakteristisch, beginnt das Leben von Jutta, die im Alter von 35 Jahren wegen einer Borderlinestörung zu mir in die Therapie kommt. Jutta ist im ersten Kriegsjahr geboren, und zwar etwa ein halbes Jahr vor Beginn des Zweiten Weltkrieges. Die Patientin berichtet nicht ohne Vergnügen, daß ihr Großvater, ein Nazifeind, aus Anlaß ihrer Geburt die Hakenkreuzfahne zum Fenster herausgesteckt habe, worauf der ganze Straßenzug, halb aus Angst, halb aus Verlegenheit, ebenfalls die Hakenkreuzfahne hervorholte, so daß meine Patientin mit gutem Recht von sich sagen kann, die Leute hätten zu Ehren ihrer Geburt geflaggt. Nun hätte sich dieser anekdotische Bericht durchaus angeboten, mit der Patientin die Nazivergangenheit zu bearbeiten. Wäre das sinnvoll gewesen? Im Blick auf den therapeutischen Prozeß dürfte es außer Frage stehen, daß ein Therapeut von sich aus darüber entscheidet, wie und in welchem Umfang die Vergangenheit (auch die Nazivergangenheit) zu behandeln ist. Nach meinem Therapieverständnis sollte diese Entscheidung allein davon abhängen, ob der in der Therapie in Gang gekommene Prozeß hierdurch gefördert oder gestört wird. Einschränkend möchte ich dazu sagen: Was in einer Therapie zu bearbeiten ist, mag vom Zeithintergrund beeinflußt sein, sollte aber doch nicht von ihm bestimmt oder (mit Hilfe der Einstellung des Analytikers) bewußt arrangiert werden.

So stand bei meiner Patientin eine schwerwiegende Mutterproblematik im Vordergrund des Störungsbildes, die, von Kriegserlebnissen überlappt, den aktuellen Mutterkonflikt noch erheblich verschärfte.

Meine Patientin wächst, von einer strengen Mutter überängstlich umsorgt, während der ersten zwei bis drei Kriegsjahre in geordneten kleinbürgerlichen Verhältnissen heran. Die Situation ändert sich schlagartig, als der bis dahin als Spezialarbeiter vom Kriegsdienst zurückgestellte Vater eingezogen wird und die Großstadt, in der das kleine Mädchen bis zu diesem Zeitpunkt nach außen hin einigermaßen geborgen lebt, mit einem Mal dem mörderischen Ansturm nicht abreißender Bombenangriffe ausgesetzt ist.

Zu den frühen Erinnerungen von Jutta (sie ist etwa dreieinhalb Jahre alt) gehört ein Julitag, an dem die Sonne nicht durch die schwarzen Wolken eines fünfzehn Kilometer entfernten Riesenbrandes hindurchdringt. Mit der Evakuierung aus der Geburtsstadt verquickt sich für die Patientin noch die Erinnerung an einen Luftangriff auf einen Fernzug, in dem sie mit der Mutter sitzen bleibt und überlebt, während die ins Freie geflüchteten Frauen und Kinder den Bomben und Maschinengewehrgeschossen zum Opfer fallen. Unauslöschlich für das kleine Mädchen ist dabei der Anblick einer Mutter, der man ihr totes Kind, das sie nicht hergeben will, mit Gewalt aus den Armen reißt. Dieses Schreckensbild verbindet sich für das Mädchen mit dem quälenden Gedanken, wie es nur möglich ist, daß die Mutter lebt, wenn ihr Kind tot ist. Nach dem Vater im Krieg sehnt sich Jutta und hat doch Angst vor seiner Rückkehr, vielmehr vor der erneuten Trennung. Sie mag den Weg zum Bahnhof, wenn sie den Vater abholt, und fürchtet den Bahnhof "irgendwie", wenn der Vater wieder abfährt. Alle Erinnerungen des kleinen Mädchens verstehen sich auf dem Hintergrund einer durch den Krieg überlappten Nazivergangenheit.

Das zentrale Thema in der Therapie (wenn man dies so bezeichnen will) war die Bearbeitung des Trennungskomplexes, bei dem insbesondere die Beziehung zur Mutter lange im Mittelpunkt der therapeutischen Arbeit stand. Dabei schien die überängstliche Grundhaltung der Mutter durch die Kriegsgeschehnisse eher bestätigt. Dieser Umstand machte es besonders schwierig, an die frühesten, das Verhältnis zur Welt prägenden Erfahrungen des Mädchens heranzukommen, die durch die Struktur der Mutter bedingt sind. Die Bearbeitung der durch den Nazikrieg ausgelösten Traumen erwies sich damit gleichsam als Vorbedingung für die Therapie des Grundkonfliktes. Um das Gesagte zu verdeutlichen: In der Behandlung von Jutta ging es nicht primär um die Nazivergangenheit, wohl aber um die durch den Nazikrieg über meine Patientin hereingebrochenen Leiden und Schrecken, die die Auseinandersetzung mit dem Tod und mit der Todesbedrohung in besonderer Weise verschärften.

Wieder anders und im Blick auf das Thema Nazivergangenheit unmittelbar problembehaftet erweist sich die Therapie von Gabriele, die am ersten Kriegsweihnachtstag geboren ist. Die Eltern heiraten im September 1939 am Tage der Mobilmachung, weil die Mutter schwanger ist. Der Vater wird nach der Hochzeit sofort eingezogen. Als das Mädchen zweieinhalb Jahre alt ist, sagt ihm ein Nazibonze, daß sich seine Mutter verbotenerweise als "deutsche Frau" mit einem Kriegsgefangenen "abgibt" (mit dem sie ein Liebesverhältnis verbindet). Bald danach wird die von den Nachbarn denunzierte Mutter zu einer Gefängnisstrafe verurteilt und vom Kind getrennt. Das kleine Mädchen kommt zur Großmutter. Die Kinder auf der Straße verspotten es, und auch die strenge alte Frau läßt die Enkelin die "Schande" der Mutter spüren.

Die Nazivergangenheit gehört hier offensichtlich zum Hintergrund von Gabrieles Leiden. Aber wer sind die Nazis, unter denen sie leidet, wirklich? Die Kinder auf der Straße, die Nachbarn, die strenge Großmutter, mit der sie in einem winzigen Raum eingepfercht lebt? Oder ist es der Vater des Mädchens, der es einmal besucht und sich zur Begrüßung der Tochter eine Gasmaske über das Gesicht zieht, um dann im Leben der Patientin nie wieder aufzutauchen? Welchen Weg der Leiden hat Gabriele zu bestehen, um von sich zu sagen: Ich bin ganz einfach eine Frau, keine "deutsche" Frau, die ihre Tochter im Stich läßt, auch keine angepaßte "Nazi"-Frau, sondern eine Frau, die ihr Kind, das Leben und die Welt, in der sie lebt, liebt.

Nicht ganz 40jährig kommt die Patientin wegen ihrer Ängste und der Schwierigkeiten, die sie mit ihrer heranwachsenden Tochter hat, zur Therapie. Sie reißt sich, wie sie sagt, stets zusammen, damit nicht alles so schlimm aussieht. Aber ihr Lebensschiff erscheint ihr als morsch: Sie ist so beschäftigt, Löcher zu stopfen, daß sie nicht dazukommt auszusteigen, ja, wenn sie einen Moment nicht aufpaßt, hat das Schiff schon wieder ein neues Loch. Von ihrer Tochter sagt sie: "Es ist nicht meine Tochter, die Hilfe braucht, sondern ich sehe in ihrem Verhalten ständig das Spiegelbild meiner eigenen Schwierigkeiten."

Die Diagnose, mit der sie von der Klinik zur ambulanten Psychotherapie überwiesen wird, lautet: "Neurotische Entwicklung bei depressiver Persönlichkeit im Rahmen einer erheblichen Selbstwert- und Überichproblematik mit Ausbildung multipler psychosomatischer Symptome. Derzeit ausgepräger Erschöpfungs- und Versagungszustand. Störungen im Bereich der Arbeit und Partnerschaft." Die Klinik empfiehlt der Patientin, "Kontakt zu Selbsthilfegruppen zu knüpfen und aufrecht zu erhalten", und macht die Prognose weiter davon abhängig, ob es der Patientin in einer ambulanten Therapie gelingt, sich zu einer klaren Stellungnahme hinsichtlich der Beziehung zu ihrem Freund durchzuringen."

Nur soviel sei nun zur Therapie von Gabriele gesagt: Im Vordergrund der Behandlung stand die schwere Identitätskrise in Verbindung mit dem Eltern- und Autoritätskomplex. Dabei war "Nazi" für sie praktisch gleichbedeutend mit Lieblosigkeit, Zurückweisung, Unterdrückung und Menschenverachtung. "Nazi" war gleichsam eine Chiffre, die zur Verdeutlichung von Einstellungen diente, die sie nicht nur bei ihren Peinigern in Vergangenheit und Gegenwart, sondern mit der Zeit auch bei sich selbst zu entdecken lernte. Die beharrliche Auseinandersetzung mit den in den Schattenbereich abgeschobenen Einstellungen und deren Bearbeitung machte es im Laufe einer langen Therapie möglich, daß die Patientin Perspektiven für einen angstfreieren Umgang mit sich und der Welt fand, in der sie heute lebt.

Abschließend berichte ich über meinen Patienten Bodo, der es als über fünfzigjähriger Mann auf sich nimmt, sich mit den Folgen der ihm als Kind aufgezwungenen Naziideologie beharrlich (und erfolgreich) auseinanderzusetzen. Bodo ist gerade zehn Jahre alt, als der Krieg ausbricht. Sein Vater, Berufsoffizier, stirbt, als Bodo noch ein Säugling ist. Die Mutter behält den älteren Sohn, den sie Bodo vorzieht, bei sich; Bodo kommt zu seinem Großvater, der ihm den Vater ersetzt. Bodo bewundert seinen Großvater, hat aber auch etwas Angst vor ihm. Der Großvater ist ein gelehrter Mann, der viele Sprachen spricht und auch Bücher geschrieben hat. Eine Tante sorgt dafür, daß Bodo mit acht oder neun Jahren in eine "Nationalpolitische Erziehungsanstalt" aufgenommen wird. In der "Napola" erleidet Bodo eine Enttäuschung, die von da ab wie ein dunkler Schatten über seinem Leben liegt. Alles beginnt damit, daß ihn sein Sportlehrer, der ihn nicht leiden kann, beim Abschreiben ertappt. Daraufhin wird er zur Bestrafung dem "Stubengeist" freigegeben, das heißt: seine Mitschüler überfallen ihn im Schlaf, verprügeln ihn fürchterlich, und weil er auch im Sport eine "Flasche" ist und bei den Mutproben versagt, wird er von den Stubenkameraden beschämt und verspottet. Als eine "Krücke" aus der "Napola" entlassen, das heißt, als ein "deutscher Junge", der versagt hat, fühlt Bodo sich ins Zivilleben zurückgestoßen. Er lernt um so emsiger, und als er etwas älter und kräftiger geworden ist, zeichnet er sich durch kühnes Klettern und durch Härte aus und wird, weil sein verstorbener Vater Offizier war, mit 14 Jahren in das Militärwaisenhaus als Kadett aufgenommen. Gerade noch rechtzeitig, bevor er bei Kriegsende mit 16 Jahren für seinen "Führer und das Großdeutsche Reich" mit dem Wunsch zu fallen in den Kampf zieht, kann er von seiner Mutter davor bewahrt werden: Während eines Kurzurlaubs nimmt sie Bodo die Uniform ab und versteckt ihn zu Hause, bis die Amerikaner wenig später die Heimat eingenommen und besetzt haben.

Bodo ist in der Nachkriegszeit bald in einer christlichen Bewegung sehr aktiv. Die MRA (Moralische Aufrüstung) gibt ihm Gelegenheit, die christlichen Gebote zu praktizieren, um (nunmehr mit christlichen Vorzeichen) eine bessere, ja ideale Welt aufbauen zu helfen. Dabei scheinen ihm die göttliche Macht und ihre Gebote so überwältigend, daß ihm darüber (wie er später reflektiert) der Wunsch, sich an einen Nächsten anzulehnen, unerfüllbar erscheint.

Er erlernt den Beruf seines Großvaters und heiratet eine Sängerin; doch die Ehe wird bald wieder geschieden. Gelegentlich eines Skiurlaubs gerät er in die Nähe einer Psychose. So kommt er nach einem kurzen Klinikaufenthalt zur ambulanten Therapie. Die angstüberflutenden, ihn in einen seelischen Ausnahmezustand versetzenden Erlebnisse sind rasch abgeklungen. Doch hat er Schwierigkeiten in der Partnerschaft, nicht im

Beruf, den er entsprechend seiner akademischen Position gewissenhaft und mit hohem Einsatz und Eifer erfüllt.

Die Verleugnung der eigenen Person und der von ihr ausgehenden autonomen Bestrebungen, die mit einer extremen Unterdrückung und Kontrolle der Affekte verbunden ist, wird Angelpunkt einer langen Psychotherapie. Das unausgesprochene Ziel – soweit ein solches auch im Rückblick überhaupt formuliert werden kann – ist eine allmähliche Änderung der von einer übermächtigen "Persona"[1] diktierten Einstellungen, die der Abwehr der von Scham erfüllten Eigenstrebungen dienen. Die Forderung, sich den Normen und Geboten des Kollektivs hinzugeben, ja, sich für sie aufzuopfern, gipfelt beim Patienten in einer Idealisierung der Unterwerfung und Selbstaufopferung als einem höchsten Wert. Sie ließ ihn unter extremen Lebensbedingungen (dem Druck des Nazitums) überleben, bis die Mutter dem 16jährigen Sohn (auch hier gehorcht er) die Uniform abnimmt. Mit dieser Wendung ist allerdings eine Umwertung der Werte bei Bodo in keiner Weise eingeleitet. Sie führt mit der Beseitigung der Naziherrschaft zu einer Übertragung der introjizierten Wertvorstellungen auf die Kirche und Gott, und zwar frei nach Kästner: "Wenn wir den Krieg gewonnen hätten, die Pfarrer trügen Epauletten und Gott wär deutscher General." Der Sinneswandel von Bodo bereitete sich erst durch den ihn ebenso überraschenden wie erschreckenden seelischen Zusammenbruch vor, der ihn in die Nähe einer Psychose brachte und der für ihn der Anlaß war, sich in eine Psychotherapie zu begeben.

Die vom Patienten im Rahmen der Therapie so sehr erstrebte und doch als beinahe aussichtslos erlebte Suche nach Selbstverwirklichung und Selbstbestimmung soll nun abschließend durch einiges Traummaterial veranschaulicht werden. Dabei wird es einmal um die Illustration der Persona und der sie bestimmenden Dressate gehen, die eine fast hoffnungslose Entfremdung der Person zur Folge hatten, sowie um die im Laufe der Psychotherapie in Gang gekommene Auseinandersetzung mit den Autoritäten, die über den Patienten so viel Leid gebracht hatten.

Die dem Patienten eingefleischte (brutale) Art des Vorwärtskommens, die sich über die von der Natur vorgegebenen Verhältnisse rücksichtslos hinwegsetzt, veranschaulicht ein Schiffstraum, den Bodo als Initialtraum in die Therapie bringt. Damit ist im Sinne des Initialgeschehens ein zentrales Thema angeschlagen, das im Laufe der Behandlung fortgesetzt und variiert wird. Der Traum lautet: "Ein Riesenschiff fährt mit Riesenkraft durch einen kleinen Fluß, auf dem sich Leute und Boote befinden. Das

---

[1] "Persona" ist ursprünglich die Maske, die im antiken Theater vom Schauspieler getragen wurde. In der Terminologie C. G. Jungs stellt sie den durch äußere wie innere Einflüsse erworbenen Außenzuschnitt der Persönlichkeit dar. Sie enthält und repräsentiert die Summe erlernter Einstellungen und sozialer Rollenmuster, die die Kommunikation des Ich mit der Außenwelt reguliert. Sie ist nach Jung "ein Kompromiß zwischen Individuum und Sozietät" und "legt einen darauf fest, als was man (hinsichtlich seiner Rolle) für sich und die anderen erscheint."

Schiff fährt 'stur' geradeaus, wobei es sich zum Teil ohne Rücksicht auf den geschlängelten Flußlauf durch die Landschaft pflügt. Der Steuermann des Schiffes ist mir unbekannt. Ich bin der Kapitän. Ich schaue von der Kommandobrücke wie von weit oben auf die Landschaft und die Leute in der Landschaft unter mir herab. Ich bin der Leute wegen irgendwie besorgt, finde aber die Fahrt des Schiffes schön."

Der Patient bringt zum Traum folgende Einfälle: Der Fluß gleicht dem Main bei Frankfurt. Das Schiff hat die Größe eines Hochseedampfers. Geplant ist, wie Bodo im Traum weiß, der Bau einer gewaltigen Schleuse. Der Fluß soll hierdurch begradigt werden, damit das Riesenschiff noch selbstverständlicher und unbehinderter vorwärts kommt. Der Steuermann des Schiffes ist blind. An Bord befinden sich viele unbekannte Leute, darunter drei Männer, die Bodo auffallen: Ein Buckliger, ein Mann mit einer Maske vor dem Gesicht und einer mit einem nichtssagenden infantilen Gesicht.

Als Beispiel der Menschenverachtung, die zum Nazisystem gehört und die auch den Grundtenor des Schifftraumes bildet, fällt mir – in Erinnerung an meine Rekrutenzeit – die Haltung des "Kleiderbullen" (dem Verwalter der Bekleidungskammer) ein, der jeden Rekruten nach der Hutnummer fragt, um ihm nach der stramm gegebenen Antwort: "58 Zentimeter, Herr Unteroffizier" das Bekleidungsstück mit der Bemerkung an den Kopf zu werfen: "Gut, dann paßt die Hose, abtreten!"

Eben nach diesem Motto scheinen Schiff und Fluß im Traum des ehemaligen Kadetten der Militärwaisenanstalt aufeinander bezogen. Offensichtlich wurden – so kann man den Traum auslegen – die Kräfte der Nazijugend gemäß der Parole: "Vorwärts schmettern die hellen Fanfaren" zu einem Schiff umgeschmiedet, in dem der einzelne, mit Hitler identifiziert in der Rolle des Schiffskapitäns, gegen die Kräfte der Natur und gegen die Bestimmung seines Lebens (den Fluß als Lebensstrom) seinen "Dienst am Volk" zu tun hat. Der Steuermann des Schiffes ist – wie kann es anders sein – blind. Mit ihm zusammen hat die auf dem Schiff versammelte Mannschaft als die das System offiziell repräsentierenden Einstellungen systemgerecht zu verfahren. Allerdings gehören, wie der Traum hervorhebt, drei auffallende Männer mit zur Schiffsmannschaft, ein Buckliger, einer mit Maske und ein infantil Gesichtsloser. Sie machen den Träumer auf die das System einschließende Dunkelseite aufmerksam, auf das Bucklige, das Maskenhafte und das Infantile. Die Kritik des Traumes, die sich gleichsam absurder, bis ins Groteske gesteigerter Stilmittel bedient, ist überdeutlich. Sie bleibt dennoch für den mit der Rolle des Schiffskapitäns identifizierten Träumer nur schwer nachvollziehbar und für ihn auf Anhieb nicht akzeptabel.

Durch neue Träume aufgerüttelt, die der Analytiker, begleitet von einer meditativen Grundstimmung, vorsichtig deutet und amplifiziert, produziert Bodo unter anderem zwei weitere Schiffsträume. Diese sind geeignet, den Verlauf der Entwicklung zu skizzieren, die die Auseinandersetzung des Patienten mit der Nazivergangenheit innerhalb der Therapie nimmt. Der nächste Schiffstraum lautet: "Ich sehe mich vorn im Rumpf eines großen Schiffskörpers. Jemand steuert den Koloß. Er soll zum richtigen Zeitpunkt abgebremst und zum Stillstand gebracht werden, da wir uns auf der Endstrecke befinden. Ich wundere mich, daß der Steuermann das Fahrttempo nicht reduziert. Weil ich im Bug sitzend am Manöver beteiligt bin, gebe ich das Kommando, das Schiff zu stoppen. Ich hole die Uhr hervor, die mir der Großvater geschenkt hat, und stelle fest, daß die Zeit zum Anhalten überfällig und gefährlich überschritten ist. Da ist es auch schon zu spät. Ich sehe, wie sich der Riesenrumpf im Zeitlupentempo über die Böschung eines Berges schiebt. Vorn übergeneigt beginnt er, in einen Felsenabgrund abzustürzen. Ich halte nach Rettung Ausschau und kann mich ohne große Schwierigkeiten über Bord schwingen. Dabei gelange ich auf den Ast eines grünen Baumes. Sorgen machen mir die an Bord Gebliebenen, denen ich warnend und auffordernd zurufe."

Der Traum bedarf kaum eines Kommentars. Ich beschränke mich deshalb auf die Wiedergabe der Einfälle und Assoziationen des Träumers. Der Träumer "weiß", daß es sich bei dem Koloß um das Riesenschiff aus dem Initialtraum handelt. Er phantasiert, daß der Aufenthalt im Bug riskant sei, ihm aber freie Sicht nach vorne gebe, wobei sich die Sicht in der Gefahr noch erweitere. Demgegenüber fehle es dem Steuermann mit dem (scheinbar sicheren) Platz in der Schiffsmitte an Überblick. Er, Bodo, habe die frühere Kapitänsrolle nun mit der eines Mannschaftsmitgliedes vertauscht. Deshalb habe er sich aus dem starren Schiffskoloß auf den elastischen Ast eines grünen Baumes retten können – mit ihm wohl auch noch andere Männer. Ich übergehe weitere Einfälle zu dem vorliegenden Traum und füge hinzu, daß das Bild eines grünen Baumes bei dem Patienten Gefühle von Sehnsucht auftauchen läßt, die er, wie folgt, assoziativ verdeutlicht: "Ich habe Sehnsucht nach Natur, nach einer blühenden Wiese, nach einem rauschenden Bach, auf dem ich in einem Paddelboot dahinfahre."

Etwa ein dreiviertel Jahr später begibt sich der Patient im Traum ein drittes und vorläufig letztes Mal auf eine Schiffsreise. Er träumt: "Ich suche meine Sachen zusammen und bin schon ziemlich spät dran. Das Schiff, das ich dann besteige, ähnelt einem stabilen Holzkutter. Mit mir sind noch einige junge Leute an Bord, auch Helga, meine erste Freundin. Als es losgeht, verwandelt sich die Landschaft in eine zerklüftete Berg- und Felsgegend, durch die sich das Schiff hindurch und bergab schiebt. Die jungen Leute springen währenddessen vom Schiff herunter und wieder hinauf. Sie tun es teils spielerisch und teils, um zu sehen, wie es weitergeht. Ich warne die unbekümmerten fröhlichen Leute." Selbstverständlich fallen dem Patienten seine früheren Schiffsträume ein. Zwar sei, wie er reflektiert, auch in diesem Traum der Weg, den der Kutter nimmt, noch immer ungewöhnlich, aber das Gefährt sei aus Holz und viel kleiner als die Schiffe in den Vorträumen, also den wahren Verhältnissen eher entsprechend.

Man könnte die durch das Traumbild ausgelösten Einfälle als einen energischen Versuch des Patienten deuten, sich von der ihn bis jetzt einschnürenden lebensfeindlichen Personahaltung zu befreien, wofür auch die Verbindung mit den fröhlichen, vom Schiffskutter ab- und wieder aufspringenden jungen Burschen sowie die Anwesenheit einer Frau (seiner ersten Jugendliebe) sprechen könnte. Jedenfalls nimmt der Kutter, wie Bodo assoziiert, den Weg aus einer – mythologisch betrachtet – den Göttern vorbehaltenen Urlandschaft zurück ins Tal, und das heißt, er führt ihn wieder in die Gemeinschaft der Menschen zurück.

Ich nehme nun in meinen Bericht noch einen weiteren Traum auf, der die Nazivergangenheit des Patienten und seine noch nach über 40 Jahren bestehende Verhaftung an sie im Rahmen der therapeutischen Arbeit unverschlüsselt preisgibt. Wohl gemerkt: der Traum, den der Patient etwa anderthalb Jahre nach dem letzten Schiffstraum in die Therapie brachte und den ich nur knapp kommentieren werde, ist nicht ein Traum eines Parteigenossen oder gar eines prominenten Nazitäters; es ist der Traum eines inzwischen über 50jährigen Mannes, der in der Kindheit und frühen Jugend durch die Dressur eines menschenverachtenden Systems mißhandelt und durch sie geprägt wurde:

"Ich befinde mich in einem sehr großen Versammlungssaal voller Menschen. Es ist eine Veranstaltung von Nationalsozialisten, auf der auch hohe Funktionäre anwesend sind. Die Funktionäre sitzen aber auf der Seite der Zuhörer, während die "Veranstalter" ein kleines Häufchen von Arbeitern sind, von denen sich fünf den Zuhörern stellen sollen. Ich schlüpfe am oberen Ende des Saales durch diese kleine Gruppe in eine Ecke, um von dort den Verlauf der Versammlung zu beobachten. Während sich einige Männer aus der oppositionellen Arbeitergruppe verborgen halten, treten die fünf vor die Versammlung. Daß die Minderheitsgruppe nach Beendigung der Versammlung letzten Endes doch der Übermacht der Funktionäre wehrlos ausgeliefert sein wird, bringt in die Situation eine große Spannung. Die fünf nehmen wie zur Eigenstärkung und zur Demonstration der Zusammengehörigkeit körperliche Tuchfühlung auf, legen die Arme über des Nachbarn Schultern, wobei auffällt, daß einige von ihnen nur noch kleine Stümpfe haben. Sie sind wohl Kriegsversehrte, was sie aber noch mehr zu diesem demonstrativen Akt legitimiert. Zu meinem Erstaunen beginnen sie weder zu sprechen noch zu singen, sondern es schaltet sich ein Tonband mit Ausschnitten von Reden der Parteigrößen ein; und zwar mit solchen Inhalten, die die Funktionäre im Gremium bloßstellen; es sind Ausführungen, die durch die Ereignisse überholt und im Widerspruch zur derzeitigen Linie stehen."

Der Traum beeindruckt mich (heute noch) ebenso durch die seelische Entschlossenheit zur Auseinandersetzung mit den dem Ich aufoktroyierten Normen wie durch die den Träumer noch immer fesselnde Furcht vor dieser Auseinandersetzung. Zweifellos hat der in der Seele ablaufende Konflikt das Bewußtsein des Träumers erfaßt, auch wenn das Traum-Ich einstweilen die Rolle eines noch versteckten Beobachters einnimmt. Der alte lateinische Spruch kann einem im Blick auf die Einstellung gegenüber den Autoritäten einfallen: "Quod licet Jovi, non licet bovi" (Was dem Jupiter erlaubt ist, ist dem Ochsen noch lange nicht erlaubt). Auf den Traum bezogen könnte es so viel ausdrücken wie: Die Funktionäre und Parteigenossen stehen noch immer im Rang von Autoritäten mit einem uneingeschränkten, quasi göttlichen Anspruch.

Um die Verworfenheit und Anmaßung dieser Autoritäten zu entlarven, bedarf es außerordentlich viel an Entschlossenheit und Mut. Positiv ins Gewicht fällt, daß die anmaßenden Autoritäten im Traum bereits formal abgesetzt, also zu Zuschauern gemacht werden, während die Arbeiter in die Position der neuen Autorität einrücken, auch wenn sich ein Teil von ihnen – ebenso wie der Träumer selbst – noch verborgen hält. Doch formiert sich aus der Gruppe der Arbeiter eine Minderheit von fünf Männern, die ich als "die fünf Aufrechten" bezeichnen möchte. Unter diesen befinden sich – die genaue Zahl läßt der Traum offen – einige Kriegsversehrte. Die Kriegsversehrten legitimieren sich als berufene Ankläger von Naziunrecht, wobei im Traum Nazi und das von den Nazimachthabern verursachte Unheil praktisch gleichzusetzen wären. Die Versehrten werden gemeinsam mit den anderen Männern zu Exponenten der nun stattfindenden Auseinandersetzung mit der barbarischen Naziideologie; sie läuft zur Überraschung des Träumers nicht in Form von Reden und Gesängen ab. Gerade von einer die Emotionen ansprechenden Form des Protestes (mit der die Nazimachthaber die Jugendlichen zu verwirren und für sich einzunehmen trachteten) unterscheiden sich die Vorgänge in der Diktion des Traumes. Der Konflikt wird im Traum eher sachlich und nüchtern abgehandelt. Die Austragung des Konfliktes erfolgt öffentlich, indem die in der Vergangenheit tatsächlich gehaltenen Reden zitiert und damit die zurückliegenden Nazimethoden in Erinnerung gebracht werden. Für alle Anwesenden deutlich hörbar, werden Tonbänder eingeschaltet, damit allen beteiligten Anwesenden klar bewußt wird, daß die Ausführungen der Parteigrößen (als Repräsentanten der aufoktroyierten und bis dahin befolgten Vorschriften) durch die wirklich stattgefundenen Ereignisse längst überfällig geworden, also überholt sind. Einfach ausgedrückt, sagt der Traum: Die "Götter", denen ich so lange vertraute, haben mich belogen und mich mit meiner menschlichen Wirklichkeit in Widerspruch gebracht, in der ich bis jetzt nicht aus eigener Verantwortung leben konnte. Die Ungewißheit über das Zustandekommen dieser positiven Entwicklung gehört mit zum Traum. Sie erzeugt vor dem Auftritt "der fünf Aufrechten" einen bangen Moment der Spannung, der die so sehr eingefleischte Furcht vor der Übermacht der Gegenkräfte (der alten Autoritäten) signalisiert, eine Spannung, die erst gegen Ende des Traumes abklingt.

Die durch Zitierung der Vergangenheit ablaufende Auseinandersetzung mit den Gegenkräften findet unbeirrt statt, auch wenn für das Bewußtsein des Träumers (sein Traum-Ich) die "derzeitige Linie" noch nicht sicher erkannt und deshalb vom Traum-Ich auch noch nicht entschieden genug vertreten werden kann. Innerseelisch geht es dabei weniger um das Außerkraftsetzen bestimmter Normen als um die Gewinnung einer neuen Position, die es der bislang von einem mörderischen Überich regierten Person erlaubt, endlich ein von der Stimme des eigenen Gewissens kontrolliertes und verantwortetes Leben zu führen.

Der Kampf "der fünf Aufrechten", der von den durch den Krieg verstümmelten Kräften mitgetragen wird, mag für alle Menschen beispielhaft sein, die an der Frage, ob eine Nazikindheit zu bewältigen sei, interessiert sind. Die Auseinandersetzung von Bodo kann deutlich machen, welche Anstrengungen notwendig sind, um den das Leben verhöhnenden und verstümmelnden Gewalten entgegenzutreten und sich von ihnen nicht zerstören zu lassen.

Margarete Hecker

Familienrekonstruktion in Deutschland. Ein Versuch, sich der Vergangenheit zu stellen

Vorbemerkung

Aus langjähriger Tätigkeit in der Aus- und Weiterbildung von Sozialarbeitern mit dem Schwerpunkt Familienberatung möchte ich hier folgende Erfahrungen zur Diskussion stellen. Im Kontext von Trainingsseminaren haben Kursteilnehmer an ihren Herkunftsfamilien gearbeitet. In diesen Seminaren haben wir durch "Familienrekonstruktionen", wie sie ursprünglich zuerst von Virginia Satir entwickelt und geleitet wurden[1], versucht, die verdeckten Familienstrukturen, Familienmuster und emotionalen Blockierungen auf eine neue Weise zu sehen und zu erleben. Dabei haben wir des öfteren Familien kennengelernt, in denen sich Kursteilnehmer mit einer aktiven Beteiligung ihrer Eltern und Großeltern am NS-Regime auseinandersetzen mußten. Aus einer Vielzahl der uns auf diese Weise bekannt gewordenen Familienschicksale habe ich drei Familienprofile ausgewählt, in denen meines Erachtens deutlich wird, was der abgebrochene Dialog zwischen den Generationen für Kinder und Enkel der Täter oder auch der vermeintlichen Täter des NS-Regimes für das Familienleben wie für die individuelle Entwicklung bedeutet. Ich habe die Familienrekonstruktions-Seminare zusammen mit verschiedenen ausländischen und deutschen Ko-Therapeuten durchgeführt. Die ersten Erfahrungen machte ich mit Kollegen aus den USA, den Niederlanden und der Schweiz, die Erfahrungen in der Arbeit mit Überlebenden des Holocaust gemacht hatten, und die uns halfen und ermutigten, uns den Problemen der deutschen Familien zu stellen.

Wolfgang, Uta und Gudrun haben mir ihre Familiengenogramme[2] übergeben und ihr Einverständnis zur Veröffentlichung erklärt. Namen

---

[1] Virginia Satir hat als erste Familienrekonstruktionen als therapeutisches Instrument zur Arbeit an der Herkunftsfamilie entwickelt. Sie hat solche Familienrekonstruktionen in vielen Kulturen geleitet. Meines Wissens hat sie darüber bisher selbst nichts veröffentlicht. William F. Nerin, ein in den USA praktizierender Psychotherapeut, beschreibt seine Erfahrungen in der Arbeit mit Familienrekonstruktionen (Nerin 1986).

[2] "Genogramm": Die graphische Darstellung einer über mehrere Generationen reichenden Familienkonstellation. Sie zeigt die Positionen in der Geschwisterreihe, welche die Eltern in ihren eigenen Herkunftsfamilien hatten, sowie die, welche der Indexpatient gegenwärtig in seiner Familie einnimmt. Todesfälle, Krankheiten, Symptome usw. lassen sich jeweils

und Orte wurden verändert. In letzter Zeit haben Peter Sichrovsky (1987) und Dörte von Westernhagen (1987) aus verschiedenen Perspektiven der persönlichen Betroffenheit lebensgeschichtliche Aufzeichnungen von "Kindern der Täter" der Öffentlichkeit vorgestellt. Meine Absicht ist es hier nicht, dieser eindrucksvollen Reihe noch drei weitere Schicksale hinzuzufügen, sondern ich möchte vielmehr zeigen, wie das Instrument der Familienrekonstruktion helfen kann, ein Stück Aufarbeitung des familiären Erbes zu leisten, soweit dies in der ersten oder zweiten Generation überhaupt möglich ist.

Das Ziel der Familienrekonstruktion ist es, im Sinne des Menschenbildes und der therapeutischen Methoden der Humanistischen Psychologie (vgl. Bühler, Allen 1974; Lockowandt 1984) das übermäßige oder negative Gebundensein an eine Seite des Systems der Herkunftsfamilie aufzulösen, die möglichen Verstrickungen zu erkennen, um freier zu werden für die eigenen Aufgaben im Leben. Die Lösung aus familiären Verstrickungen bedeutet oft auch, auf eine neue Weise Vertrauen zu sich selbst, zu Gleichaltrigen und zu Älteren zu gewinnen. Dahinter steht nicht eine Familienideologie, jeder müßte mit seinen Vorfahren ausgesöhnt sein und alle Konflikte in bezug auf seine Herkunft gelöst haben. Dies ist wohl eine lebenslange Aufgabe für jeden. Aber, um selbst fähig zu werden, als Berater in Systemen zu intervenieren, ist es meines Erachtens unabdingbar, seinen eigenen Platz im System der Herkunftsfamilie zu kennen und zu wissen, wo Nähe, Trennungen, Grenzen und Blockierungen im Kontakt mit den Eltern, Geschwistern und Großeltern liegen.

Auf dem Hintergrund der mitgebrachten Dokumente, Ahnenpässe und Bilder aus den Photoalben entstehen mit den Mitteln der Familienskulptur, des Psychodramas, des Rollenspiels und der sich daraus entwickelnden Familiendialoge Stationen und Szenen aus der Geschichte der Familie. So wird versucht, sich in die Szenarien der Vergangenheit zurückzuversetzen und gefühlsmäßig wieder zu erleben, was bisher als bloßes geschichtliches Datum unverständlich geblieben ist. Unaufgelöste Konflikte und Widersprüche, die verschüttet im Unbewußten der Familie liegen, werden sichtbar und erlebbar, sie werden sprachlich faßbar und damit einer möglichen Bearbeitung zugänglich gemacht.

Die Generation, die die NS-Zeit mitgetragen und mit zu verantworten hat, vermittelt ihren Kindern meist durch nonverbale Botschaften, daß sie in der Gegenwart nur leben können, wenn sie ihre Erinnerungen auf ein erträgliches Mindestmaß reduzieren. Unbewußt setzen sie ihre einzige Hoffnung in ihre Kinder. Aber gesprochen wird darüber nicht. Für aufmerksame, loyale Kinder heißt das, die Eltern nicht mit Fragen zu belasten und selbst mit dem Schleier des Vergessens zu leben, auch auf die Gefahr hin, nicht wirklich zu wissen, wer man ist, woher man kommt und

---

übersichtlich einordnen (vgl. Simon, Stierlin 1984, S. 125). Zur Illustration ist hier Utas Genogramm abgedruckt.

wem man vertrauen kann. Für die Nachkriegsgeneration steht die unausgesprochene Frage nach der eigenen familiären und nationalen Identität im Raum. Zum Beispiel besteht eine tiefe Unsicherheit bei einem politischen Engagement: "Ich weiß nicht, wem oder was ich vielleicht auf den Leim gehe", oder: "Ich weiß nicht, ob ich selbstsicher, überzeugt und kompetent auftreten kann". Dahinter steht oft eine heimliche Faszination für die Menschen, die sich *alles* zugetraut haben.

Die Teilnehmer bereiten mit einer gründlichen Datensammlung die Erstellung eines Genogramms (einer graphischen Darstellung aller Familienmitglieder) vor. Manche von ihnen führten dadurch zum ersten Mal ein Gespräch mit den Eltern aus einem sachlichen Interesse heraus ("Wie war das damals eigentlich für euch?"), anstatt anklagend und vorwurfsvoll über deren Beteiligung am NS-Regime zu sprechen. Für alle war es das erste Mal, daß sie die Loyalität des Schweigens, das über der Familie lag, brachen und in einem überschaubaren Kreis von 12 bis 16 Teilnehmern über Schuld und Scham ihrer Eltern bzw. Großeltern berichteten und sich selbst eingestehen konnten, wie schwer es sei, sich als Glied gerade dieser Familie zu verstehen. Ohne es eigentlich benennen zu können, kamen die Teilnehmer mit dem Wunsch in dieses Seminar, von einem "Fluch" oder von einem "negativen Vermächtnis" frei zu werden.

In den drei hier ausgewählten Familiengeschichten geht es in erster Linie um die Auseinandersetzung mit Vätern und Großvätern und nicht so sehr mit Müttern und Großmüttern, obwohl diese – wie wir aus anderen Quellen wissen – einen nicht geringen Anteil am Aufbau und Durchhaltevermögen der "Helden" des NS-Regimes hatten. An einem historischen, den Einzelfall übergreifenden Aufarbeiten der NS-Familie müßte meines Erachtens weiter gearbeitet werden.

Drei Familienprofile

1. Wolfgang

Folgende Familiengeschichte gewährt uns unter anderem Einblick in das Verhältnis zwischen Vätern und Söhnen über vier Generationen hinweg. Wolfgang ist Psychologe, der Älteste von drei Brüdern. Er hat das Datenmaterial seiner Familie, die sowohl von mütterlicher wie väterlicher Seite aus bäuerlichen Verhältnissen des Vogelbergs stammt, sehr sorgfältig und übersichtlich bis in die Urgroßelterngeneration dargestellt. Ihn interessiert in erster Linie die väterliche Seite, mit der er aufgrund der subtilen Vermeidungsstrategien seiner Mutter Gerda relativ wenig Umgang hatte, obwohl seine väterlichen Großeltern, Friedrich und Erna, im nur drei Kilometer entfernten Nachbarort lebten. Seine Mutter hielt ihren Mann und ihre Söhne fern von der Schwiegerfamilie. Wolfgang und seine Brüder sind Pazifisten, Kriegsdienstverweigerer. Ulrich, der Jüngste, hat sich rechtzeitig zum Studium nach Berlin abgesetzt. Zum Zeitpunkt dieser Rekonstruktion ist keiner der Brüder (sie sind Anfang Dreißig bzw. Ende Zwanzig) verheiratet.

Großvater Friedrich war überzeugter Nationalsozialist, und obwohl er zwei Jahre nach dem Krieg in Zivilhaft interniert war und die Amerikaner sich bemühten, aus ihm einen "guten Demokraten" zu machen, hat er sich nie umerziehen lassen. Er wurde zwar formal entnazifiziert, war aber bis zu seinem Tod im Alter von 83 Jahren zusammen mit seinen alten Kameraden in der Sekte der Unitarier organisiert, die ihm auch ein "würdiges Begräbnis" in germanischer Tradition bereiteten.

Durch die Arbeit an Wolfgangs Familienrekonstruktion ergab sich folgende Sichtweise von Großvater Friedrich, wie er sich heute dem Enkel darstellt. Friedrich war als junger Kleinbauer von der Wirtschaftskrise zwischen den beiden Weltkriegen schwer getroffen und erhoffte sich von der faschistischen Bewegung aus nationalkonservativer Überzeugung heraus einen Ausweg aus der Misere. Aus Liebe zum "deutschen Boden" und zu "deutscher Ehre" versprach er sich persönlich und politisch etwas von der angekündigten Erneuerungsbewegung. Er wollte wieder stolz auf seine Arbeit sein dürfen und seinen Söhnen eine Zukunft schaffen. Er war bereits 1932 der Partei beigetreten und galt als "alter Kämpfer". Er baute die Ortsgruppe der NSDAP in seiner Gegend auf. Sein 16 Jahre jüngerer Bruder Georg wurde Reichsarbeitsdienstführer; als dieser 1937 durch einen Motorradunfall starb, wurde sein Sarg mit der Hakenkreuzfahne bedeckt.

Wolfgang hat schon früh diesen Großvater abgelehnt; die mütterliche Verwandtschaft bot ihm dagegen eher Rückhalt. Der väterliche Großvater galt bei ihnen als Querulant, starrsinnig und geizig. Trotzdem fiel Wolfgang die Ablehnung auch schwer, weil der Großvater ihn insgeheim faszinierte. Er sei ein selbstbewußter Mann gewesen, der auch nach 1945 zu seiner Überzeugung gestanden habe. Er hätte von seinen Erfahrungen der Kameradschaft und Treue zu seinen alten Freunden echt und überzeugend gesprochen. Besonders beunruhigend für den Enkel Wolfgang war auch die Erfahrung, daß er als liberaler Linker zum Beispiel in der Verurteilung der USA wegen des Vietnamkrieges oder der Verurteilung der Sowjets beim Einmarsch in die CSSR mit Großvater Friedrich einer Meinung war, was wegen dessen Vergangenheit eigentlich nicht sein durfte.

Bei der Betrachtung der Person Friedrichs und seiner Rolle in der Familie auf dem Hintergrund seiner Zeit tauchte im Seminar die Frage auf: "Hätte er sich auch anders entscheiden können? Wieviel Freiraum und Spielraum hatte er zu Beginn der dreißiger Jahre? Wie haben sich die Väter und Großväter der anderen Teilnehmer entschieden? Welche Lebenserfahrungen und Überzeugungen leiteten sie?"

Aus Wolfgangs Rekonstruktion geht weiter hervor: Die Großeltern Friedrich und Erna heirateten 1926. Erna, aus einer Bergmannsfamilie stammend, kannte nichts anderes, als sich dem patriarchalischen Familiensystem in harter Arbeit zu unterwerfen. Aber sie verstand es auch, die Arbeitspausen zu genießen. Es existieren Photos in der Familie, die das "Leben auf dem Lande", "Menschen bei der Feldarbeit" in aller Kargheit und Anspruchslosigkeit aus dieser Zeit festhalten. Wolfgang sieht darin etwas von der gegenseitigen Belastbarkeit und Beziehungsfähigkeit seiner Großeltern. Erna und Friedrich hatten vier Söhne, von denen der Älteste im Kleinkindalter im Jahr 1929 starb. Im gleichen Jahr wurde der Zweitälteste, Heinz, Wolfgangs Vater, geboren. Heinz schloß sich bereits mit neun Jahren, der Tradition des Vaters folgend, dem Jungvolk an und übernahm noch als Schüler während der Abwesenheit des Vaters im Krieg die Bewirtschaftung des Hofes. Er folgte damit den Erziehungsbegriffen der Zeit zu "Männlichkeit" und "früher Verantwortung", die zum Ideal erhoben worden waren. 1942, mit dreizehn Jahren, wurde er Fähnleinführer, im Winter 1944 ging er zum "Westwallschippen" und 1945 zur Waffenausbildung in den Volkssturm. Seine Gymnasialausbildung wurde durch diese Aktivitäten abgebrochen. Erst 1950, als Zwanzigjähriger, konnte er die Mittlere Reife nachmachen, um dann eine höhere Handelsschule zu besuchen. Als Vierundzwanzigjähriger heiratete er Gerda. Er mußte ihr, sozusagen als Teil des Ehevertrages, versprechen, nicht den väterlichen Hof zu übernehmen, weil sie die dazugehörige Landarbeit nicht übernehmen wollte.

Vater Heinz wurde aufgrund seiner Handelsschulausbildung Angestellter einer Sparkasse und diente sich mühsam hinauf. Später wurde er Filialleiter. Er schien die Umstellung vom begeisterten Hitlerjungen und Angehörigen des Volkssturmes zum zivilen Leben der Nachkriegszeit äußerlich bruchlos bewältigt zu haben. Aber sein Profil blieb merkwürdig blaß. Er vermittelte den Eindruck, daß er sich als Sohn von Friedrich und im Wissen um dessen Vergangenheit als Person stark zurücknahm. Seine Frau Gerda distanzierte sich nicht nur von ihrer Schwiegerfamilie, indem sie sie als starrsinnig und geizig bezeichnete, sondern sie zog sich innerlich auch von ihrem Mann zurück. Ihre Loyalität lag eindeutig bei ihrer Herkunftsfamilie, was Heinz' Rückzugstendenz, seine periphere Stellung in der Familie und seine Neigung zum Trinken wiederum verstärkte. Er aß und trank viel, zeitweise so viel, daß er zweieinhalb Zentner wog und sein Sohn Wolfgang ihn regelmäßig von der Theke heimholen mußte.

Als Filialleiter der Sparkasse geriet er 1982 in eine ernste berufliche Krise. Er war innerhalb der institutionellen Hierarchie zu gutgläubig gewesen und hatte Kredite vergeben, die dann zum Konkurs der Kreditnehmer führten. Obwohl er nach kurzer Arbeitslosigkeit später in der nahen Großstadt als Sachbearbeiter eine gute Stelle fand, hat dieses Erlebnis schwer an seinem Selbstbewußtsein genagt. Er kompensierte diesen beruflichen Tiefschlag, indem er sich zum Ortsbürgermeister, einem öffentlichen Ehrenamt, über nicht parteigebundene Listen wählen ließ.

Die Ehe mit Gerda war zwar beständig, aber über lange Strecken dieser beruflichen Entwicklungsjahre nicht glücklich.

Wolfgang wurde als Ältester zum Vertrauten der Mutter. Sie teilte ihrem Sohn sehr früh ihre Enttäuschung in der Ehe mit. Heinzens Bemühungen um Fortbildung, um Weiterqualifizierung und sozialen Aufstieg, stellten sich für Gerda so dar: "Heinz läßt die Familie im Stich." Hinzu kam das abendliche Trinken am Biertisch, wo die Männer die alte Kameradschaft ihrer Jugend wieder erleben konnten.

Die Familie hatte finanziell harte Jahre durchzustehen. Wolfgang bekam dies bei seiner Konfirmation zu spüren, als er alles von den Verwandten ihm geschenkte Geld für seinen Anzug und die Familienfeier abliefern mußte, damit die finanzielle Not der Familie nicht nach außen sichtbar wurde. Heinz fühlte sich zwischen seiner Frau Gerda und seinem Vater Friedrich in einem für ihn unlösbaren Loyalitätskonflikt hin- und hergerissen. Von Gerda wurde ihm nahegebracht: "Man darf Vater nicht gern haben! Der Makel hängt über der ganzen Familie!"

Die drei Söhne gingen aufs Gymnasium. Sie wählten auf Rat des Vaters Latein als zweite Fremdsprache. Bildung und Status war ein von ihm angestrebter Ausweg aus dem Dilemma. Die Söhne erhielten die nonverbale Botschaft, durch eigene Leistung könne man das Familientrauma hinter sich lassen. Dieser Ausweg blieb Vater Heinz in jungen Jahren durch die ersten Nachkriegsjahre verschlossen. Er unterstützte seine Söhne auf der Schule und erwartete von ihnen unausgesprochen, daß sie es schaffen. Es bedeutete indirekt auch *seinen* gesellschaftlichen Aufstieg. Alle drei Söhne legten schließlich ein akademisches Examen ab.

Wolfgang war in seiner frühen Jugend ein zartes, kränkliches Kind mit einer sehr engen Bindung an seine Mutter. Sie pflegte und fütterte ihn, bis er sehr dick wurde. Mit fünfzehn Jahren führte er selbständig einen Diätplan für sich ein und wurde in kurzer Zeit schlank. Er lernte, was der Mutter nicht gelang, den Vater mit Geschick und Einfühlung im Auftrag der Mutter nach Hause zu holen, wenn dieser wieder an der Theke hängen zu bleiben drohte. Die ausgeprägte Koalition mit seiner Mutter erschwerte es Wolfgang, sich direkt für seine väterliche Familie zu interessieren. Auch er durfte seinen Vater und seinen Großvater Friedrich nicht wirklich gern haben. Daß Heinz sehr schwierige berufliche Situationen in den Nachkriegsjahren auf der Basis einer "schmalspurigen" Ausbildung gemeistert hatte, daß er sich stetig fortbildete, daß er im Ort ein anerkannter Mitbürger war, der Vereine gründete und sich öffentlich engagierte, das alles konnte und durfte Wolfgang über viele Jahre nicht sehen, er verachtete seinen Vater.

Wolfgang bemühte sich, durch alle ihm verfügbaren Informationen und alles schriftliche Material die NS-Zeit zu verstehen und sich auf diese Weise innerlich von der NS-Vergangenheit seiner Familie zu distanzieren. Als Selbstkritik gestand er, er habe es nicht geschafft, als er als Werkstudent in seinem Heimatort die Post austrug, NS-Schriften, die "alte Kämpfer" immer noch bezogen, heimlich verschwinden zu lassen. Er hätte sich strafbar machen können und fühlte damit einen ähnlichen Konflikt wie früher sein Großvater und sein Vater.

Die Schlüsselszene während der Rekonstruktionsarbeit lag nicht in der Familienfeier anläßlich Wolfgangs Konfirmation, sondern in einem fiktiven Gespräch zwischen Wolfgang und seinem seit sechs Jahren verstorbenen Großvater. In einem kathartischen, explosionsartigen Dialog mit Großvater Friedrich konnte Wolfgang ihm alle politischen Verfehlungen, die ihn als Enkel bis jetzt schwer belastet hatten, zurückgeben und sich selbst davon distanzieren, ohne Friedrich pauschal entwerten zu müssen. Er konnte danach wahrnehmen, daß Friedrich ein gut aussehender Mann gewesen sei, der in manchen Dingen für seine Zeit fortschrittlich gesinnt war. Es imponierte dem Enkel, daß er nach dem Tod der Großmutter im Alter von fast 78 Jahren noch einmal eine neue Partnerin gewählt hatte. Erst in diesem Gespräch gelang es Wolfgang, sich von Mutter Gerdas negativem Urteil über seine väterliche Familie zu befreien. Vater Heinz hatte dies im Verhältnis zu seinem Vater nicht geschafft. Die männlichen Mitglieder der Familie wurden in Schwarz-Weiß-Kontrasten gezeichnet, sie durften nicht in ihrer vollen farbigen Gestalt erscheinen. Damit fehlte auch ein Stück Lebendigkeit in den Beziehungen zwischen den Generationen. Alle Ereignisse wurden gesammelt und so gewertet, daß das negative Bild der Gegenseite sich immer wieder durchsetzte und verstärkte.

Wolfgang schien nach der Rekonstruktion wie von einem negativen Vermächtnis befreit zu sein. Ein über ihm liegender Bann war gebrochen. Das unausgesprochene Verbot, ein Mann, also wie Vater oder Großvater zu sein, löste sich auf. Die Angst, als Mann eventuell so zu werden wie Friedrich und dessen gefährliche Art fortzupflanzen, war überwunden. Daraufhin – und dies klingt wie ein Märchen – zeugte er noch in der folgenden Nacht einen Sohn und heiratete kurze Zeit später seine langjährige Partnerin. Sehr bald darauf heiratete auch sein Bruder Peter.

Hiermit soll nicht in naiver Weise behauptet werden, daß nun alle Probleme der Familie gelöst seien. Aber eine wichtige Stufe der Identitätsklärung wurde erreicht. Von der früheren inneren Distanz zur väterlichen Familie ist geblieben, daß Wolfgang mit der Geburt seines Sohnes erst einmal seine berufliche Stellung aufgab, um seiner Frau die Weiterarbeit zu ermöglichen, und daß ihr gemeinsamer Sohn Jan den Mädchennamen der Mutter, nicht den Namen von Friedrich und Heinz als Familiennamen trägt. Erst nach der Rekonstruktion hat Wolfgang sich dazu entschlossen, die einzige noch lebende Großtante, eine Schwester von Großvater Friedrich, aufzusuchen, um noch etwas aus der Familiengeschichte zu erfahren. Vorher waren die Sorge und Angst zu groß, es könnten eventuell Verbrechen aus der NS-Zeit ans Licht kommen.

Auch bis jetzt geblieben ist eine deutliche Ambivalenz, sich einer politischen Bewegung oder Partei anzuschließen. Es bleibt für Wolfgang sehr schwer, sich auf Dinge einzulassen, deren Folgen er nicht übersehen kann.

Seit der Geburt von Jan ist das Verhältnis zwischen Vater Heinz, Wolfgang und Jan sehr eng geworden. Heinz ist ein glücklicher und stolzer Großvater, der das Zusammensein mit der jungen Familie sehr genießt. Für Wolfgang war es so wichtig, sich noch einmal der Konfrontation mit seinem einerseits verachteten, andererseits auch auf vertrackte Weise faszinierenden Großvater zu stellen, um seine eigene Identität als erwachsener Mann annehmen zu können. Er hat nun den Eindruck, sich mit Kritik an seiner Familie auseinandersetzen zu können; er muß sich nicht weiter an dem allgemeinen sprachlosen Verdrängungsprozeß beteiligen.

Wolfgang hat das Familienrekonstruktions-Seminar besucht, nachdem er schon verschiedene Therapieausbildungen (einschließlicher eigener Therapie) abgeschlossen hatte. Das nochmalige Durchleben des Lebensweges von Großvater Friedrich und Vater Heinz war ein entscheidender Schlußstein in einer längeren Entwicklungskette der Aufarbeitung seiner familiären Herkunft.

Wolfgangs Familiengeschichte wurde exemplarisch ausführlicher dargestellt. Die folgenden Familiengeschichten von zwei Frauen sind erheblich kürzer, sie stehen am Anfang einer beruflich-therapeutischen Entwicklung.

2. Uta

In einem Seminar am Ende der Grundausbildung zur Sozialarbeit zum Thema "Familienarbeit mit Ausländern" wurden wir überraschend mit folgender Thematik konfrontiert: Die Teilnehmer, im Alter von Anfang bis Mitte Zwanzig, fragten sich, wie können wir Ausländern frei und offen begegnen, wenn wir nicht wissen, was deutsch ist? Ich war nicht gerade auf diese Wendung des Seminarthemas gefaßt, schlug aber vor, daß wir am Schluß einige Familiengeschichten etwas genauer betrachten wollten, um der Frage nach der eigenen Identität nachzugehen. Davon fühlte sich Uta, eine zarte, etwas schmächtige Studentin aus dem Studienschwerpunkt Resozialisierung, offensichtlich angesprochen. In diesem Zusammenhang stellte sie uns ihre Familie vor. Mit leiser Stimme und so, als ob sie einen ihr fremden Sachverhalt vortrug, konfrontierte sie uns mit einem unaufgeklärten Mordfall in ihrer Familie.

Sie berichtete von ihren Vorfahren bäuerlicher Herkunft aus dem Westerwald. Ihr Großvater Philipp väterlicherseits hatte zusammen mit Altersgenossen, darunter auch seinem Schwager Friedrich, einem angeheirateten Großonkel von Uta, die Ortsgruppe der NSDAP aufgebaut. Die Männer hatten unter anderem in einem während des Nazi-Regimes neu gegründeten Dorf Allmendfeld die Gruppe der Fremdarbeiter und Kriegsgefangenen zu bewachen. Dabei ist es auch zu Mißhandlungen der Ausländer gekommen. Gegen Ende des Krieges schaltete Urgroßvater Hermann sich ein und bat seine beiden Schwiegersöhne Philipp und

Friedrich, doch menschlicher mit den Ausländern umzugehen, da sich das Blatt jetzt wende. Während einer solchen Auseinandersetzung um eine veränderte Haltung entwickelte sich ein hitziger Wortwechsel. Die immer noch überzeugten Anhänger der NS-Ideologie wandten sich gegen die Warnungen des damals 81jährigen Mannes, und Friedrich erschoß seinen Schwiegervater mit der Dienstpistole im Beisein der Familie. Die Männer halfen, den Toten hinauszuschaffen. Nach außen gaben sie an, daß die plündernden, jetzt freigelassenen Kriegsgefangenen Urgroßvater Hermann erschossen hätten.

Über dieses Ereignis ist bis heute strenges Schweigen bewahrt worden. Es war niemand da, der die Täter des Mordes angeklagt hätte. Uta ist die einzige der jüngeren Generation, die jetzt, zum Zeitpunkt der geplanten Familienrekonstruktion, diesen Teil der Familiengeschichte kennt. Ihr Vater hatte unter Tränen und mit großer Mühe den wirklichen Hergang zur Vorbereitung für dieses Seminar gestanden. Er hatte sich auch nur durch die hartnäckigen Fragen seiner Tochter bereit erklärt. Uta hatte das Bedürfnis, etwas mehr von der Familiengeschichte zu erfahren, erstens, weil bei den üblichen Familienfeiern ihrer Meinung nach immer eine merkwürdig gedrückte, unerklärliche Stimmung aufkam, und zweitens, weil Großmutter Maria, Mutter des Vaters, ihre Enkelin Uta nach dem Tod des Großvaters Philipp "Mörderin" nannte.

Die väterlichen Großeltern Maria und Philipp unternahmen 1972 einen Urlaub in den Schwarzwald. Großvater Philipp rief am Vorabend der Heimkehr von einer Telefonzelle aus zuhause an, um mitzuteilen, daß sie am nächsten Tag per Bahn nach Hause kommen und abgeholt werden wollten. Uta war am Telefon und sollte die Nachricht ausrichten. Auf dem Heimweg in die Pension ist Philipp von einem jungen Motorradfahrer tödlich überfahren worden. Daraufhin machte Oma Maria die für alle anscheinend irrationale Bemerkung, Uta sei die "Mörderin" ihres Großvaters. Niemand sagte etwas dazu. Oma Maria benannte das Familienthema, aber die Aussage blieb ohne Kommentar im Raum stehen. Uta berichtete weiter, daß sie bis jetzt ihre Familie nie um Aufklärung oder Richtigstellung dieser merkwürdigen Zuschreibung gebeten habe. Irgend etwas in der Atmosphäre der Familie legte ihr nahe, lieber zu schweigen. Damals blieb der Familienmythos noch unangetastet, und Uta half durch ihr Schweigen, den Verdrängungsprozeß zu verstärken.

Uta ist diejenige in der Familie, die sich über ihre Eltern und die weitere Familie sehr viele Gedanken macht. Offenbar ist sie die Person in der Familie, die einerseits das Tabu des Schweigens über den Mord bricht und andererseits die Rolle der "Retterin" übernimmt. Es fällt ihr jedoch sehr schwer, sich die Zusammenhänge bewußt zu machen.

Utas Genogramm

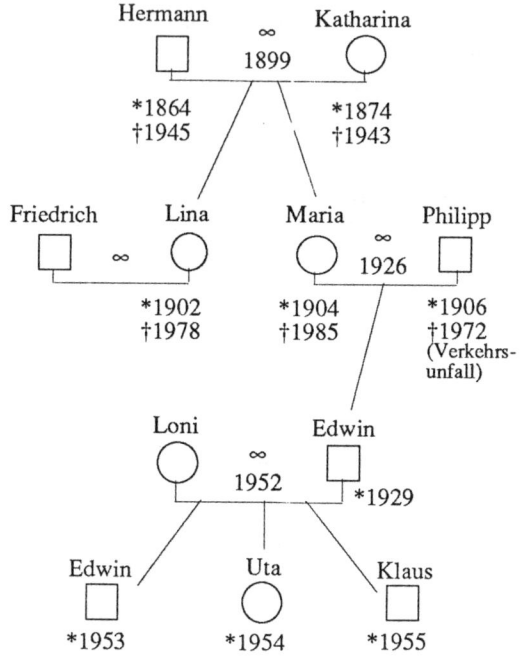

Sie berichtete: Großonkel Friedrich wurde nach dem Krieg ein beruflich recht erfolgreicher Polizist. Einige seiner Söhne wurden Gefängnisaufseher. Uta hatte sich zuhause als Mädchen mühsam durchsetzen müssen, um vom Dorf aus auf die Oberschule gehen zu dürfen. Sie wollte Sozialarbeit studieren, um Bewährungshelferin zu werden. Sie nahm wahr, daß ihre Eltern, Loni und Edwin, seit 1945 zuerst in einer selbständig betriebenen Gärtnerei, später im Handel mit Gärtnereizubehör beruflich schwer arbeiteten, ohne auf einen "grünen Zweig" zu kommen. Sie wollten so gerne Haus und Betrieb den Kindern einmal "schuldenfrei" hinterlassen und schafften sich durch ihre geschäftlichen Entscheidungen doch immer tiefer in die roten Zahlen hinein. Anfangs konnten sie ihr Geschäft noch mit dem Verkauf von Schnittrosen halten; als aber die Konkurrenz aus Israel und Holland zu groß wurde, warf Vater Edwin die wertvollen Rosenstöcke von zwei großen Äckern auf einen Haufen und zündete sie an.

Uta berichtete ferner, daß Edwin und Loni, ihre Eltern, sich vor Krankheit und Tod fürchteten. Es scheint, als hätten sie große Angst vor dem Sterben, täten aber nichts für ihre ärztliche Versorgung. Uta hört in ihrem Elternhaus immer noch sehr abschätzige Bemerkungen über Ausländer, obwohl Vater Edwin während einer Zwischenphase als lohnabhängiger Arbeiter in einem großen Betrieb bei einer Auseinandersetzung mit seinem Chef Hilfe durch einen marokkanischen Arbeitskollegen erhalten hatte. Es heißt dort zum Beispiel: "Alle Ausländer sind blöd", "Dieses Pack nimmt uns die Arbeit weg", oder: "Die wollen von unserem Geld leben, aber nichts dafür tun", Aussagen, zu denen auch Uta bisher geschwiegen hat. Sie hat das Gefühl, sie könne ihre Eltern nicht belasten. Sie fühlt sich in dieser Familie wie nicht ganz dazugehörig. Sie meint: "Wir haben keine wirklichen Gemeinsamkeiten". Aber sie ist es auch, die etwas von der Last, die auf ihren Eltern liegt, spürt und sich dafür mitverantwortlich fühlt. Ihre Brüder sehen nicht, wie sehr die Eltern um ihre Existenz ringen und dabei aus dem Teufelskreis von immer mehr Anstrengung und immer mehr Schulden nicht herauskommen.

Uta findet trotz aller Kritik an ihren Eltern, daß sie ihr die materielle Basis und ein Zuhause geschaffen haben. Sie hat zwar ihr Sozialarbeitsstudium durch Putzen und als Kellnerin selbst finanziert, aber sie fühlt Dankbarkeit für diese Basis. Die Hinwendung ihrer Tochter zum sozialen Beruf, in dem man sich so sehr für andere einsetzen muß und der so wenig einbringt, ist für ihre Eltern allerdings nur sehr schwer verständlich.

Uta lebt zur Zeit in einer mittleren Großstadt und arbeitet in einem Projekt mit arbeitslosen Jugendlichen. Sie achtet in ihrer Arbeit besonders empfindlich auf die abfälligen Bemerkungen der Jugendlichen über Ausländer. Sie läßt diese Bemerkungen nicht durchgehen und verwickelt die jungen Leute in Diskussionen darüber. Sie lebt mit ihren 33 Jahren sehr zurückgezogen und traut sich nicht recht, sich auf tiefere Beziehungen einzulassen. Sie sucht nach Seminaren der Selbsterfahrung, wo sie auch mit älteren Menschen, die das Dritte Reich als Verfolgte erlebt haben, zusammentreffen kann. Ihr Anliegen ist es, zur Versöhnung beizutragen. In ihrer eigenen Familie traut sich jedoch nicht, das Gespräch über die Tabuthemen zu eröffnen.

In Utas Fall ist es uns nicht gelungen, eine wirkliche Rekonstruktion ihrer Familie zu erarbeiten. Das Seminar bot nicht den geeigneten Rahmen, und ich hielt es in dem gegebenen Kontext nicht für angebracht, Uta mit therapeutischen Mitteln zu einer tieferen Auseinandersetzung mit den angesprochenen Familienthemen zu veranlassen. Ein erster Schritt der inneren Distanzierung ist jedoch dadurch geschehen, daß ihr zum ersten Mal bewußt geworden ist, warum sie "Mörderin" genannt wurde. Noch ist sie mit ihrem Schweigen und Schützen der Eltern am allgemeinen Verdrängungsprozeß der Familie beteiligt. Die Sprachlosigkeit erstreckt sich hier bereits über vier Generationen. Ihr angestrebtes Ziel, als Bewährungshelferin zu arbeiten, ist vielleicht ihr Weg, mit der Last der familiären Vergangenheit zu leben.

3. *Gudrun*

Gudrun wuchs in einem fränkischen Dorf auf. Ihre mütterliche Linie ist bäuerlicher Herkunft, die Familie hatte im Ort auch die Posthaltung. Ihr Vater stammt aus einer Handwerkstradition. Seine Mutter war Hebamme. Sie mußte unter anderem die Erbgesundheitsgesetze des Dritten Reiches überwachen. Es gelang ihr aber, ihren geistig behinderten Sohn vor der Euthanasie zu schützen. Ihrem älteren Sohn Hermann, Gudruns Vater, gab sie auf losen Blättern Gebete und fromme Sprüche mit in den Krieg. Die Eltern der Mutter waren streng gläubige Protestanten. Sie unterschieden sehr klar, fast starr, zwischen gut und böse, obwohl ihre Tochter Irene, Gudrun Mutters, bereits wenige Monate nach der Eheschließung ihrer Eltern geboren worden war.

Vater Hermann war Schreiner. Er war als junger Mann sehr lebenslustig, hatte viele Freunde, mit denen er gerne im Wirtshaus zusammensaß. Seine Braut Irene versprach sich von ihm Lösung aus der zu engen Bindung an ihre strengen Eltern. Das Paar mußte heiraten, weil Horst, Gudruns älterer Bruder, unterwegs war. In der Nacht nach ihrer Hochzeit erlebten Hermann und Irene einen Luftangriff mit, der sie beide zu Tode erschreckte und ängstigte. Es graute ihnen vor ihrer Zukunft. Der Anblick des roten Himmels über der brennenden Stadt machte sie stumm. Irene fürchtete sich davor, mit der Schwangerschaft allein zu bleiben. Am nächsten Tag mußte Hermann zu seiner Einheit abreisen und blieb für mehrere Jahre mit nur kurzen Unterbrechungen in Krieg und Gefangenschaft. Während des Rußlandfeldzuges wurde er beim Rückzug durch einen Lungenschuß verwundet und aufgegeben. Ein Kamerad brachte ihn dennoch zu einem Truppenverbandsplatz und rettete ihm damit das Leben. Hermann erlebte das Kriegsende in Dänemark in einem Lazarett und kam Ende 1945 nach Hause. Erst dann erfuhr er von der Geburt seines Sohnes Horst.

Nach dem Krieg wurde Gudrun geboren. Sie ist neun Jahre jünger als ihr Bruder. Hermann und Irene können immer noch nicht wirklich miteinander reden. Sie blieben über all die Jahre ihrer Ehe stumm wie damals in der Nacht ihres Abschieds. Ihre Erfahrungen während der vergangenen schweren Jahre waren zu verschieden, als daß sie glaubten, sie könnten sie miteinander teilen. Es fehlten ihnen die Anknüpfungspunkte. Sie hatten auch nicht die Kraft, die beim Erinnern aufkommenden Emotionen auszuhalten. Sie haben sich nie die Zeit genommen, eine persönliche Beziehung zu entwickeln. Hermann suchte weiter die Gemeinschaft von männlichen Freunden im Wirtshaus, die ähnliches durchgemacht hatten wie er, wo er sich verstanden und angenommen fühlte. Dabei trank er viel. Irene verabscheute dieses Verhalten und trieb ihn damit noch weiter von sich fort. Auch sie wurde nicht nach ihren Ängsten und Entbehrungen gefragt; auch sie blieb damit allein. Was die beiden verbindet, ist allein die Arbeit, der Aufbau einer gemeinsamen Nachkriegsexistenz und die beiden Kinder.

Die in den Jahren der Trennung und des quälenden Alleinseins gewachsene enge Beziehung zwischen Mutter Irene und ihrem Sohn Horst läßt Vater Hermann nie mehr ganz in die Familie hineinwachsen. Horst empfindet sich als Teil der mütterlichen Familie, auf deren Hof er groß geworden ist. Die strenge Religiosität der Großeltern ist ihm Halt und Vorbild. Er studierte Theologie und wurde Pfarrer. Er und seine Frau adoptierten zwei Kinder, die laut Auskunft des Jugendamtes eine schwer belastete familiäre Vergangenheit haben.

Gudruns Lebensweg verläuft keineswegs geradlinig. Sie rebellierte als Jugendliche mit aller Kraft gegen die Lebensform ihrer Eltern. Sie warf sich in alles hinein, was diese ihr verboten. Sie probierte viele wechselnde Beziehungen zu Männern aus. Sie hat eine zweijährige Tochter von einem um sieben Jahre jüngeren Ausländer, mit dem sie eigentlich nichts verbindet. Von einem Südseeurlaub brachte sie eine Syphilis mit, die zum Glück erkannt und ausgeheilt werden konnte. Gudrun wurde Sozialarbeiterin und arbeitet zur Zeit in einer ländlichen Drogenberatungsstelle.

Gudrun erlebte in der Rekonstruktion während einer Auseinandersetzung mit ihrem Vater, wie sehr sie mit ihrer Rebellion verzweifelt versucht hat, ihn zu erreichen und die Scheinwelt, in die ihre Eltern sich geflüchtet hatten, zu zerbrechen. Dieser Einsatz ging bis an die Grenzen ihrer physischen und psychischen Existenz. Die innere Spaltung der Eltern hat sich auf die Kinder übertragen, obwohl die Geschwister ein gutes Verhältnis miteinander haben. Horst lebt das Leben des "Heiligen", Gudrun das einer "Hure". Gudrun, Horst und ihre Mutter Irene wissen so gut wie nichts von den Erlebnissen des Vaters Hermann während der Kriegsjahre. Sie erfuhren nur durch Photos von jungen Ukrainerinnen im Bikini, daß das Leben dort nicht nur aus Entbehrungen bestanden haben kann. Gudrun vermutet, daß in Rußland möglicherweise ein Kind ihres Vaters lebt. Gudrun macht sich klar, daß der Krieg für die jungen Männer auch Abenteuer und das Kennenlernen anderer Länder bedeutet hat. Sie bewegt unterschwellig und uneingestanden die Angst, daß ihr Vater auch an Kriegsverbrechen beteiligt gewesen sein könnte. Als der Kriegskamerad, der ihn unter Einsatz seines Lebens gerettet hat, später noch einmal zu Besuch kam, wurde er von Mutter Irene aus dem Haus geworfen. Die Geschichten von damals paßten nicht mehr in das neue Nachkriegsbewußtsein. So blieben die Erfahrungen von damals weiter als Gespenst zwischen den Eheleuten und zwischen den Generationen erhalten.

Gudrun ist eines von den nachgeborenen Kindern, die sich nie ganz mit der Generation ihrer Eltern verbunden gefühlt hat, obwohl sie sich anfangs sehr zu ihrem Vater hingezogen fühlte. Ihre Gefühle blieben diffus, sie hat nicht faßbare Ängste vor der Zukunft. Sie hat vehement gegen die Normen ihrer Eltern rebelliert und versucht, ihre Jugend gegen das Verbot ihrer Eltern und Großeltern zu genießen, weil diese ihr niemals Lebensfreude, sondern nur Ernst und Arbeit als Sinn des Lebens vermittelt haben. Vor dieser ständigen Belastung wollte sie fliehen, aber sie hat nicht gelernt, dabei auf sich selbst zu achten.

Eine bisher unlösbare Sprachlosigkeit zieht sich durch alle Bereiche dieses Familienlebens. Über Fragen wie Beruf, persönliche Beziehungen, Sexualität, Religion, Politik, Kindererziehung und Zukunftspläne kann man sich nicht wirklich austauschen. Gudrun faßt dies so zusammen: "Wir haben keine Beziehungen miteinander, meine Eltern lieben mich nicht." Die Ungreifbarkeit der Beziehung zu ihren Eltern macht es für Gudrun sehr schwer, Vertrauen zu fassen und sich selbst auf eine tiefere Beziehung einzulassen. Der einzige, dem sie vertrauen kann, ist ihr Bruder. Er hat immer klar zu ihr gestanden, als würde er fühlen, daß sie den anderen Teil des gespaltenen Erbes des gemeinsamen Familienvermächtnisses in entgegengesetzter Weise ausgelebt hat.

Gudrun nimmt sich während der Rekonstruktion vor, zusammen mit ihrem Bruder mit den Eltern das Gespräch neu zu beginnen und dabei nachsichtiger zu sein als bisher. Sie hat viele konkrete Fragen an ihre Eltern und kann jetzt sehen, wie sie mit ihrer Aggressivität und trotzigen Abwertung ehrliche Antworten ihrer Eltern verhindert hat. Sie hofft, daß sie beide, Horst und sie, dadurch lebendiger und offener werden können, daß sie ihr Leben zukünftig nicht mehr in solch extreme, nahezu schematische Formen von gut und böse einordnen müssen.

Versuch einer Bilanz

Es ist ein auffälliges Phänomen, das bereits bei der Datensammlung für die Familienrekonstruktionen immer wieder sehr deutlich zum Ausdruck kommt, nämlich daß die Angehörigen der Kriegsgeneration, die die NS-Zeit aktiv miterlebt haben, nach 1945 – die einen nennen diesen Zeitpunkt "Befreiung" vom NS-Regime, die anderen "Zusammenbruch" – nicht mehr wirklich über ihre Erfahrungen und Erlebnisse oder gar deren Verarbeitung gesprochen haben.

Nach der Überflutung der Menschen mit Propagandareden im Dritten Reich hat sich danach eine Sprachlosigkeit verbreitet, jeder Versuch eines klärenden Gesprächsansatzes erstarrte angesichts der unfaßbaren Dimensionen des Verbrechens, an denen so viele wissentlich oder unwissentlich beteiligt waren. In diesem Klima der emotionalen Lähmung konnten weder Fragen gestellt noch Antworten gesucht werden. So blieben alle in der Familie allein: die Männer mit Erlebnissen des Fronteinsatzes und der Gefangenschaft; die Frauen mit den Erfahrungen der Bombennächte, der

Flucht, der Evakuierung und der Sorge um hungernde Kinder; und die Kinder, früh erwachsen geworden als hilfreiche Elternkinder ohne eigene Kindheit, mit ihren starken Emotionen der Wut, des Ärgers und der Trauer. Es scheint, als gäbe es in den Familien, aber auch unter Freunden und Nachbarn eine stillschweigende Übereinkunft, nicht zu reden, nicht aufzudecken, sich keine Zusammenhänge klar zu machen und sich auf diese Weise gegenseitig zu schonen. Viele könnten schließlich bei einer schonungslosen Nachfrage und einer ehrlichen Suche nach Antworten ihr Gesicht verlieren.

So tritt uns in den Kindern und Enkeln eine neue Generation gegenüber, die die Gesichter ihrer Väter im Photoalbum wie Fremde betrachten. Die Uniform- und Mützenstreifen sind zum Teil säuberlich weggeschnitten worden; man weiß nicht: war er Offizier, war er bei der SS oder was sonst? Kinder haben in den Photoalben das Gesicht ihres Vaters durchgestrichen und zur Mutter von "dem Mann da" gesprochen, von dem sie jedoch später mit Schrecken feststellen mußten, daß sie ihm sehr ähnlich sehen, sogar seinen Jähzorn in sich spüren, von welchem sie nicht sicher wissen, ob es eine kreative oder gefährliche Kraft ist. Auch die Mütter haben lieber geschwiegen und waren ihrerseits froh über das Schweigen ihrer Kinder.

Das Phänomen des gegenseitigen Schützens angesichts einer zertrümmerten Welt, die neu aufgebaut und gestaltet werden mußte, hat ungeheure Energien mobilisiert, sich neu zu orientieren, eine neue Sprache für den neuen Alltag und das neue öffentliche Leben zu schaffen. Der Prozeß der Verleugnung und Verdrängung des nationalsozialistischen Gedankengutes und der dabei mitschwingenden Emotionen geschah so vollkommen und durchgängig, daß es heute, über vierzig Jahre danach, schwere psychische Arbeit bedeutet, Erinnerungen aus der damaligen Zeit wieder zuzulassen, Bilder des Grauens wieder zu erleben und darüber zu berichten. Wenn dies geschieht, das heißt, wenn Väter oder Mütter auspacken, dann ist es erstaunlich, wie gegenwärtig und greifbar die damaligen Begriffe, Namen, Orte, Ränge, erlebten Zwänge mit ihrer subjektiven Folgerichtigkeit werden. Der Zuhörer spürt, daß alles noch lebendig ist, aber völlig unsortiert und unverarbeitet. Wenn Kinder in ihren Familien bei besonderen Anlässen, zum Beispiel in weinseliger Stimmung oder am Krankenbett, plötzlich von der Flut solcher Erinnerungen überfallen werden, fühlen sie sich den dabei frei werdenden Emotionen hilflos ausgesetzt und bemühen sich ihrerseits, die Eltern vor solch plötzlichen Ausbrüchen des Erlebten und somit der Rückschau und des nachträglichen Abwägens und Beurteilens zu schützen. Sie helfen verdrängen, indem sie nicht fragen. In dieser stillen Übereinkunft und erstaunlichen Loyalität der Familienmitglieder untereinander zahlen sie einen hohen Preis, nämlich daß sie sich nicht wirklich kennen, daß sie auf eine unerklärliche Weise von ihren Emotionen abgeschnitten sind und oft das Gefühl haben, sich nicht auf sich selbst und ihre Stärken verlassen zu können. Manche empfinden auch, daß ihnen trotz hohen Kräfteeinsatzes im Leben vieles nicht gelingt, beruflich wie persönlich, als ob sie eine unsichtbare Last trügen und für etwas bezahlen müßten, das sie nicht selbst verursacht haben.

Das Schweigen der Kinder ist meines Erachtens auch aus einem anderen Grund ein Schutz für die Eltern. Die verdrängten Erinnerungen in Bildern, Gestalten, Emotionen, Gedanken und Formulierungen zuzulassen würde auch bedeuten, sie noch einmal vom heutigen Bewußtsein aus zu erleben und einer neuen kritischen Prüfung zu unterziehen. Es ist für alle Beteiligten in höchstem Maße angstbesetzt, sich dem "Bösen" und "Gewalttätigen" dieser Zeit noch einmal direkt und unmittelbar auszusetzen. Sie brauchen eigentlich einen Außenstehenden, der ihnen hilft, mit der Schuld, der Scham und der Schande so umzugehen, daß sie damit leben können. Sie können die Tatsachen des Grauens nicht nur einfach berichten, die alte Sprache noch einmal gebrauchen. Es müßte ein Heilungsprozeß folgen. Es ist, als bräche eine Eiterbeule auf, von der sie nicht wissen, ob und wie sie die Wunde wieder schließen können. Es müßte ein Dialog folgen, der eine neue humane Orientierung bietet, der Wandlung und Distanzierung ermöglicht, so daß die Erinnerungen nicht in stereotypen Bildern erstarren. Dieser Dialog erfordert viel Verständnis für die Zusammenhänge und die Details dieser Zeit, denn die Erinnerungen kommen nur sehr stockend und zögernd ans Licht. Häufig gibt uns die Sprache der Familie den ersten Zugang zu den verschütteten Zusammenhängen. In zufälligen, nebensächlichen Formulierungen oder in Nebensätzen tauchen die unbewußten Inhalte des Verdrängten auf, wie wir bei Utas Zuschreibung "Mörderin" in drastischer Weise erfahren haben. Formulierungen können uns den eigentlichen Schlüssel zum Verständnis liefern.

Meist sind es die sensiblen, loyalen Mitglieder der Familie, die sich einem helfenden Beruf zugewandt haben – und sich zum Beispiel im Rahmen einer Familienberatungsausbildung auf die Suche nach dem vollständigen Bild ihrer Herkunftsfamilie machen. Sie möchten die Scheinwirklichkeit und die Halbwahrheiten, die sie wahrnehmen und unter denen sie leiden, entlarven. Dabei befinden sie sich in einem Dilemma. Begriffe wie Familie, Liebe, Sorge, Treue und Kameradschaft sind immer auch in einem doppelten Sinn gefüllt worden. Den Eltern, die so viel Schweres durchgemacht haben, die die Kinder in einer unsicheren Zeit ins Leben gesetzt und aus Krieg und Bomben gerettet haben, kann man nicht so einfach die Wut, den Ärger und die Enttäuschung über diese Scheinheiligkeit und die Halbwahrheiten zeigen. Es besteht neben aller Opposition ein großes Bedürfnis, diese Eltern zu lieben, um selbst emotional zu überleben.

Viele Eltern, denen wir in den Rekonstruktionen begegnet sind, die in den dreißiger Jahren oder während des Krieges geheiratet haben, versuchten, während draußen die NS-Propaganda ihre Wirklichkeit definierte, nach innen eine andere Wirklichkeit, nämlich eine "heile, naive

Welt der Familie" zu leben mit einer starken Sehnsucht für die Zeit nach dem Krieg. Worte wie "Überleben", "Retten", "Sorge für die Kinder", "Durchhalten bis zum Schluß" kommen in diesem Zusammenhang immer wieder vor.

Das Kriegsende brachte das schlagartige Ende aller nationalsozialistischen Träume. Nur ganz wenigen ist es damals gelungen, diesen Bruch im eigenen Verständnis klar und bewußt zu vollziehen, den Anteil der eigenen Schuld zu erkennen und einzugestehen. Die meisten suchten die Vergangenheit wie einen bösen Traum zu vergessen und zu verdrängen, so zu tun, als könnten sie von vorn anfangen. Gefühle wie Wut, Ärger, Trauer, Angst und Scham hatten keinen Platz in der Zeit unmittelbar nach dem Krieg. Angepackt wurde lediglich die Realebene. Sie waren erstaunlich erfinderisch, um das Überleben unter schwersten Bedingungen möglich zu machen und neue Strukturen des Lebens aufzubauen. Aber ein neues Verständnis von sich selbst konnte dabei noch nicht gewonnen und reflektiert werden. Dazu fehlte den meisten die seelische Kraft. Die Kinder waren ihre Hoffnungsträger, die Garanten dafür, daß das Leben weitergeht. Aber diese Kinder wissen nicht, wer sie wirklich sind, ihnen fehlen die Wurzeln. Die in der Schule oder in den Medien vermittelten Fakten über das Dritte Reich konnten ihnen das Wissen um die eigenen Wurzeln nicht vermitteln, da es in den Familien verschlossen blieb, kein persönliches Echo fand.

Wir hören zum Beispiel Aussagen wie: "Ich muß ihnen beweisen, daß ich da bin, daß ich was kann, daß ich mutig bin"; "Nachts schreit mein Vater, er heult wie eine Katze, aber ich weiß nicht, warum. Vielleicht fährt ein Panzer über ihn"; "Englisch konnte ich nicht lernen, denn da fuhren wir schon gegen Engeland, und wer lernte da noch Englisch?"; oder: "Mein Vater war ein Nazi, aber ein guter!"

In den Familienrekonstruktionen versuchen wir, die Erinnerungen der ungelösten Bindungen und Konflikte stellvertretend für das unterbliebene Gespräch und die nicht geführten Auseinandersetzungen in den Familien zuzulassen. Wir versuchen, die historischen Fakten mit den konkreten Stationen der Familienentwicklung zusammen zu sehen. Es erfordert Mut für die einzelnen Kursteilnehmer, sich den verdrängten Emotionen ihrer Eltern zu stellen, sich deren Verfehlungen, Verirrungen und aktive Beteiligung am NS-Regime bewußt zu machen und sich dennoch als ein Glied dieser Familie zu akzeptieren.

Diese intensive emotionale Arbeit des Sortierens und Einordnens wird möglich durch das Mitgehen und Mittragen der Kursgruppe. Die Gruppenmitglieder übernehmen abwechselnd Rollen von autoritären Patriarchen; von begeisterten jungen Soldaten; von körperlich und seelisch angeschlagenen Heimkehrern; von jungen Witwen, die unter Entbehrungen ihre Kinder retten und dann hart und verbittert werden, weil das Leben an ihnen vorbeigegangen ist; von Krankenschwestern, die geistig behinderte Kinder vor der Euthanasie retten, oder solchen, die es nicht schaffen; von

Müttern, die ihre Kinder nachts in Luftschutzbunker schleppen, während Fremdarbeiter aus den Munitionsfabriken draußen der Bombengefahr ausgesetzt bleiben; von Bauern, die für Kriegsgefangene und Fremdarbeiter zur Aufbesserung der Eintopfgerichte schwarz schlachten, oder solchen, die diese Menschen brutal mißhandeln; von polnischen Freiwilligen, die mit der "Organisation Tott" Straßen und KZ-Baracken bauen und hinterher als normale Bundesbürger untertauchen; von neu geschlossenen Ehen, die von gefallenen "Helden" dauernd überschattet bleiben; von Opportunisten, die sich in jeder Situation geschickt zurechtfinden; von Männern und Frauen, die sich, um zu vergessen, übermäßig in Arbeit stürzen; von Auswanderern, die sich so gerne entziehen wollen und zurückkommen, weil sie es nicht schaffen; von jungen, ehrgeizigen Menschen, die gute Examina ablegen, viel Geld verdienen und sich dennoch hohl vorkommen; von aufopfernden, liebevollen Eltern, die ihren Kindern alles ermöglichen, sie verwöhnen, aber auf keinen Fall Grenzen setzen; von Flüchtlingen aus den Ostgebieten, die an ihren alten Bildern festhalten und enttäuscht sind, wenn ihre Enkel ihnen nicht mehr zuhören wollen; von Kindern, die heimlich fasziniert sind von dem heldenhaften Gebaren und Auftreten ihrer Väter; von jungen Frauen, die sich prostituieren oder farbige Enkelkinder in die Familie bringen, um alte Wertvorstellungen von Rassereinheit zu konfrontieren; von Familienangehörigen, die Ausländer in grotesker Weise beschimpfen und ablehnen, von anderen, die alles Fremde in übertriebener Form verherrlichen; von Familien, die heimlich jüdische Verwandte oder Freunde verstecken und miternähren, oder solchen, die sie anzeigen und zusehen, wie sie verschwinden.

Die Teilnehmer erfahren durch diese Szenen oft zum ersten Mal etwas von dem Lebensgefühl, den Ängsten, den Herausforderungen, den Verirrungen und Verfehlungen bis hin zum Verbrechen ihrer Eltern und Großeltern. Die Begegnung mit den Charakteren der NS-Zeit, mit ihrer Sprache, ihren Handlungen und ihren Ideologien schockiert. Es ist notwendig, in der Gruppe mitzufühlen, mitzutragen und zu unterstützen. Dabei wächst Verständnis für den Entscheidungsdruck, für die Ängste, für die Verführungen und für das menschliche Versagen in dieser Zeit. Es wird aber auch deutlich, daß die Handelnden sich in jeder Situation für oder gegen die Mitmenschlichkeit entscheiden konnten.

In den Familiengeschichten der NS-Zeit fällt es sehr schwer, eine positive Konnotation der Geschehnisse zu finden. Verbrechen können nicht beschönigt oder entschuldigt werden, auch wenn sie lange zurückliegen und tief verdrängt worden sind.

Es ist unendlich schwer, damit zu leben, wenn in der Familie oder von nahen Angehörigen Verbrechen verübt worden sind, wie zum Beispiel in Utas Familie. Mit solchen Lebensinhalten der Eltern kann man sich nicht versöhnen. Wir finden diese Kinder und Enkel als Erwachsene oft unter den Angehörigen der helfenden Berufe: Sie sind in hohem Maße sozial engagiert, auch in aussichtslos erscheinenden Situationen, adoptieren farbige Kinder, kümmern sich um Asylanten und kämpfen gegen das Unrecht, das türkischen Arbeitnehmern in unserem Land widerfährt. Sie bleiben häufig kinderlos, so als ob es sich nicht lohne, die eigene Familientradition weiterzugeben, so als hätten sie mit der Bewältigung der Vergangenheit genug zu tun. Aber es gibt auch, wie Gudrun zum Beispiel, diejenigen, die den "unheiligen" Teil der Familie ausleben, die der Familie Gelegenheit geben, einen Sündenbock zu verachten, damit sie das von ihnen so peinlich Verdrängte nicht bei sich selbst suchen müssen. Diese Kinder leben den dunklen, negativen Teil aus, damit ihre Eltern davon entlastet werden, und bleiben so ebenfalls in die NS-Vergangenheit verstrickt.

Nach dem gemeinsamen Prozeß der Klärung in den Rekonstruktionsseminaren wird es vielfach möglich, Gespräche auf eine neue Weise aufzunehmen und mit mehr Interesse für Details, mit weniger Vorwürfen und Schuldzuweisungen und mit mehr wirklichem Verständnis aufeinander zuzugehen. Mit den noch lebenden Mitgliedern der Familie gibt es die Chance zu klärenden, lösenden Gesprächen. Es kann eine "Heilung aus der Begegnung" geschehen (Martin Buber).[3] Mit den Toten ist dies schwerer, aber es ist auch möglich, wie uns Wolfgang in seiner Rekonstruktion gezeigt hat.

Es geht nicht darum, endlich aufzuhören mit den alten Geschichten und den Vätern und Müttern am Ende ihres Lebens die Maske des Biedermannes vom Gesicht zu reißen. Es geht vielmehr darum, ihnen Gelegenheit zu geben, begangene Schuld auf sich zu nehmen und sie sich einzugestehen, so daß die nächste Generation sich nicht durch unbewußte Schuldübernahme in neue ausweglose Probleme verstrickt.

Es gibt in vielen Familien auch Erfahrungen aus dieser Zeit von großer Opferbereitschaft, von Kameradschaft und Solidargemeinschaft unter Einsatz des eigenen Lebens, und es gibt auch viel Kreativität im Erfinden von Überlebensstrategien. Auch diese Erfahrungen gehören in das Kapitel der Zeitgeschichte, und sie machen einen existentiellen Anteil in vielen Familiengeschichten aus. Unzählige Menschen haben nur durch solchen persönlichen Einsatz Krieg und Verfolgungen überlebt, aber auch das macht es so schwer, mutig und offen nach den Anteilen der Mittäterschaft in der eigenen Familie zu forschen.

Wir alle fragen uns nach solchen Seminaren, wie wir selbst wohl in den Konfliktsituationen unserer Eltern gehandelt hätten. Hätten wir den Mut und die Kraft aufgebracht, nein zu sagen, Unrecht rechtzeitig zu durch-

---

[3] "Der Analytiker, schreibt Buber in 'Heilen durch Begegnung', müsse die Krankheit des Patienten als eine Krankheit seiner Beziehungen zur Welt sehen. Wahre Schuld steckt nicht im Menschen, sondern vielmehr in dessen Unvermögen oder Weigerung, auf die legitimen Ansprüche und Appelle der Welt zu reagieren. Und die Verdrängung von Schuld und die aus dieser Verdrängung entstehenden Neurosen sind nicht bloß psychologische Phänomene, sondern vielmehr Ereignisse zwischen Personen" (Friedman 1987, S. 232).

schauen, dabei auf Anerkennung, auf materiellen und sozialen Aufstieg in diesem Staat zu verzichten und unter Umständen Verfolgungen auf uns zu nehmen? Die Antwort auf diese Fragen ist schwer zu finden, sie kann nur in der Bewährung unseres eigenen Lebens liegen. Unsere Familien bieten uns dabei zahllose positive wie negative Vorbilder, für die oder gegen die wir uns bewußt entscheiden können.

Literatur

Boszormenyi-Nagy, I., Spark, G. M.: Unsichtbare Bindungen. Die Dynamik familiärer Systeme. Klett-Cotta, Stuttgart 1981.

Boszormenyi-Nagy, I., Krasner, B. R.: Between Give and Take. A Clinical Guide to Contextual Therapy. Brunner & Mazel, New York 1986.

Buber, M.: Nachlese. Lambert Schneider, Heidelberg 1965.

Bühler, Ch., Allen, M.: Einführung in die humanistische Psychologie. Klett-Cotta, Stuttgart 1974.

Friedman, M.: Der heilende Dialog in der Psychotherapie. Edition Humanistische Psychologie, Köln 1987.

Giordano, R.: Die zweite Schuld oder von der Last, Deutscher zu sein. Rasch und Röhrig, Hamburg 1987.

Hecker, M.: Die deutsche Nachkriegsfamilie. Lernerfahrungen in einem Familientherapieseminar auf dem Hintergrund der eigenen Familiengeschichte. In: Brunner, E. J. (Hg.): Eine ganz alltägliche Familie. Kösel, München 1983, S. 154ff.

Lockowand, O.: Die Erkenntnisquellen und Methoden der humanistischen Psychologie. In: Petzold, H. (Hg.): Wege zum Menschen. Methoden und Persönlichkeiten moderner Psychotherapie. Band I, Jungfermann, Paderborn 1984, S. 45ff.

McGoldrick, M., Gerson, R.: Genograms in Family Assessment. Norton, New York 1985.

Nerin, W. F.: Family Reconstruction. Long Day's Journey Into Light (mit einem Vorwort von Virginia Satir). Norton, New York 1986; deutsch Jungfermann, Paderborn 1989.

Sichrovsky, P.: Schuldig geboren. Kinder aus Nazifamilien. Kiepenheuer & Witsch, Köln 1987.

−: Wir wissen nicht, was morgen wird, wir wissen wohl, was gestern war. Junge Juden in Deutschland und Österreich. Kiepenheuer & Witsch, Köln 1985.

Simon, F. B., Stierlin, H.: Die Sprache der Familientherapie. Ein Vokabular. Klett-Cotta, Stuttgart 1984.

Westernhagen, D., v.: Die Kinder der Täter. Das Dritte Reich und die Generation danach. Kösel, München 1987.

Helm Stierlin

Der Dialog zwischen den Generationen über die Nazizeit[1]

Wozu der Dialog?

Die historische Wahrheit zu finden ist schwierig. Je mehr wir in der Zeit zurückgehen, um so eher versiegen die Quellen und verblaßt die Erinnerung. Die Fakten, die wir erarbeiten, passen häufig nicht in unser Konzept und sind je nach Bezugsrahmen und Sichtweise unterschiedlich interpretierbar. Bezugsrahmen und Perspektive ändern sich aber mit unseren Interessen und Anliegen. Wir müssen daher Unsicherheit und Zweideutigkeit ertragen und widerstreitende Absichten in Einklang bringen, die historischen Fakten zu suchen *und* zu bewerten, uns unserer Geschichte zu stellen, sie anzunehmen *und* sie zu wählen. In der Tat eine komplexe Versöhnungsaufgabe.

Ist diese Aufgabe notwendig? Ich glaube ja: Sie läßt sich als Teil einer Sinnsuche verstehen, der wir uns unterziehen müssen, wollen wir unsere Integrität und seelische und geistige Gesundheit bewahren. Innerhalb dieser Suche können wir, wenn wir Kant folgen, drei Fragen präzisieren: 1. Was kann ich wissen? 2. Was muß ich tun? 3. Was darf ich hoffen? Bei allen Fragen läßt sich der Blick auf die Vergangenheit richten.

Die erste Frage kann wie folgt ausgeweitet werden: Welches sind meine Ursprünge, meine Wurzeln? Was machte mich zu dem, was ich bin? Was formte meine heutige Identität? In welche intrapsychischen, zwischenmenschlichen und sozialen Konflikte wurde ich hineingeboren? Im Lichte von Kants zweiter Frage läßt sich fragen: Welche wesentlichen Ziele, Erwartungen, Werte, Loyalitäten und Aufträge bestimmen mein Leben? Wo liegen ihre Ursprünge? Wie wurden sie überliefert? Welche Quellen von Kraft und Integrität finde ich in meinen Eltern, Verwandten, meinen Vorfahren, meinem Volk? Und ich kann schließlich, zur Vergangenheit gewendet, fragen: Zeigt sich darin eine Kontinuität, ein notwendiger Ablauf, ein Anhalt für historische Gerechtigkeit? Was läßt sich daraus lernen, was hoffen?

Um hierauf Antworten zu finden, bedarf es des Dialoges zwischen den Generationen. Solcher Dialog vor allem ermöglicht es, die Fakten von den

---

[1] Erschienen in: Familiendynamik 1 (1982), S. 31–48. Nachdruck mit freundlicher Genehmigung des Autors.

Mythen zu trennen, Zweideutigkeiten aufzulösen und die Basis für notwendige Bewertungen und Entscheidungen zu schaffen. Er gestattet den Partnern, Rechenschaft zu geben und zu fordern und damit eine Kontinuität der Aufträge, Rechte und Verpflichtungen sowohl zu erkennen als auch auszuhandeln.

Der familientherapeutischen Erfahrung zufolge kommt dieser Dialog in allen Familien zustande, deren Mitglieder sich verbunden fühlen. Kinder nehmen gewöhnlich schon früh daran teil. Der Dialog intensiviert sich, wenn sich die Kinder zu Jugendlichen und jungen Erwachsenen entwickelt haben: Deren sprachliche und kognitive Werkzeuge sind nunmehr voll ausgebildet. Sie sind zu komplexen, formalen Denkprozessen, oder in den Worten Jean Piagets, zu "reversiblen Operationen" befähigt; und vielleicht am wichtigsten: Sie zeigen nun oft, wie Lawrence Kohlberg und andere Autoren beschrieben haben, eine fein gestimmte ethische Sensibilität, einen starken Sinn für Gerechtigkeit und Fairneß. Daher sind sie in der Lage, kritisch die Ziele, Werte und Aufgaben zu reflektieren, die ihre Eltern, z. T. als "Beauftragte" der Gesellschaft, ihnen übermittelten. Zugleich aber vermögen sie diese Eltern für ihren Anteil beim Durchsetzen und Übermitteln dieser Ziele, Werte und Aufgaben zur Rechenschaft zu ziehen. Die Frage der Kinder lautet somit: Was habt ihr Eltern zu der Vergangenheit beigetragen, die jetzt unsere, der Kinder, Gegenwart und Zukunft strukturiert?

In Zeiten schnellen sozialen Wandels und politischer Veränderung erschwert sich solcher Dialog zwischen den Generationen und wird zugleich dringender denn je. "Überlebensgroße" geschichtliche Ereignisse greifen nun in den Lebenszyklus der Familien, in die Erziehungs- und Behütungsaufgaben der Eltern sowie in die Sinnsuche der Kinder ein. Dabei werden das Wesen und die möglichen Entgleisungen solchen Dialogs besonders deutlich. Wir erkennen, wie eine Generation "Fakten" schafft, die schicksalhaft nachfolgende Generationen beeinflussen – Fakten, die, um verstanden und bewältigt zu werden, eines noch intensiveren Dialogs bedürfen. Dies gilt ganz besonders für den Dialog zwischen deutschen Eltern, die das Nazi-Reich miterlebten und mitgestalteten, oft sogar aktive Nationalsozialisten waren, und ihren (inzwischen jugendlichen oder erwachsenen) Kindern.

Zwei Perspektiven zur politischen Vergangenheit

Als Psychoanalytiker und Familientherapeut war ich gleichsam strategisch plaziert, um in diesen Dialog, in seine Formen, Wechselfälle und Risiken, Einblick zu gewinnen. Seit meiner Rückkehr aus den Vereinigten Staaten nach Deutschland sahen meine Kollegen und ich in gemeinsamen Sitzungen eine große Zahl von Familien mit Jugendlichen oder jungen

Erwachsenen, deren Eltern während der Nazizeit erwachsen gewesen waren. Viele dieser Eltern hatten diese Zeit auf die eine oder andere Weise mitgestaltet: Nicht wenige waren in die Nazipartei (einige auch in die SS) eingetreten, hatten – häufig als Offiziere – in Hitlers Wehrmacht gekämpft und hatten die Hitlersche Politik mehr oder weniger bejaht. Obschon die Familiengespräche ursprünglich nicht darauf abgestellt waren, die Nazi-Vergangenheit der Eltern zu beleuchten, kam diese Vergangenheit doch wiederholt zur Sprache.

Diese Vergangenheit zeigte sich unter verschiedenen Blickwinkeln: Heute – etwa 35 Jahre nach dem Ende der Nazizeit – haben einzelne Altersgruppen unterschiedliche Beziehungen dazu: Die gegenwärtig 54jährigen oder älteren waren damals bereits erwachsen. Die während der Nazizeit geborenen Kinder sind heute 35 bis 47 Jahre alt. Einige ihrer Kinder sind bereits zu Jugendlichen oder jungen Erwachsenen herangewachsen. Daneben gibt es Jugendliche und junge Erwachsene, deren Eltern schon in der Nazizeit erwachsen waren.

Diese Generationen-Konstellationen erlauben es zu untersuchen, wie sich die Nazi-Vergangenheit der Betroffenen auf verschiedene Generationen von Beteiligten und Nichtbeteiligten auswirkte und noch auswirkt. Ich fragte jedoch nicht gezielt nach dieser Vergangenheit, sondern registrierte lediglich, was im Laufe unserer Gespräche anklang oder mitschwang. Dabei sind die folgenden Beobachtungen und Schlüsse mit Vorsicht aufzunehmen. Sie erlauben jedoch, zu reflektieren und zu fragen: Wie und wieweit wurde die Nazi-Vergangenheit der Älteren im Dialog zwischen den Generationen zur Sprache gebracht?

Ich kam aber einer Antwort erst näher, als ich konsequent zwischen zwei Perspektiven oder Ansätzen zu unterscheiden begann, die sich dieser Vergangenheit gegenüber einnehmen lassen: Innerhalb der ersten Perspektive bleiben wir gleichsam auf "überlebensgroße" Ereignisse eingestellt. Diese Ereignisse entziehen sich der Kontrolle des einzelnen, überwältigen uns, greifen schicksalhaft in unser Leben ein und lassen uns als Opfer, Leidende oder Überlebende in einem historischen Drama erscheinen, das sich außerhalb unseres Willens und unserer Verantwortlichkeit abspielt. Innerhalb der zweiten Perspektive betonen wir dagegen die aktive Rolle, die sowohl Individuen als auch Familien in der Vergangenheit spielten. Wir fragen nach dem jeweiligen persönlichen Stand und Standpunkt, dem persönlichen Beitrag, der persönlichen Verantwortung. Somit erscheint die zwischenmenschliche Kausalität je nach unserer Sicht unterschiedlich punktiert: Im einen Falle zeigen sich die Menschen als passiv Leidtragende, im anderen als aktive Gestalter ihrer Vergangenheit.

In der Regel bedarf das Studium unserer Vergangenheit beider Perspektiven. Die erste antwortet vor allem auf Kants erste (von uns abgewandelte) Frage: Was kann ich über meine Geschichte – die Geschichte meiner Familie, meiner Gemeinschaft, meines Volkes – wissen? Was bewirkte, daß ich mich heute als diese Person in dieser Zeit, an diesem

Platz, in dieser Gesellschaft und in dieser gesellschaftlichen und politischen Situation befinde? Die andere Perspektive antwortet vor allem auf Kants zweite – von uns auf die Vergangenheit abgestimmte – Frage: Welche Werte, Loyalitäten und Aufträge bestimmten mein Leben und formten meine Identität? Welche Quellen von Kraft und Identität finde ich in meinen Eltern und Vorfahren?

Unsere Familiengespräche ergaben, daß es für Eltern und Kinder in der Regel leichter war, sich die erste Perspektive zu eigen zu machen. Viele Eltern zeigten sich dankbar und erleichtert, wenn sie ihren Kindern erzählen konnten, wie die politischen und militärischen Ereignisse der Nazizeit ihr persönliches wie ihr familiäres Leben beeinflußt hatten. Sie vermochten über diese Ereignisse zu sprechen, selbst wenn die Erinnerung daran schmerzhaft war. Was sie so erzählten, half ihren Kindern und Enkeln zu verstehen, was sie als damals junge Eltern durchgemacht hatten, die ihre Kinder nach bestem Vermögen aufzuziehen versuchten.

Die Auswirkungen der Nazigeschehnisse auf elterliche Aufgaben

Um ihren elterlichen Aufgaben gerecht werden zu können, sollten beide Eltern für ihre Kinder körperlich und seelisch verfügbar sein. Als Ehepartner sollte es ihnen gelingen, in ihrer Beziehung sowohl vitale Bedürfnisse zu erfüllen als auch mit Konflikten fertig zu werden, ohne darin die Kinder als Alliierte, Vertraute oder Sündenböcke einzubeziehen.

Zwischen den Generationen sollten psychologische Grenzen bestehen, die jeweils Unterschiede im Alter, der sexuellen Reife und der Verantwortlichkeit widerspiegeln. Die häusliche Situation sollte relativ stabil sein und den Kindern erlauben, dauerhafte und vertrauensvolle Beziehungen zu ihren Eltern, der übrigen Familie, den Gleichaltrigen, ihren Lehrern sowie zu ihrer sonstigen menschlichen wie nicht-menschlichen Umgebung zu entwickeln.

Unsere Familiengespräche zeigten nun immer wieder, daß die politischen und militärischen Geschehnisse der Nazi-Zeit diese Voraussetzungen für die Erfüllung der elterlichen Aufgaben beeinträchtigten.

Die meisten Väter unserer heute im jungen Erwachsenenalter stehenden Patienten kämpften seinerzeit in Hitlers Streitkräften und waren von zu Hause abwesend. Viele dieser Väter fanden den Tod und ließen Waisen und Witwen zurück. Viele andere wurden verwundet oder kehrten erst nach Jahren der Gefangenschaft heim. Bei ihrer Rückkehr waren sie oft Schatten ihres früheren Selbst: Der einst stolze Landbesitzer, Geschäftsmann oder Offizier war vorzeitig gealtert und verarmt und blieb sich selbst und seiner Familie eine dauernde bittere Enttäuschung. Ein Patient erzählte es folgendermaßen: "Eines Tages – es war vier oder fünf Jahre nach Kriegsende, und ich war 10 Jahre alt – stand ein abgerissener, hagerer, unrasierter und häßlicher Mann vor unserer Tür. Mir wurde ungemütlich, ich bekam Angst und rief nach meiner Mutter. Meine Mutter kam und sagte mir: 'Dies ist dein Vater'."

Während der kriegsbedingten Abwesenheit ihrer Männer mußten viele Frauen zusätzliche Verantwortung, wie zum Beispiel die Leitung des Bauernhofes oder Geschäftes, übernehmen und dabei vermehrt Einsamkeit, Ungewißheit und sexuelle Frustration ertragen. Als der Krieg sich zunehmend zum deutschen Reichsgebiet hin verlagerte, wurden viele Frauen und Kinder noch mehr belastet – zum Beispiel durch Luftangriffe oder durch die Flucht vor russischen Truppen. Millionen verloren ihre Heimat und erlebten Hunger, Krankheit und den Tod naher Angehöriger. Um psychologisch überleben zu können, wendeten sich viele Mütter ihren Kindern zu: Sie rekrutierten diese – offen oder verdeckt – als Vertraute, und, soweit es sich um Buben handelte, als Quasi-Liebhaber und Ersatzehemänner. Dadurch verwischten sich die Generationsgrenzen. Viele Kinder mußten darüber hinaus Hoffnungen und Erwartungen ihrer Mütter erfüllen, die der Krieg und die Abwesenheit des Ehemannes zunichte gemacht hatten – etwa Hoffnungen auf ein stabiles Heim, auf gesellschaftlichen Erfolg und Status, auf eine erfüllte Partnerschaft und Sexualität.

Solche Kinder wurden oft als "gebundene Delegierte" rekrutiert, wie ich dies andernorts beschrieben habe: Innerlich an ihre Mütter gebunden bleibend, wurden sie durch altersunangemessene Aufträge überfordert und ausgebeutet, genossen aber auch häufig das Bewußtsein, für ihre Mütter unersetzlich wichtig zu sein. Viele andere Kinder wurden dagegen vernachlässigt und ausgestoßen. Um psychologisch überleben zu können, mußten sie eine frühreife Autonomie auf sich nehmen. Aber ob diese Kinder nun übermäßig gebunden blieben oder zu früh ausgestoßen wurden, ihre seelische Entwicklung litt in jedem Fall Schaden.

Die genannte Perspektive bringt uns somit Leiden, Traumata und Entbehrung einer Generation ins Blickfeld, die auf die eine oder andere Weise auch noch nachfolgende Generationen belasteten. Wir erkennen Leidensgeschichten, die sich mit denen anderer Opfer von Hitlers Politik, selbst denen ehemaliger KZ-Häftlinge, vergleichen lassen (Untersuchungen von J. Sigal und anderen Autoren zeigten zum Beispiel, daß die Kinder und Enkel ehemaliger KZ-Häftlinge gestörter waren als Kinder, deren Eltern keine vergleichbaren Traumata erlitten hatten).

Aber der Vergleich mit solchen anderen Opfern fällt schwer, sobald wir uns der zweiten Perspektive zuwenden und fragen: Welche aktive Rolle spielten die Eltern im politischen Drama jener Zeit?

Typischerweise ließ sich diese Perspektive bei unseren Familiengesprächen nur schwer anlegen. Dabei war gerade sie für den Dialog zwischen den Generationen wichtig. Hier ging es um den Anteil der Eltern an den Nazi-Verbrechen, ihre Taten und Unterlassungen. Waren sie fähig und bereit, ihren Beitrag zu erkennen und dafür Verantwortung zu übernehmen, zu betrauern, was sie mit verursacht hatten, soweit wie möglich Wiedergutmachung zu leisten und aus vergangenen Fehlern zu lernen? Und wie weit halfen die Kinder ihren Eltern bei solcher Vergangenheitsbewältigung? Von den Antworten auf diese Fragen hing es ab, ob und wie die Kinder ihre Eltern als Modelle und Quellen eigener innerer Stärke und Integrität erleben konnten, ob sie sie achteten oder verachteten, ihnen vertrauten oder nicht vertrauten, und wie sie, die Kinder, sich selbst als Glieder einer Generationenkette zu akzeptieren vermochten.

Die Rolle der Eltern im Nazi-Deutschland

Wenden wir uns der Rolle der Eltern im Nazi-Deutschland zu, wie sie sich innerhalb unserer zweiten Perspektive zeigt, so müssen wir an folgendes erinnern: Als Hitler an die Macht kam, wurde eine Anzahl Regime-Gegner zur Emigration gezwungen, in Gefängnisse oder KZs geworfen, massiv bedroht oder getötet. Aber bei den allermeisten Deutschen bedurfte es weder Zwang noch Drohung. Sie folgten Hitler freiwillig – angezogen von seinen Erfolgen und seiner magnetischen Persönlichkeit. Dem Historiker Rudolph Binion zufolge war Hitler nach seinem Machtantritt überrascht, wie bereitwillig ihn die meisten Deutschen akzeptierten und mit wie wenig Terror er auskam.

Die Deutschen, die Hitler damals folgten, verschlossen sich gegenüber den Ungerechtigkeiten und Brutalitäten, die er und seine Gefolgsleute schon früh begingen. Bereits 1934 ließ Hitler seinen alten Freund Röhm neben einigen hundert anderen (scheinbaren oder wirklichen) Regimegegnern ohne ordentliches Gerichtsverfahren hinrichten. Damit zeigte er sich als ein jede Rechtsstaatlichkeit verachtender Mörder. Nur kurze Zeit später traten die Nürnberger Gesetze, ohne viel Widerstand herauszufordern, in Kraft. Sie lieferten die rechtliche Basis für die Diskriminierung und Verfolgung der deutschen jüdischen Minderheit. 1938 – noch vor dem Zweiten Weltkrieg – inszenierte Hitler die "Reichskristallnacht", in der, für jeden Bürger sichtbar, in allen größeren deutschen Orten jüdische Mitbürger verletzt, verhaftet, zum Teil getötet wurden, während man ihre Synagogen und ihr Eigentum zerstörte oder davon profitierte. Ungefähr um dieselbe Zeit lief das Euthanasie-Programm an, das auf die Tötung lebensunwerten Lebens – von Geisteskranken und geistig Behinderten – abzielte. Es kostete schließlich 80 000 bis 100 000 Menschen das Leben. Heute läßt sich dokumentieren, daß viele angesehene Mitglieder der helfenden Berufe, unter ihnen zahlreiche Psychiater und Universitätslehrer, an diesem Programm mitwirkten. Der dann im folgenden Kriege in den besetzten Ostgebieten durchgeführte Genozid erscheint somit angelegt und ermöglicht durch das, was die Deutschen noch in Friedenszeiten in ihrem eigenen Land zu tolerieren und mitzutragen bereit waren.

Aber obschon es wahr ist, daß die Verbrechen und Ungerechtigkeiten der Nazis für jedermann sichtbar waren, der sehen wollte, ist es ebenfalls wahr, daß das Regime (Hitler und seine nächsten Gefolgsleute) denen zu Hilfe kam, die *nicht* sehen wollten.

Es bot erstens Mythen und eine Weltanschauung an, die die vorherrschenden zwischenmenschlichen und politischen Realitäten neu definierten. In meinem Hitler-Buch bin ich darauf eingegangen. Indem sie Hitlers Definition der Realität annahmen, vermochten sich viele Deutsche gegen Schuldgefühle zu immunisieren. Sie konnten glauben, ihre Sache sei gerecht, die des Feindes (insbesondere des jüdischen Feindes) ungerecht und daher sein Schicksal verdient. Ja, es gab keine Sache mehr, für die Juden Anerkennung zu finden hoffen durften. Sie galten als Ungeziefer und Parasiten, die man kaltblütig und schonungslos auszumerzen hatte.

Das Regime verklärte zweitens die Tugend bedingungslosen Gehorsams: Der Führer konnte befehlen, die Deutschen folgten. Indem das Regime somit kritische Reaktionen und persönliche Autonomie unterdrückte, verschwamm auch die Verantwortlichkeit für die begangenen Verbrechen. Akzeptierte man die Prämisse, daß nur Hitler befehlen konnte, alle anderen Deutschen zu folgen hatten, war niemand mehr persönlich für seine Handlungen verantwortlich. Die Deutschen taten jeweils nur ihre Pflicht, wenn sie Mordbefehle weitergaben, Vernichtungswerkzeuge erstellten, Todestransporte organisierten oder, ohne zu fragen, in einem Krieg mitkämpften, der Hitlers Völkermord ermöglichte und absicherte.

Und das Regime praktizierte schließlich, wann immer möglich, Täuschung und Geheimhaltung.

Die Frage ist daher nicht lediglich: Nahmen die Eltern die begangenen Verbrechen wahr oder nicht? Sondern: Bedienten und bedienen sie sich noch heute der von den Nazis angelieferten ideologischen Ausflüchte, durch die sich die Wahrnehmung einengen läßt, Schuldgefühle abgetötet und Verbrechen verharmlost werden? Waren sie (und sind sie noch heute) bereit, aktiv gegen Geheimhaltung und Täuschung vorzugehen, und schließlich: Waren und sind sie willens, ihre Erinnerung zu aktivieren, so daß die Nazi-Vergangenheit und ihr Part darin im Dialog zwischen den Generationen zur Sprache kommen konnte und kann?

Unsere Familiengespräche legten nahe, daß die meisten Eltern nicht dazu bereit waren. Anstatt sie zu aktivieren, manipulierten oder vernebelten sie die Erinnerung und verharmlosten dabei ihre Rollen als ehemalige Nazi-Aktivisten, Sympathisanten oder Gefolgsleute. Sie verhielten sich entsprechend dem Nietzsche-Wort: " 'Das habe ich getan', sagt mein Gedächtnis. 'Das kann ich nicht getan haben' – sagt mein Stolz und bleibt unerbittlich. Endlich – gibt das Gedächtnis nach." (Jenseits von Gut und Böse, Aph. 68)

Nicht selten offenbarte ein ungewollter Hinweis die historische Wahrheit. Ein Vater bestritt beispielsweise, jemals für das Nazi-Regime Sympathie empfunden zu haben. Seine später erzählte Lebensgeschichte erwies jedoch, daß er 1940 seinen ältesten Sohn auf den Namen "Adolf" getauft hatte – "aus Dankbarkeit und Enthusiasmus für Hitlers Führertum und seiner Rolle als Deutschlands Retter". In anderen Fällen konnten Eltern ehemalige Nazi-Verbindungen erst zugeben, nachdem sich eine vertrauensvolle therapeutische Beziehung entwickelt hatte.

Doch auch wo Eltern bereit waren, ihre Erinnerung zu aktivieren, aktivierten sie häufig gleichzeitig die genannten Ausflüchte und – gleichsam auf den neuesten Stand gebracht – Entlastungsmechanismen: Sie verwiesen auf Deutschlands heldenhaften Krieg gegen eine Welt von Feinden, spielten den Mord an den Juden herunter und quittierten jeden Bericht über deutsche Vergehen mit einer Gegenrechnung alliierter Verbrechen – zum Beispiel der Vertreibung von Millionen von Deutschen aus den Ostgebieten, der Vergewaltigung deutscher Frauen durch russische Truppen, der Bombardierung Dresdens etc.

Weiter betonten viele Eltern die erstgenannte Vergangenheitsperspektive – die die "überlebensgroßen Ereignisse" hervorhebt – auf Kosten der zweiten, welche die persönliche Verantwortlichkeit ins Blickfeld bringt. Diese Eltern stellten sich bewegt als Leidtragende der Nazi-Zeit, als Spielball unkontrollierbarer gesellschaftlicher, politischer und militärischer Ereignisse dar. Die Frage nach ihrem aktiven Anteil schien somit gegenstandslos. Indem sie die erste Perspektive auf Kosten der zweiten betonten, punktuierten sie gleichsam die Vergangenheit zu ihren Gunsten. Sie entlasteten sich und konnten sich zugleich auf einen höheren Gerechtigkeitsausgleich berufen: Als Opfern "überlebensgroßer" Ereignisse war ihnen ihr Teil an Elend und Leiden zugefallen, so wie dies anderen Opfern – zum Beispiel den Juden – widerfahren war. Nur Gott oder das Schicksal waren verantwortlich. Fragen nach Rechenschaftspflicht und historischer Gerechtigkeit ließen sich dadurch sowohl umgehen als auch (scheinbar) beantworten.

Die genannten vergangenheitsbezogenen Haltungen (Vernebelung der Erinnerung, Verzerrung der Wahrnehmung, Rückgriff auf ideologische Ausflüchte, Umgehung der Rechenschaftspflicht) fanden sich bei den meisten Eltern, die Nazis gewesen waren oder mit ihnen sympathisiert hatten. Solch eine Haltung war verständlich: Sie diente der Abwehr von Scham und Schuld. Aber sie half nicht, Vertrauen und Achtung ihrer Kinder zu gewinnen, und erschwerte und verhinderte den überfälligen Dialog mit diesen.

Wie die Kinder den Dialog brauchen

Wenden wir uns den Kindern zu, so läßt sich schwer sagen, wer diesen Dialog mehr brauchte und braucht – sie oder die Eltern. Kommt er nicht zustande, riskieren die Eltern Entfremdung, wenn nicht Verachtung in der Beziehung zu ihren Kindern. Aber die Kinder – so scheint mir – riskieren noch mehr. Diese Kinder, so sahen wir, brauchen Eltern, die ihren Kindern sinnstiftende Aufträge und Verpflichtungen vermitteln, Vertrauen ermöglichen sowie Gerechtigkeit, Fairneß und Integrität beweisen. Der Dialog allein kann diese Bedürfnisse nicht erfüllen. Er kann auch Menschen nicht ummodeln, kann Versäumtes nicht nachholen oder etwas, das niemals vorhanden war, neu schaffen. Dennoch bietet er den Kindern ihre bestmögliche Chance, in ihren Eltern bisher nicht wahrgenommene oder vermutete Qualitäten zu entdecken. Er bietet ihnen weiter die Chance, ihre Eltern besser zu verstehen, Empathie für ihre damaligen Konflikte zu entwickeln und sich zu fragen, ob sie, wären sie anstelle der Eltern gewesen, anders gehandelt hätten. Und damit bietet er ihnen schließlich die Chance, sich von den Eltern abzugrenzen und sich doch mit ihnen zu versöhnen. Das Beispiel einer Familie kann zeigen, wie sich solch eine Chance nutzen läßt[2]:

In dieser Familie war der Vater bereits Mitte 70. Viele Jahre lang hatte er mit seinem Sohn nur über oberflächliche Dinge gesprochen und seine Nazi-Vergangenheit nicht erwähnt. In den Augen des Sohnes war er ein Nazi geblieben. Zum Teil als Folge der wegen anderer Probleme initiierten Familiensitzungen nahm der Sohn schließlich einen neuen Anlauf, des Vaters Nazi-Vergangenheit zur Sprache zu bringen: Er fragte ihn, warum er schon vor Ausbruch des Zweiten Weltkrieges der Nazi-Partei beigetreten war. Der Vater war zunächst betroffen und abweisend. Seine Betroffenheit ließ jedoch nach, als er beim Sohn Empathie und den Wunsch spürte, ihn wirklich zu verstehen. So vermochte er dem Sohn zu erzählen, wie er um die Zeit, als Hitler zur Macht kam, als Leiter seiner Fabrik sich in einer verzweifelten Lage befunden hatte. Die Weltwirtschaftskrise hatte ihn gezwungen, mehr und mehr Arbeiter und Angestellte zu entlassen, und damit den Weiterbestand der Fabrik in Frage gestellt. Gleich zahllosen anderen Deutschen sah er in Hitler den Retter. Er rechnete ihm als Verdienst an, seine Arbeiter und das ganze deutsche Volk aus Elend und Verzweiflung herausgeführt zu haben. (In seinen vor einigen Jahren publizierten "Anmerkungen zu Hitler" stellte auch S. Haffner verschiedenste Verdienste Hitlers heraus). In Anerkennung seiner Verdienste gab der Vater Hitler gleichsam einen Vorschuß: Er

---

[2] In diesem wie in den folgenden Beispielen habe ich eine Anzahl Details verändert oder habe aus mehreren Beispielen einen "Ideal-Typus" konstruiert. Dies sowohl, um eine Identifizierung der Patienten zu verhindern als auch besser herausstellen zu können, was jeweils typisch und wesentlich ist.

bezeugte ihm eine – unverdiente und schließlich verderbliche – Loyalität. Aus dieser Loyalität heraus erfolgte sein Entschluß zum Eintritt in die Nazi-Partei und kämpfte er, ohne zu fragen, als Offizier in Hitlers Wehrmacht. Obgleich sich mehr und mehr Zweifel an Hitler regten, kämpfte er loyal bis zum Ende weiter. Indem er nun mit seinem Sohn seine damaligen Handlungen reflektierte, gestand er seine Fehler und sein Versagen ein, gegenüber der Nazi-Politik keine Stellung bezogen zu haben. Paradoxerweise ermöglichte aber gerade dies dem Sohn, in seinem Vater eine bisher nicht wahrgenommene Integrität und Menschlichkeit zu entdecken. Indem der Vater zu seinen Fehlern, seinem Versagen, seiner Scham und seiner Schuld stand, verlor er nicht, sondern gewann in den Augen seines Sohnes Ansehen und Autorität. Der Dialog zwischen den Generationen entwickelte sich im Sinne einer positiven Gegenseitigkeit, wie ich sie andernorts beschrieben habe – einer Bewegung der gegenseitigen Selbstoffenbarung und Bestätigung, die sich auf einer immer wesentlicheren, existentielleren Ebene vollzieht. Dabei wurde deutlich, daß das aktive Fragen des Sohnes dem Vater geholfen hatte, seine Vergangenheit, soweit dies möglich schien, zu bewältigen. Aber durch seine Hilfeleistung für den Vater hatte der Sohn sich auch selbst geholfen. Indem er seinem Vater beigestanden hatte, seine Selbstachtung zu finden oder vielleicht wieder zu finden, war auch die eigene gewachsen.

In den meisten Situationen jedoch, die ich näher kennenlernte, war solch ein sich positiv gestaltender Dialog über die Nazi-Vergangenheit der Eltern nicht die Regel. Hier blieb vielmehr jeder wirkliche Dialog blockiert. Dies zeigt beispielsweise der folgende Austausch zwischen einer Mutter, damals Ende 50, und ihrer Tochter, etwa Mitte 30, während einer Familiensitzung.

Die Tochter fragte ihre Mutter in dieser Sitzung über die Umstände des Todes ihres Vaters aus. Der Vater war 1943 an der Ostfront gefallen. Die Tochter hatte ihn nie gekannt und war seit ihrem siebten Lebensjahr mit einem Stiefvater aufgewachsen. Angeregt durch das, was sie in vorausgegangenen Familiensitzungen erfahren hatte, versuchte die Tochter erneut, sich ein genaueres Bild von ihrem Vater zu machen. Was für ein Mensch und Gatte war er gewesen, für welche Ziele hatte er sich eingesetzt, wie war er gestorben? Zu diesem Zweck hatte sie in alten Briefen und Papieren geforscht und war dabei auf eine Zeitungsanzeige vom Tod ihres Vaters gestoßen. Die schwarz umrandete Anzeige schloß mit der Redewendung: "In stolzer Trauer" und den Namen ihrer Mutter und einiger anderer naher Angehöriger (viele deutsche Kriegerwitwen, müssen wir uns dazu erinnern, signierten die Todesanzeigen ihrer gefallenen Männer auf diese Weise, aber es bestand kein Zwang dafür). Auf diese Anzeige Bezug nehmend, fragt nun die Tochter ihre Mutter: "Warum schriebst du 'in stolzer Trauer'? Was bedeutet das? Auf was konnte man hier stolz sein?" Die Mutter schweigt, ist tief verletzt und vorwurfsvoll. Im Gesicht der Tochter spiegeln sich Verzweiflung und Widerwillen. Die Tochter fragt nicht weiter und läßt fortan die politische Vergangenheit ihrer Eltern ruhen: Es kommt auch später kein Dialog mehr zustande.

Hätte der Dialog weitergehen sollen, hätte die Mutter sich eingestehen müssen, daß ihr Mann für einen verbrecherischen Krieg gefallen war, daß sein – und ihr – Opfer keinen Sinn hatte. Dies war ihr unmöglich. Aber auch die Tochter vermochte nicht die ethische Sensibilität und politische Überzeugung aufzugeben, die sie den Krieg und zugleich die Einstellung der Mutter verurteilen ließen.

Aber obschon ihr Dialog zusammenbrach, blieben Mutter und Tochter aneinander gebunden. Im Anschluß an den frühen Tod ihres Mannes hatte sich ein enges Band zwischen ihnen gebildet, das auch nach dem Zusammenbruch des Dialoges weiterbestand. Die Frage ist: Was geschieht in Situationen wie dieser, wenn der Dialog aufhört, die Partner jedoch durch gegenseitige Bedürfnisse, Verpflichtungen und ein gemeinsames Erbe aneinander gebunden bleiben?

Noch einmal Delegation

Mit dieser Frage vor Augen möchte ich noch einmal auf einige Aspekte der Delegationsdynamik zurückkommen, die ich andernorts beschrieben habe. Das lateinische Wort "delegare" hat die doppelte Bedeutung "hinaussenden" und "mit einer Mission, einem Auftrag (oder Aufträgen) betrauen". Kinder, die ihren Eltern als Delegierte dienen, gewinnen ein Gefühl der Selbstachtung, Wichtigkeit und Integrität, indem sie loyal die Aufträge ausführen, die ihnen von den Eltern aufgetragen wurden. Im für die Kinder günstigen Falle entsprechen solche Aufträge deren altersangemessenen Talenten und Bedürfnissen und lassen sich – mehr oder weniger offen – aushandeln und verändern. Die Kinder finden auch Anerkennung für das, was sie für ihre Eltern tun. Im für die Kinder ungünstigen Fall werden sie durch ihre Aufträge überfordert und/oder massiven Konflikten ausgesetzt. Es besteht dann auch kaum die Möglichkeit, die Aufträge auszuhandeln, zu modifizieren und die Konflikte zu lösen. Weiter bekommen diese Kinder keine Anerkennung für das, was sie für ihre Eltern getan haben und noch tun. Dies aber bedingt einen Teufelskreis: Die Kinder, die sich ausgebeutet, verraten und nicht anerkannt fühlen, "versagen" früher oder später auf die eine oder andere Weise. Die einen versagen in der Schule, andere werden delinquent, noch andere zeigen Symptome eines schizophrenen Zusammenbruchs. Schließlich wenden sie sich in Verzweiflung und Wut gegen ihre sie wirklich oder vermeintlich ausbeutenden, delegierenden Eltern. Typischerweise vermögen sie nun gerade ihr Versagen als Waffe im Kampf gegen die Eltern einzusetzen: Indem sie in der Schule straucheln, sich zu Delinquenten oder Schizophrenen entwickeln, sind sie strategisch plaziert, um ihren

Eltern gegenüber den Schuldhebel zu bewegen. Sie liefern diesen nun den lebendigen Beweis für deren Schlechtigkeit oder Unfähigkeit als Eltern. Folge und Ausdruck dieses Geschehens ist oft ein tragischer, maligner "Clinch", ein festgefahrener und sich doch weiter eskalierender Machtkampf, in dem es auf die Dauer nur Verlierer geben kann – das Gegenteil einer positiven Gegenseitigkeit.

In anderen Schriften – insbesondere in "Delegation und Familie" (1978) – habe ich diese Zusammenhänge an Hand von Beispielen aus dem Bereich der klinischen Psychopathologie untersucht und illustriert. Im folgenden möchte ich zeigen, wie eine klinische sich mit einer politischen Psychopathologie verzahnen kann, wobei sich uns eine weitere Dimension der Delegationsdynamik zeigt. Um sie darzustellen, möchte ich näher auf eine Familie eingehen, die ich die Mehnert-Familie nenne.

Die Mehnert-Familie

Diese Familie bestand aus dem 58jährigen Vater, der 45jährigen Mutter, dem 24jährigen Sohn Claus und seiner 12jährigen Schwester Margot. Claus, der Philosophie, Soziologie und politische Wissenschaften studierte, war der Anlaß für ein beratendes Gespräch in unserem Institut. Während des letzten halben Jahres erschien er immer hektischer hin- und hergetrieben. Er hatte Seminare über Philosophie, über moderne deutsche Geschichte und andere Themen belegt. Doch hatte er die Seminar-Arbeit immer wieder abgebrochen und sich anderem zugewandt. So hatte er sich etwa plötzlich zu einer Reise nach Polen entschieden, wo er den ehemaligen Gutshof der Eltern sowie das Konzentrationslager Auschwitz besichtigte. Nach seiner Rückkehr in die Bundesrepublik hatte er die Beziehung zu seiner Freundin beendet und sich einer studentischen Wohngemeinschaft angeschlossen. Hier hatte er seine Mitstudenten zu Demonstrationen gegen die undemokratischen Praktiken des Universitätslehrkörpers zu motivieren versucht. Plötzlich war er jedoch aus der Wohngemeinschaft ausgezogen, hatte seine philosophischen und soziologischen Studien aufgegeben und statt dessen Betriebswirtschaft studiert. Soziologische Theorien wären Unsinn und Zeitverschwendung, hatte er erklärt, nur Geldverdienen sei wichtig. Er hatte den Wunsch geäußert, auf der Börse zu spekulieren, um eine Menge Geld einstreichen und dann seinem Vater einen Bauernhof kaufen zu können. Doch solche Pläne hatten zunehmend einen grandiosen und illusionären Anstrich bekommen, da Claus immer ruheloser und getriebener agierte. Er hatte sich von den verschiedensten Personen und Kräften verfolgt gefühlt. Als einmal einer seiner Professoren auf einer belebten Straße seinen Gruß nicht erwidert hatte, wurde dies von ihm als Beweis dafür gewertet, daß letzterer eine Verschwörung gegen ihn plane. Gleichzeitig war er zu der Überzeugung gelangt, daß Terroristen einen Angriff auf ihn beabsichtigten. (Als er in der studentischen Wohngemeinschaft lebte, hatte er auch Kontakt mit Studenten gehabt, die als aktive Sympathisanten, wenn nicht Helfer einiger in der BRD bekannter Terroristen galten). Nachdem er in einem Zustand von Panik schließlich eine Fensterscheibe zertrümmert hatte, war die Einweisung in eine psychiatrische Anstalt notwendig geworden. Hier hatte man eine akute paranoide Form der Schizophrenie diagnostiziert und eine Behandlung mit massiven Dosen von Neuroleptika eingeleitet.

Als wir ihn einige Zeit nach seiner Entlassung aus der Psychiatrischen Klinik sahen, ließen sich keine Spuren von Verrücktheit mehr finden: Er redete vernünftig und zusammenhängend, wirkte allerdings etwas matt. Er sagte, er wolle seine Seminare in Philosophie und Soziologie wieder aufnehmen. Weder er noch die übrige Familie schienen bereit oder willens, nochmals aufleben zu lassen und zu untersuchen, was zu Claus' Zusammenbruch geführt haben könnte. Da die Weihnachtsferien bevorstanden, empfahlen wir eine zweite Familiensitzung etwa sechs Wochen später, um Bilanz zu ziehen und etwaige weitere therapeutische Schritte zu planen.

Die Sitzung fand statt – jedoch ohne Claus: Claus hatte sich ohne jede Vorwarnung einige Tage nach Weihnachten im elterlichen Hause erhängt. Die fassungslosen Familienangehörigen – sie waren alle schwarz gekleidet – stellten sich selbst und uns immer wieder die Frage: Warum hatte sich Claus getötet? Diese Frage soll auch uns im folgenden beschäftigen.

Im Rahmen der vorliegenden Arbeit, in der es um die Bewältigung der deutschen Vergangenheit geht, möchte ich mich jedoch auf einen Aspekt davon beschränken: Trug die Nazi-Vergangenheit der Eltern (oder richtiger: ihr Unvermögen, diese Vergangenheit zu bewältigen) möglicherweise zu Claus' Suizid bei? Genauer: Trug diese unbearbeitete Nazi-Vergangenheit zu bestimmten ausbeuterischen Delegationen und Auftragskonflikten bei, die Claus schließlich zusammenbrechen ließen und in den Suizid trieben? Indem ich mich auf diese Frage beschränke, vernachlässige ich notwendigerweise andere Aspekte, die Claus' und seiner Familie tragisches Schicksal verständlicher machen können. (Diese Aspekte habe ich unter anderem in meinen Schriften "Das Drama von Trennung und Versöhnung" und "Delegation und Familie" behandelt.)

Wenden wir uns der "Nazi-Vergangenheit" der Eltern Mehnert zu, müssen wir wieder zwischen den genannten zwei Perspektiven unterscheiden: einer, die uns die "überlebensgroßen" Ereignisse ins Blickfeld bringt, und einer anderen, die erkennen läßt, wie der einzelne sich diesen Ereignissen stellt oder sich ihnen unterwirft.

Zum Zeitpunkt unserer Familiengespräche ließ sich noch deutlich erkennen, wie jene vergangenen "überlebensgroßen" Ereignisse die Eltern überwältigt und gezeichnet hatten. Beide waren frühzeitig gealtert, ihre Züge, so schien es, spiegelten noch die Schicksalsschläge und Entbehrungen wider, die sie in den Kriegs- und Nachkriegsjahren erlitten hatten. Der Vater war wohlhabender Bauer in Ostpreußen nahe der polnischen

Grenze gewesen. Bei Kriegsende hatte er alles verloren und mußte sich, zuerst in der östlichen Besatzungszone, dann in Westdeutschland, als ungelernter Arbeiter durchschlagen. Durch den Krieg hatte er sowohl seine Eltern – sie waren bei der Flucht umgekommen – als auch seinen jüngeren Bruder, der an der Ostfront gefallen war, verloren. Er selbst hatte fünf Jahre in Hitlers Wehrmacht gekämpft, war mehrfach verwundet und wegen Tapferkeit vor dem Feinde ausgezeichnet worden.

Die Mutter, 13 Jahre jünger als ihr Mann, war in den letzten Jahren des Krieges außerehelich zur Welt gekommen. Ihre außereheliche Geburt ließ sich ebenfalls teilweise den "überlebensgroßen" Ereignissen jener Zeit anlasten: Ihre eigene Mutter war über Jahre von ihrem im Felde stehenden Mann getrennt gewesen und hatte sich schließlich, emotional und sexuell ausgehungert, auf eine Affäre mit einem durchreisenden Soldaten, dem leiblichen Vater also von Claus' Mutter, eingelassen. Claus' Mutter wuchs in der Folge bei verschiedenen Pflegeeltern auf. Sie erlebte sich als ungeliebt, als überflüssiger Esser, den man möglichst schnell weiterzureichen suchte.

Die Mutter hatte Claus' Vater in der (unbewußten) Hoffnung geheiratet, in ihm den Vater zu finden, den sie niemals gehabt hatte. Umsonst, wie sich herausstellte: Selbst verbittert und von einem entbehrungsreichen Leben ausgemergelt, war er nicht in der Lage, ihr zu geben, was sie wünschte. Er zog sich bald nach der Heirat emotional von ihr zurück und lebte gleichsam parallel zu, nicht mit ihr. Beide Partner versuchten ihre wachsende Wut, Bitterkeit und Frustration aus ihrem Bewußtsein zu verdrängen. Sie sprachen nicht über ihre Konflikte und Frustrationen und boten statt dessen, sich selbst und anderen gegenüber, ein Bild ehelicher Harmonie. Claus jedoch ließ sich von dieser Fassade nicht täuschen. Er blieb auf das Elend seiner Eltern eingestimmt und bot sich als Delegierter für Aufträge an, die eine Linderung dieses Elends versprachen, sich aber am Ende als zu schwer für ihn herausstellten.

Die Mutter betraute ihn vor allem mit dem Auftrag, ihren emotionalen Nachholbedarf zu decken. Er hatte ihr jenes Gefühl von Wichtigkeit, jene warme Liebe und Bestätigung zu geben, die sie, ein unerwünschtes und zwischen Pflegeeltern herumgestoßenes Kind, niemals bekommen hatte. Diesen Auftrag erfüllte er nicht nur durch direktes, aktives Geben von seiner Seite. Er bot sich auch als Objekt für *ihr* übermäßiges und fürsorgerliches Geben an: Indem sie sich mit seiner (vermeintlichen) kindlichen Bedürftigkeit identifizierte, vermochte sie ihm das zu geben, was sie sich selbst von ihren Eltern gewünscht, aber nie bekommen hatte. (Dieser Mechanismus, die Verwandlung früher passiv erlittener Entbehrungen in späteres aktives Geben und Bewältigen, ist aus der psychoanalytischen Praxis wohl bekannt.) Die Folge solchen Verhaltens war jedoch, daß Claus als Empfänger einer übermäßig regressiven Verwöhnung symbiotisch an seine Mutter gebunden blieb, daß jeder Versuch der Ablösung von ihr massivste "Ausbruchsschuld" auslöste – ein Grund unter anderen, warum seine Bemühung, sich von ihr und der übrigen Familie zu trennen, letztlich immer wieder scheiterte. Aber während Claus als übermäßig beschütztes und gebundenes "Baby" symbiotisch im Spannungsfeld der Mutter festgehalten wurde, mußte er auch seiner nach Erlebnissen dürstenden Mutter etwas von den Aufregungen des Jugendalters, des (anscheinend) sorgenfreien Studentenlebens, jugendlicher Geselligkeit und sexueller Abenteuer anliefern, die sie selbst hatte vermissen müssen. Das aber bedingte, daß Claus nicht nur gebunden bleiben, sondern sich auch, obschon in Grenzen, aktiv aus dem elterlichen Bannkreis hinausbewegen mußte.

Die Aufträge, die der Vater an Claus herantrug, schienen dagegen von anderer Art. Für ihn mußte Claus jene Leistungen vollbringen und Erfolge erreichen, die ihm, dem Vater, selbst nicht vergönnt gewesen waren. Weiter schien Claus von ihm beauftragt zu sein, den (unbetrauerten) Verlust seiner Heimat, seines Bauernhofes, seines Wohlstandes und sozialen Status' erträglicher zu machen, indem er sich zu einem gewiegten Geschäftsmann und Kapitalisten entwickelte, der dem Vater seine Verluste ersetzen und möglicherweise diesem wieder einen Bauernhof kaufen konnte.

Alle genannten, dem Vater wie auch der Mutter dienenden Aufträge tragen nun den Stempel jener politischen und historischen Ereignisse, die unsere erste Perspektive erschließt. Wenden wir uns aber der zweiten Perspektive zu, die das aktive Verhalten des einzelnen anstatt dessen passives Erleiden betont, so lassen sich noch weitere Aufträge erkennen. Diese Aufträge spiegeln die Tatsache wider, daß die Eltern die genannten überlebensgroßen historischen Ereignisse nicht bloß erlitten, sondern als aktive Nazis auch mit hervorgebracht hatten.

An dem Nazitum der Eltern, und insbesondere des Vaters, ließ sich nicht zweifeln. Alles, was er sagte – und womit sich die Mutter meist schweigend identifizierte –, deutete auf seine damalige Bejahung und Unterstützung der Hitlerschen Politik: Bis heute war er überzeugt, für eine gute Sache gekämpft zu haben. Er fand Worte nur für die Ungerechtigkeiten und Grausamkeiten, die der Feind an den Deutschen, nicht die Deutschen an anderen (Juden, Polen, Russen, Regimegegnern) verübt hatten. Obschon er lange Zeit an der polnischen Grenze und in Polen selbst gelebt hatte, war es ihm bisher gelungen, sich gegen alle Evidenz deutscher Unterdrückungspolitik im Osten abzuschirmen. Er sprach noch stolz von der Zeit, da er der Fahne des Führers gefolgt war, um das deutsche Vaterland zu verteidigen. Auch heute, mehr als 30 Jahre nach den tragischen Ereignissen, konnte man ihn sich leicht als aktiven Teil jener fanatisierten deutschen Soldaten-Massen vorstellen, die damals Europa überrannt und terrorisiert hatten.

Ich habe an anderer Stelle beschrieben, wie sich bestimmte junge Deutsche als Delegierte verstehen lassen, die für Verbrechen Wiedergutmachung zu leisten suchten, welche ihre Eltern, aktive Erwachsene in

Hitlers Deutschland, begangen oder toleriert, aber sich nicht zu eigen gemacht hatten, z. B. Studenten, die sich im Rahmen der Aktion "Sühnezeichen" für die Arbeit in israelischen Kibbuzzim zur Verfügung stellten.

Obgleich sich Claus nicht für solche Wiedergutmachungsarbeit meldete, ließ er sich doch, so schien mir, diesen jungen Deutschen zurechnen. Seine (von den Eltern anscheinend nicht wahrgenommene) beinahe zwanghafte Beschäftigung mit den Nazi-Verbrechen, seine Angriffe gegen die (in seinen Augen) antidemokratischen Praktiken der Universitätsverwaltung, selbst sein Wunsch, in einer demokratischen Wohngemeinschaft anstatt einer reglementierten Jugendgruppe zu leben: Alles ließ sich als Versuch werten, eine Verstehens-, Trauer- und Wiedergutmachungsarbeit zu leisten, gegen die sich seine Eltern als die eigentlich Betroffenen hartnäckig wehrten. Wiederholt ließ der Vater in den Familiengesprächen erkennen, daß er nicht bereit war, die Nazi-Vergangenheit wieder aufleben zu lassen oder zu diskutieren, obschon er dadurch schwer belastet schien. Er wolle sich diesen schmerzhaften Dingen nicht aussetzen, sagte er. Aber je unnachgiebiger er sich zeigte, um so verzweifelter schien sich sein Sohn zu bemühen, diese Vergangenheit wieder aufleben zu lassen und doch noch Wiedergutmachung zu leisten.

Wie wir vernahmen, waren seine Bemühungen umsonst. Angesichts noch anderer Belastungen und konfliktträchtiger Aufträge, auf die ich hier nicht eingehen konnte, schien Claus einen Punkt erreicht zu haben, wo er sich erschöpft fühlte, an der Ausführbarkeit seiner Aufträge verzweifelte und die Hoffnung aufgab, von seinen Eltern für das, was er für sie tat, anerkannt zu werden. Er kam damit, dürfen wir annehmen, an den Punkt, wo er sich zum Selbstmord entschloß. Dabei setzte er den Selbstmord – wie dies für solche Entgleisungen der Delegationsdynamik typisch ist – sowohl ein, um seine Auftragslast los zu werden, sich selbst für sein Versagen zu bestrafen als auch um Rache an seinen ausbeuterischen elterlichen Auftraggebern zu nehmen. (Indem er sich tötete, ließ er sie fühlen, daß sie als Eltern versagt hatten, und nahm ihnen zugleich jede Chance, ihr Versagen wiedergutzumachen und ihre Schuldgefühle zum Verstummen zu bringen.)

Abschließende Bemerkungen

Claus' Geschichte läßt uns an deutsche Terroristen denken, deren Familiendynamik ich andernorts untersucht habe. Es bestehen jedoch auch Unterschiede: Im Gegensatz zu solchen Terroristen gelang es Claus beispielsweise nicht, seine Wahrnehmung so zu verzerren und seine Überzeugung in einer Weise zu zementieren, die das Töten anderer gerechtfertigt hätte. Aber ähnlich vielen dieser Terroristen zeigt er sich uns als ein ausgebeuteter, verzweifelter Delegierter von Eltern, mit denen kein Dialog mehr möglich ist. Und in unserem Zusammenhang am wichtigsten: Ähnlich vielen Terroristen sieht er sich von einer Vergangenheit belastet, die diese Eltern mitgeschaffen haben und für die sie die Verantwortung zu übernehmen nicht bereit sind. (Der vor einigen Jahren von Terroristen ermordete Schleyer, Vorsitzender des Deutschen Unternehmerverbandes, zeigte sich als ein Symbol für Deutschlands unbewältigte Vergangenheit: Als überzeugter Nazi und SS-Offizier war er seinerzeit für die Integration der tschechischen Rüstungsindustrie in Hitlers Kriegsanstrengungen zentral verantwortlich gewesen.)

Die Reaktionen von Claus und jungen Terroristen erscheinen indessen extrem und nicht typisch für die Mehrzahl junger Deutscher, deren Eltern Nazis gewesen waren oder den Nazis nahegestanden hatten. Unsere täglichen Erfahrungen und an vielen Familien gemachten Beobachtungen legen nahe, daß die meisten dieser Deutschen auf die eine oder andere Weise mit der Nazi-Vergangenheit ihrer Eltern zu leben lernten, oder, vielleicht richtiger, lernten, diese ruhen zu lassen. Die abschließende Frage ist: Um welchen Preis – für sie selbst, für die nachfolgenden Generationen und ihre Gesellschaft?

Ich meine, dieser Preis wird hoch sein. Ohne einen weiterführenden Dialog über ihre politische Vergangenheit riskieren diese Deutschen, bei ihrer Suche nach Sinn, wie sie anfangs skizziert wurde, zu scheitern. Nur unter großen Schwierigkeiten können sie, falls überhaupt, ihren Ursprüngen und historischen Wurzeln näher kommen, können sie ihre Aufträge und Vermächtnisse bestimmen und verstehen, welche familiären und gesellschaftlichen Konflikte sie auf dem Lebensweg mitbekommen haben, können sie wirklich aus der Geschichte lernen. Es ist auch unwahrscheinlich, daß sie in ihren Eltern und Vorfahren jene Quellen von Kraft und Integrität finden, derer sie bedürfen, um konfliktbesetzte und ausbeuterische Aufträge zu analysieren und, falls notwendig, abzuschütteln.

Und schließlich werden sie möglicherweise an dem Versuch, eine sinnvolle oder, vielleicht richtiger, sinnstiftende Kontinuität zwischen den Generationen zu finden und mitzugestalten, verzweifeln.

Sind diese Überlegungen auch auf andere Nationen außer der deutschen anwendbar? Ich glaube ja, obschon kein anderes zivilisiertes Volk so stark betroffen scheint. Wir können an eine politische Vergangenheit denken, die Sklaverei, die Kolonialunterdrückung "minderer Rassen", die Zusammenarbeit mit totalitären Regimen, Teilnahme an imperialistischen Kriegen, schweigendes Tolerieren von Verfolgung und Folter einschloß (wie diese beispielsweise von den Franzosen in Algerien praktiziert wurde und noch heute von vielen Regimen in Südamerika und anderen Teilen der Welt praktiziert wird). In all diesen Fällen wird die Fähigkeit und Bereitschaft der Generationen zum Dialog auf die Probe gestellt. Das Bestehen dieser Probe wird in dem Maße sowohl schwieriger wie auch wichtiger werden, als sich der kulturelle und soziale Wandel beschleunigt und sich die Werte, Erwartungen und Erfahrungen der älteren und jüngeren Generationen auseinander entwickeln. Immer mehr wird es daher auf den vertrauensvollen Dialog ankommen, der den Partnern Kraft gibt, der ihnen erlaubt, voneinander zu lernen, und der ihre intellektuellen und moralischen Ressourcen zusammenführt. Denn nur gemeinsam können sie hoffen, mit den Gefahren fertig zu werden – Ausbreitung nuklearer Waffen, Umweltverschmutzung, Übervölkerung, der viele Millionen Menschen bedrohende Hunger –, die heute unseren Planeten zu zerstören drohen.

Literatur

Haffner, S. (1978): Anmerkungen zu Hitler. München (Kindler).

Kohlberg, L. (1969): Stage and Sequence: The Cognitive-Developmental Approach to Socialization. In: D. A. Guslin (Hg.): Handbook of Socialization – Theory and Research. Chicago (Rand-McNally).

Piaget, J. (1926): The Language and Thought of the Child. New York-London (Routledge & Kegan Paul).

Sigal, J. u. a. (1971): Some Second-Generation Effects of Survival of the Nazi Persecution. World Congress of Psychiatry, Mexico City, Nov. 28-Dec. 4, 1971.

Stierlin, H. (1975): Adolf Hitler – Familienperspektiven. Frankfurt/M. (Suhrkamp).

– (1978): Delegation und Familie. Frankfurt/M. (Suhrkamp).

– (1980): Eltern und Kinder. Das Drama von Trennung und Versöhnung. Frankfurt/M. (Suhrkamp).

Verzeichnis der Mitarbeiter

Irene Anhalt, geb. 1940 in Berlin, Studium der Germanistik und der Psychologie, psychotherapeutische Ausbildung am Fritz Perls Institut, arbeitet in freier Praxis in Berlin.

Waltraud Silke Behrendt, geb. 1944 in einer westdeutschen Kleinstadt, studierte neben Theologie und Philosophie hauptsächlich Psychologie (Diplom 1968), Ausbildung in Verhaltens- und Gesprächstherapie sowie in Gestalt- und Integrativer Psychotherapie (Fritz Perls Institut), Tätigkeit in der Sozialpsychiatrie und nun seit 10 Jahren in der Phoniatrischen Abteilung des Hamburger Universitätskrankenhauses.

Wolfgang Bornebusch, geb. 1945 in Dinslaken, studierte ev. Theologie in Bethel, Tübingen, München und Bonn, seit 1974 Pfarrer in Schermbeck/Niederrhein, Ausbildung in TZI und in Paar- und Familientherapie, ehrenamtliche Mitarbeit in einer Ev. Beratungsstelle für Ehe- und Lebensfragen. In seiner Gemeindearbeit spielt die Auseinandersetzung mit der Geschichte der ehemaligen jüdischen Gemeinde am Ort eine wichtige Rolle.

Margarete Hecker, Prof. Dr., geb. 1932 in der Nähe von Greifswald, Studium der Sozialarbeit in München und der Pädagogik, Geschichte und Soziologie an der FU Berlin, Ausbildung in Familientherapie in München und Philadelphia/USA, seit 20 Jahren tätig in der Aus- und Weiterbildung von Sozialarbeitern an der Evangelischen Fachhochschule Darmstadt.

Irmgard Hölscher (1949), Übersetzerin; *Barbara Determann* (1953), Germanistin; *Birgit Lunau* (1952), stud. ang.; *Maria Spätling* (1951), Diplompädagogin; *Karin Stiehr* (1955), Diplomsoziologin; Dr. *Katharina Sykora* (1955), Kunsthistorikerin; *Ellen de Visser* (1954), freie Künstlerin. Zusammenarbeit zum Thema "Frauenalltag im Nationalsozialismus" seit 1984; weitere Projekte zum Thema "Frauenbilder in Filmen und Zeitschriften der NS-Zeit" geplant.

Almuth Massing, Dr. med., geb. 1941, Psychoanalytikerin und analytische Familientherapeutin, als Oberärztin in der Abteilung für Psycho- und Sozialtherapie des Zentrums für Psychologische Medizin der Universität Göttingen tätig, Dozentin am Ausbildungszentrum für Psychotherapie und Psychoanalyse Göttingen. Forschungsinteressen und Veröffentlichungen zu soziohistorischen Veränderungen und deren Abbildungsformen im familiären und individuellen Kontext.

Richard Picker, Dr. theol., geb. 1933 in Wien, NAPOLA Traiskirchen 1942-1945, Erzieher, kath. Seelsorger 1961-1968, Professor für Religionspädagogik, Studentenseelsorger, Heirat, Ausbildung in Psychoanalyse, Gruppendynamik, Gestalttherapie, Arbeit in Fürsorgeinstitutionen, zuletzt in freier Praxis in Wien.

Heidi Salm, geb. 1922 in Hamburg, Abitur 1940, Ausbildung als Krankengymnastin, 1969-1974 Tätigkeit in der Drogenberatung, Fortbildung in TZI, Psychodrama, Gestalttherapie, Bioenergetik und seit 1975 in Familientherapie. Lehrtherapeutin am Institut für Familientherapie, Weinheim. Freie Praxis für Familientherapie in Heidelberg.

Gunnar v. Schlippe, geb. 1927 in Riga, 1943-1945 Soldat und russische Gefangenschaft, Studium der ev. Theologie in Bethel und Göttingen 1947-1952, seit 1955 Pfarrer in Dortmund, Münster und Hamburg, seit 1966 psychotherapeutische Ausbildung (Individualpsychologie), Fortbildungen in TZI, Psychodrama, Bioenergetik. Seit 1970 Leiter eines Beratungs- und Seelsorgezentrums in Hamburg. 1987 Pensionierung.

Sammy Speier, geb. 1944, Psychoanalytiker (DPV, IPA) in freier Praxis in Frankfurt, Veröffentlichungen zur Friedensforschung, zur psychoanalytischen Ausbildung und zur jüdischen Identität in der Bundesrepublik.

Helm Stierlin, Prof. Dr. med. et phil., geb. 1926 in Mannheim, Studium der Medizin und der Philosophie in Heidelburg, Zürich und Freiburg, Promotion zum Dr. phil. 1951 in Heidelberg und Dr. med. 1955 in München, 1955-1974 Arbeit an verschiedenen psychiatrischen Kliniken und Forschungsinstituten, u. a. in den USA, Psychoanalytiker, seit 1974 ärztlicher Direktor der Abteilung für psychoanalytische Grundlagenforschung und Familientherapie an der Universität Heidelberg.

Irene Wielpütz, geb. 1947 in Bogotá (Kolumbien) als Tochter von jüdischen Emigranten. Sie lebt seit 1957 in Deutschland. Studium der Psychologie in Köln, seit 1973 psychotherapeutische Ausbildung, Lehrtherapeutin am Institut für Familientherapie, Weinheim, bis 1987. Psychotherapeutin in freier Praxis in Köln.

Viktor Zielen, Dr. med., geb. 1920 in Wartenburg/Ostpreußen, Nervenarzt und Psychoanalytiker, Dozent und Lehranalytiker am C. G. Jung-Institut Stuttgart, lebt und arbeitet als frei niedergelassener Psychotherapeut in Frankfurt.